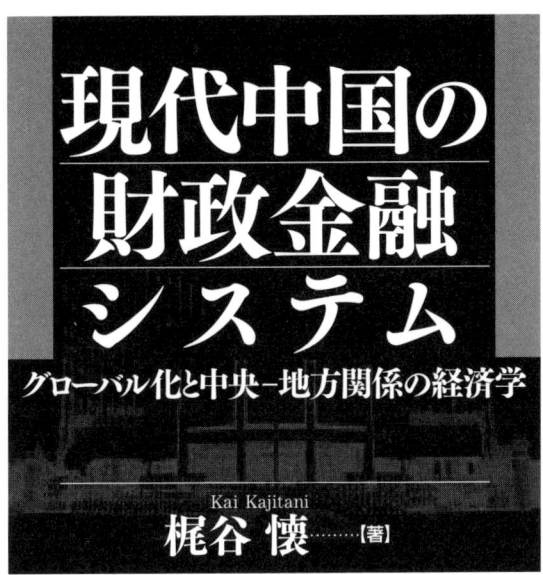

現代中国の財政金融システム

グローバル化と中央−地方関係の経済学

Kai Kajitani
梶谷 懐 ……【著】

名古屋大学出版会

本書は全国銀行学術研究振興財団の助成を得て刊行された。

現代中国の財政金融システム

目　　次

序　章　現代中国の財政金融システムをどう理解するか……………1

　　はじめに　1
　　1.　現代中国の中央‐地方関係について　3
　　2.　世界経済とのリンケージとマクロ経済政策　9
　　3.　歴史的な制度形成と財政金融政策　10
　　4.　小括および本書の構成　21

第Ⅰ部　財政金融改革の展開と中央‐地方関係

第1章　改革開放政策と財政金融改革…………………………………28
　　　　――概　観
　　1.　計画経済時代の財政金融システム　29
　　2.　財政システムの改革と中央‐地方関係　33
　　3.　金融システムの改革と地域間資金移動　44
　　　小　括　54

第2章　1980年代の金融政策と地方政府……………………………56
　　　　――中国経済の「貨幣化」と地域格差
　　1.　中国経済の「貨幣化」をめぐる議論　57
　　2.　金融指標と実物経済の季節変動　61
　　3.　地域間経済格差とインフレーションの発生　70
　　　小　括　78

第3章　1990年代以降の財政金融政策と人民元改革………………80
　　　　――為替制度と国内経済政策との整合性
　　1.　人民元改革に関する論点の整理　81
　　2.　為替制度と国内経済政策との整合性　87
　　3.　アジア通貨危機後における財政金融政策　91
　　4.　中国の財政金融政策と地域的要因　97
　　　小　括　101

第4章　地域間資金移動とリスクシェアリング……………………102
——市場分断性と財政改革の問題点

1. 財政を通じた省間の所得再分配　103
2. ホーム・バイアスと地域間市場分断性　106
3. 地域間リスクシェアリングについて　111
4. 分析結果とインプリケーション　116

小　括——90年代財政改革の問題点　122

第5章　政府間財政移転政策と再分配効果……………………125
——内陸部への財政補助金とその決定要因

1. 財政改革後の政府間財政移転政策　126
2. 政府間財政資金移転に関する既存研究　127
3. 財政補助金の決定要因についての実証研究　130

小　括　142

補　論　県データの構築について　143

第II部　地方政府の行動と資産バブルの発生

第6章　積極果敢なアクターとしての地方政府……………………146
——レントシーキングと予算外財政資金

1. 地方政府の行動と「ソフトな予算制約」　147
2. 地方政府と予算外財政資金　152
3. 企業利潤と予算外財政資金　155

小　括　165

補　論　チエン=ローランドのモデルについて　166

第7章　土地市場と地方政府のレント獲得行動……………………167

1. 土地・不動産制度改革と価格抑制政策　168
2. 土地・不動産市場と地方財政収入　174
3. 土地市場の構造とレントシーキング　180

小　括——地方政府主導型経済発展パターンの変容　186

第8章　グローバル不均衡の拡大と資産バブルの発生 …………189
　　　　　——中国国内の過剰投資と「動学的非効率性」

　　1.　グローバル不均衡と中国　190
　　2.　「積極果敢な楽観主義者」としての地方政府　197
　　3.　資産バブルと「動学的非効率性」　199
　　　小　括　209

終　章　金融危機後の世界経済と中国の財政金融システム………211

　　参考文献　223
　　あとがき　237
　　図表一覧　243
　　索　引　245

序章　現代中国の財政金融システムをどう理解するか

はじめに

　改革開放後の中国の財政金融改革やその政策分析に関しては，すでに少なくない先行研究がある[1]。それらの既存研究に対して本書の特徴は，改革開放以降の財政金融改革および政策の動きをひとつのシステムの変化として，包括的に捉えようと試みる点にある。その際，特に注目したのは以下の2つの点である。ひとつは，国内要因としての，中央－地方間の政治面および経済面における綱引き関係の存在であり，もうひとつは海外要因としての，深まりゆく世界経済とのリンケージとそれに伴う制度変化である。現代中国の財政金融システムについて論じる際には，これら2つの要因がどのようにマクロ的な財政金融政策の実施に影響を及ぼしてきたか，あるいはそれらの制度的要因がどのよう

---

[1] ごく一部のみをここで紹介しておく。南部（1991）は計画経済時代も含めた金融・財政制度変化全般を概括的に整理している。内藤（2004）は，改革開放期以降の財政制度を政府間の資金移転に焦点を当ててフォローしている。政府間の財政移転については，ウォンの一連の研究（Wong, 1997；黄他編著，2003）が詳しい。田中（2007）は政策決定過程について一次資料を駆使しながら詳細な分析を行っている。政策当局に近い立場から金融政策のスタンスについてまとめたものとしては周（1993），謝（1996），易（2004）などがある。唐（2005）および今井・渡邊（2006）は，マクロとミクロ双方の統計データを駆使しながら，金融政策のスタンスの変化とその影響について分析している。

に相互に補完性をもってきたか，という観点からの分析が不可欠であると考えるからである。

　このうち，国内要因としての中央 – 地方関係が重要であるのは，中国においてその資源の配分あるいは権限をめぐって中央政府と地方政府の間に絶えず緊張関係が見られたこと，およびその中で地方政府が中央政府の認可を受けない形で独自の財政金融政策を実行するという事態がしばしば見られたこと，などの背景があるからである。改革開放後も，特に 1980 年代には中国の財政金融政策の実施はこのような中央 – 地方関係のあり方に大きく規定された。より具体的には，この時期に広く採用された地方財政請負制度の下で，各地方政府が地域の発展のためとなる自主財源を確保するため企業などへの課税ベースを縮小させたり，あるいは国有銀行の支店などに働きかけて地域の企業に向けた融資を引き出したりするなどの行為が頻繁に見られたのである。

　しかし，1992 年の南巡講話以降，中国の対外開放が急速に進み，外資の受け入れが本格化する一方，国内においては朱鎔基のリーダーシップのもとに一連の財政金融改革が行われ，それまでの地方政府が金融機関を通じて地元企業に融資をさせるという行為に対しては歯止めがかけられるようになった。このような 1990 年代以降の中国のマクロ経済政策について，それまでとの大きな違いは，対ドル為替レートの変動や海外からの資金の流入，および世界的な金融危機の余波といった，対外的な経済変動の影響を大きく受けるようになった点である。特にアジア通貨危機は，中国の財政金融政策の運営に大きな影響を与えた。また，21 世紀に入ってからは，事実上のドル・ペッグ制をとっていた外国為替制度の改革（人民元改革）のゆくえが国内の経済政策運営にも影響を与えることが認識されてきた。さらに 2008 年の米国発の金融危機以降は，新たな通貨制度の構築に中国が大きな影響を及ぼすことが確実視されるようになってきている。このような世界経済とのリンケージの問題を抜きにして，現代の中国の金融政策を分析することは，もはやできなくなっている。

　しかし，その一方で，2008 年における米国発の金融危機からの回復を目指して出動された総額 4 兆元の景気刺激策は，その大部分が中央政府ではなく地方政府が自主的な財源を調達し，独自のインフラ投資など財政政策を行うこと

を期待するものであった。このように，世界経済へのリンケージが深まる中で，財政金融政策の実施をめぐって，改めて国内の中央 - 地方関係に注目が集まりつつあるというのが現在の中国がおかれた状況である。

　もうひとつ指摘しておきたいのは，このような中国の財政金融政策をめぐる複雑な背景について，過去の中国，特に清末から民国期にかけて近代化を模索する時期からの連続性を見出すことができるという点である。近代の中国は，相対的に権力基盤の脆弱な中央政府のもとで，地方軍閥などが勢力を拡大していった時期にあたるが，特に興味深いのは，それらの地方軍閥がいわば自らの勢力拡大のために独自の「殖産興業」政策といえるものを積極的に行ってきたこと，さらにはその過程で財源をめぐる中央政府とのバーゲニング，および，シニョリッジ（通貨発行益）を用いた自主財源の獲得といった独自の財政金融政策を行うという，今日の中国においても観察できる現象が見られたこと，である。本書ではあくまでも改革開放以降の経済現象を分析の対象としているが，その際にも上記のような歴史的な経緯を踏まえておくことは有益であると考える。特に本書に関係が深い経済史の論点については，本章の第3節において，既存研究に依拠しながら整理を行っている。

1.　現代中国の中央 - 地方関係について

1）中国政治研究の視点から

　広大な国土を抱える中国にとって，中央権力が地方の勢力をどのように統治していくか，すなわちどのように中央 - 地方関係を構築するか，ということは，歴代王朝のころから常に大きな課題であり続けてきた。「大一統（統一王朝による国土の一元的な支配）」の間隙にしばしば群雄割拠の状況が生まれてきたという歴史的な事実は，伝統中国における中央 - 地方間の緊張関係の一端を物語っているといえよう（天児，1992，47ページ）。

　特に近代以降の中国における中央 - 地方関係は，単に中央集権か，地方分権か，といった二項対立ではとらえきれない複雑な性質をもっていた。この複雑な性質を中央 - 地方関係の「重層性」と呼んでおこう。ここでいう「重層性」

とは，各地方レベルの行政・官僚機構のシステムにおいて，上級からの命令系統と，その地域内部での命令系統が複雑にからみ合っている状態を指している。このような中国における行政・官僚機構の「重層性」を理解するにあたって重要になってくるのが，「条条」と「塊塊」という概念である。「条条」とは，中央から省－市－県といったタテ方向に貫いている行政・司法・立法機構，および党機構における部門別の指揮・管理系統のことである。それに対して「塊塊」とは，ある地域の内部において権限が集中するひとつの部署から他の部署への，ヨコ方向の指揮系統のことを指す。

　趙宏偉は，この「条条」，すなわち中央からタテ方向に貫く指揮・管理系統を指して「タテの集権」と呼び，また「塊塊」，すなわち地域の中での権限の集中という現象を「ヨコの集権」と呼んでいる（趙, 1998）。そして，省以下の各地方レベルにおいて，このような2つの「集権化」が混在し，相互に緊張関係を保っている中国の政治経済体制の特徴を「重層集権体制」としてとらえている。趙によれば，このような「重層集権体制」は，大躍進期にその基盤が作られたものであり，それによって中国はそれまでのソ連型の集権的な社会主義体制とは異なった独自の体制をとり始めたとされる。

　たとえば，各地方における政策決定において，地元の共産党党委員のもつ権限が絶大なものであることはよく知られている。そういった地方における党委員会は，中央の政策を実行する出先機関というより，往々にしてその地域に根を下ろし，地方の利益を代弁する機関としての性格を強めていく傾向があった。このように，計画経済期・改革開放期を通じて現代中国では，多くの行政・官僚機構が形式的には「中央」の機関でありながら，一方ではその地域の利益を代弁する，という二重の性格をおびるという特徴が見られた。また，そういった中央－地方関係の下で，あるときにはタテ方向の集権が強くなり，またあるときにはヨコ方向の集権が強くなる，という，「収（中央のコントロールの強化）」と「放（地方への権限委譲）」のサイクルが繰り返されてきたのである。

　ではその重層的な中央－地方関係の中で，改革開放以降の地方政府は，政策決定の上でどれほどの「自律性」をもっていたのであろうか。改革開放後の中央－地方関係を中心とした政治改革の動きを理念的に整理した先駆的な研究で

ある呉・鄭（1995）では，財政請負制の導入に代表される地方分権的な一連の改革が，やがて中央集権的な政治体制自体の変革につながるというやや楽観的な見方が示されたが，実際の中央－地方関係の動向はそれほど単線的な経路をたどったわけではなかった。

たとえば高原明生は，1980 年代から 90 年代初めにかけての経済改革の進め方をめぐって，中央政府の内部で，「生産重視型改革論者」と「財政金融重視型改革論者」という 2 つの改革派，および「中央統制派」との間に激しい意見の対立があったことを指摘している（高原，2001）。

1980 年代中盤から後半にかけての企業の上納利潤をめぐる「利改税」の導入とその挫折，および分税制の導入に対する地方の抵抗とその結果としての財政請負制の導入といった一連の動きは，そのような改革の推進方法をめぐる中央内部の対立と中央－地方関係とが複雑に交錯した結果生じたものであった。すなわち，地方における国有企業と地方政府，そして中央における「生産重視型改革論者」の利害が一致したために，結果として規範的な徴税のシステムの導入とマクロコントロール強化という「財政金融重視型改革論者」の主張する改革のパッケージは挫折せざるを得なかったのである。この一連の動きは，改革開放期中国の財政制度の導入・実行において，中央と地方との綱引き関係が非常に重要な要因として働いていたことを端的に示していよう。

また三宅康之は，農業・企業の生産責任制導入過程あるいは財政制度改革などといった改革開放後の中央－地方関係における重要なトピックを，四川省の事例，特にその党書記長だった趙紫陽の言動を中心に検証している（三宅，2006）。三宅は，中央政府の役割を重視する「トップダウン仮説」と農家の役割を重視する「ボトムアップ仮説」の双方に疑問を投げかけ，それに代わり省・県政府幹部の役割，特に中央が決定した政策に対する「拒否力」を重要視している。三宅によれば，趙紫陽のような「柔軟な市場化推進派」ともいうべき指導者が台頭する余地が生じたのは，彼のような地方の有力な指導者が中央への「拒否力」によって自らの権限を拡大する余地があったためだとされる。

ただし，中央－地方関係は基本的に相互依存的な関係にあり，地方は資源の配分をめぐって主体的かつ相互に競争する存在でありながら，一方で中央によ

る配分のあり方に無関心ではいられない。このため省政府指導者は中央の政局そして全国の趨勢をにらみつつ，管轄地区においては事実上有していた自己の裁量を活用し，あるいは中央の政策決定でも積極的に活動する全国レベルの政治家である，という二重の性格を帯びることになる。三宅は，ここに開放的で緩やかな分権的な統治であったものの，またそれゆえに脆弱性をもつという，鄧小平時代の中国のジレンマを見出している。

　一方磯部靖は，三宅とは異なり，むしろ省指導者が省内部の多元的な意見対立に振り回されるという点でそれほど「強いリーダーシップ」を発揮しておらず，むしろ中央の地方分権の意図によって「動員された」という側面を強調する（磯部，2006）。磯部は，従来の中国の中央－地方関係を扱った研究が，「集権－分権パラダイム」という言葉で一括りにされる，いくつかの陥穽に陥っていると指摘し，このような従来の「集権－分権パラダイム」に代わるものとして，「融合－委任型モデル」を提唱する。これは，改革開放期に地方レベルで生じたことが必ずしも権限の「委譲」ではなく，あくまでも中央がそのグリップを離さない形で一部の権限だけを「委任」するものであったという認識のもと，省指導者による「地方主義」という前提そのものを疑おうとするものである。

　磯部は，一般には「地方分権化」が進んだといわれる改革開放期においても，省指導者の政治的な役割は中央指導者に対し従属的な立場におかれていたものと理解し，彼らが中央指導部で決定された地方分権の方針を実現するために動員されたという側面をもっており，その政治的役割はかなり限定的なものであったと指摘するのである。

　以上のような一連の政治学の立場からの中央－地方関係の研究は，中国における経済政策の意思決定や財源の配分の問題を重視し，それをめぐる中央と地方の力学関係を明らかにしようとしている点で，本書の視点からも大いに参考になる論点を含んでいる[2]。ただし，ほとんどの議論において金融市場を通じ

---

[2] このほか政治学的な観点からの中央－地方関係を論じた論考は，天児編（2000）にまとめられている。特に大橋（2000）は，金融政策を中央－地方関係を考える上での重要な要素と捉えて考察を加えている。

た資源の配分には触れられておらず，金融政策の実態およびそれを通じた資源の配分がどのように行われているかといったことが分析の対象となっていないことを指摘しなければならない。しかし，地方政府は単に中央政府に働きかけて資源の配分を増やそうとするだけではなく，要素市場に働きかけることを通じて，自ら配分＝レントを作り出そうとする存在でもある。また，後の考察が示すように，地方政府の権限拡大の過程において金融市場など要素市場への介入を通じたレントの追求は，地方政府の財源獲得の手段として非常に大きな役割を果たしていたと考えられるのであり，中央－地方関係を論じるにあたっても本来はこの点を素通りすることはできないものと考えられる。

また，資料の制約の問題もあり，特に財源の配分をめぐる問題についてはそのほとんどが中央と省の関係を主な分析対象としており，省以下の政府の行動原理，あるいはそれら政府間の関係については，事例の紹介レベルを超えた理論的な考察がほとんど行われていないのが実情である。この点に関しては，むしろ以下に見る「制度の経済学」に依拠した分析において，豊富な研究蓄積がなされているといってよいだろう。

2）制度の経済学と地方政府論

中央－地方など政府間関係を経済学的に捉える議論としては，政府をひとつの経済主体としてとらえ，その地域の経済発展に与える役割を評価する，「新制度派経済学（制度の経済学）」の存在が重要である[3]。たとえば，シュライファーとヴィシュニーは，なぜしばしば政府による市場への非効率な介入や深刻な腐敗が生じるか，という問題を考える際に，いわゆる「見えざる手（レッセ・フェール）」モデル，および高い能力をもった慈悲深い政府が公平に利益を分配するという「助ける手」モデルのどちらも十分ではなく，政府もひとつのアクターとして自己の利益を追求するというモデル（「つかみとる手」）に立脚し，そのようなレントシーキング行為を防ぐような制度設計を行わなければならないことを説いた（Shleifer=Vishny, 1998）。

3）政治学の分野では「合理的選択論」といわれるアプローチがこの立場に近いと考えられる。三宅（2006）第1章の議論を参照。

このような前提にたち，改革開放後の中国の地方主導型の経済発展を説明する理論モデルとしては，ワインガストやチエンなどによって展開された「市場保全型連邦主義」があげられる。これらの議論について詳しくは第6章で論じるのでここでは省略するが，これらの新制度派経済学の最も重要な貢献は，地方政府が「慈悲深く公平な調停者」などではなく，経済利益に突き動かされそれを最大化するアクターである，ということを明確に定式化したことである。特に中国の場合，このような視点は非常にリアリティをもつ。

たとえばホワイティング（Whiting, 2001）は，1990年代を通じ江蘇省無錫市，上海市松江県，浙江省楽清市という状況の異なる沿海部の農村において政府および企業関係者に広範かつ詳細なインタヴューを行い，それぞれの地域における地方政府の経済への介入がどのようなロジックで行われているかを明らかにした。彼女によれば，改革開放後，地方の役人（幹部）の業績評価が，地域の経済パフォーマンスをより重視して行われるようになったことを受け，特に域内総生産額の増加が地方幹部にとって達成すべき目標とされるようになった。ただ，それは私営企業よりも集団所有制企業を税制，金融面で優遇し，中央のマクロコントロールを困難にするという負の側面をもつものであり，そういった状況を打破するという意味からも1994年の分税制の導入が必要とされた，という見方を示している。

ただ，そこで重要なのは，地方政府に対してその行動のインセンティヴとして働いてきたのは具体的にどういったものであり，またそのことがどのような帰結をもたらしたのか，という点である。この点について，本書では，「要素市場への介入により発生するレント」の追求こそが，そのような経済的インセンティヴの源泉として最も重要であるとの視点にたっている。

ここでいう「レント」とは，市場への政府の介入によって資源配分にゆがみが生じ，ある主体に完全競争市場の下で得られたであろう所得を上回る「超過所得」が生じている状態のことを指す（カーン＝サンダラム，2007）。一般にこのような政治的なレントの存在は経済学的には，資源の効率的な配分をゆがめ，パレート最適な状態をもたらさないため，経済成長を阻害するものとして捉えられる。しかし，青木・金・奥野編（1997）では，市場が十分に発達していな

い発展途上国においては，適切なレント獲得の機会をもたらすことがむしろ経済発展にとってプラスになることが主張されている。その代表的な議論が，人為的な低金利政策により信用割り当てが生じるような状況での「レント獲得機会」の創出が，金融市場が未発達な途上国の経済発展で有効だったと主張する，ヘルマン＝マードック＝スティグリッツの「金融抑制」論である（第6章）。

　ただ，中国のケースを議論する際に重要なのは，中央政府だけではなく，地方政府によるレント獲得のための行動も，非常に重要な意味をもっているという点である。政府の介入によるレント追求のための行動としては，貿易の制限や特定産業における参入障壁，あるいは人為的な低金利政策などが知られている。だが，それらは通常中央政府によって行われる政策として理解されてきた。そこで，現代の中国において，地方政府によるレント追求は具体的にどのようにして行われてきたのか，という点が問題になってくる。それを考えるには，後述するような歴史的な制度の経緯を考えることが重要になろう。

2. 世界経済とのリンケージとマクロ経済政策

　近年において，中国の経済政策や改革，特に金融面におけるそれは，米国の主流派経済学者の間でも高い関心を呼び，今後の国際通貨体制のあり方の問題も包括する形で活発な議論が展開されている。たとえば，NBER（全米経済研究所）の「ワーキング・ペーパー・シリーズ」は最先端の経済理論や計量分析の研究成果が発表されることで知られているが，そのうちアブストラクトにキーワードとして'China'が含まれているものを検索したところ，その数は2002年までは多くても年3本から4本程度であった。しかし，2003年には7本，2004年10本，2005年と2006年にはそれぞれ16本といった具合に増えており[4]，これだけからも中国経済に対する関心が年々急速に高まっていることがうかがえる。

　これは今後の東アジアの新しい経済秩序において中国が日本と並んで中心的

4）ちなみに2007年から2009年までは，それぞれ12本，13本，14本であった。

な役割を果たすことが期待され，その通貨制度の行方は世界の貿易・金融体制に対しても大きなインパクトを与えると予想されていることを反映している。また，それはそのまま，中国経済が世界経済とのリンケージを果たす中で，そのマクロ経済政策運営においても単なる国内要因だけではなく，海外からの資金流入や国際通貨体制への参加のあり方など，「海外要因」によって大きく影響を受けるようになったことを意味する。

たとえば，近年の米国との貿易不均衡が通商上の摩擦を引き起こす一方で，中国の硬直的な為替制度が不十分な不胎化政策を通じて国内の過剰な流動性供給をもたらした，という議論が盛んになされてきた。また，米国の経常収支赤字を中国などの新興国がファイナンスするという近年の状況は，いわゆるグローバル不均衡とその帰結の問題として盛んに論じられている。中国の為替制度の改革や内需拡大政策が，単に中国国内の政策としてではなく，世界的な金融危機の背景のひとつとなったグローバル不均衡を緩和するのに寄与するものとしても注目を集めているのである。これらの諸問題に関しては，それぞれ第3章および第8章で詳しく論じる。

そのようなグローバル経済への統合が進む中で，国内における財政金融政策の決定要因たる中央 – 地方関係はその重要性を失っていくのだろうか。あるいは，これらの国内／海外要因は，相互に影響を与え合うファクターであり続けるのだろうか。これらの点が，本書のひとつの重要な検討課題となろう。

3. 歴史的な制度形成と財政金融政策

さて，中国における金融市場や財政政策の実施に関する構造的な問題をより全体的にとらえるためには，中国の社会経済が発展してきた，より長いスパンでの歴史的な背景に注目することが必要となる。ダグラス・ノースや岡崎哲二などによって展開されてきた[5]，「歴史的な制度形成」の重要性をそこに見出すことができるからである[6]。

---

5) たとえばNorth（1990），岡崎（2005）などを参照。

これまでにも，主に歴史研究の分野において中国の伝統的ともいうべき「市場経済」の発展のあり方を明らかにする研究が行われてきた。特に本書の主たる関心である金融と財政を中心に，これらの先行研究をここでやや詳しく整理しておこう。

1) 財政の硬直性と中国の近代化

たとえば，中国財政に関する問題について岩井茂樹は，「近世（ここでは明代以降を指す）」以降の中国財政における「制度的硬直性」を指摘している。岩井によれば，伝統的な中国の財政制度は，徴税権を集中的に管理する中央財政と，その財源が制度化された租税体系の中に十分位置づけられておらず，中央の財政収入の一部を留保することにより維持されてきた地方財政という組み合わせからなる[7]。

このような伝統的制度の下で，中央政府財政収入の大部分の徴収は地方権力にゆだねられ，中央政府への送金分（京餉），赤字を記録している省への補填分（協餉）を除いた一定部分が地方に「戴留」され，その支出に当てられた（中央解款，攤派制度）。また，このような正規の租税収入は硬直化・固定化する傾向があったため，「国税」の「戴留」分でまかないきれない地方財政支出については，地方権力による恣意的な費用徴収（税付加，「徭役」などの役務徴発）によって対応された。

このような状況の下で，組織的・統一的な正規の政府財政と，中央・地方を問わず個々の権力機構の支配下に分散的に成長する，しばしば非法定的（分散的）な事実上の財政資源調達の制度とが共生的な関係を取り結ぶ，という状況が生じた（岩井，2004，392 ページ）。これはまた，地方の統治機構が上級からの命令系統に従属しながら，地域固有の政治領域において独自の権限をもつという，趙宏偉によって「重層集権体制」と名づけられた，現代の中央 - 地方関

---

[6] 歴史的な視点から現代の市場経済を評価することの重要性については，加藤・久保（2009）参照。
[7] 村松祐次は，このような中国の硬直的な財政構造を「定額主義」と呼んでいる。村松（1949）209 ページ。

係にもつながるような二重の統治構造ももたらしたと考えられる。このような，中央と地方とのいわば重層的な財政関係は，地方が地方としての明確な位置づけを付与されている近代国民国家のもとでの地方財政のあり方とは，おのずから異なった性質をもつものであった。

　一方，中華民国成立以降の中国においては，相対的に勢力が弱い中央政府のもとで，地方権力の財政的な自立化の傾向がもたらされた。たとえば，袁世凱政権以降の北京政権の時代において中央政府は，中央の財源と中央の「国地財政劃分」などの財政の規範化を行おうとしたが，地方において権力をもつ督軍・省長などの抵抗にあって果たせず[8]，各省が徴税した財政収入の一部を送金し，残りを省政府の財政資金として滞留させるという清朝の財政制度（中央解款，攤派制度）が採用された。その際，各省が徴税した財政収入は財源により「国庫財政」と「省庫財政」とに形式的に分けられ，前者は省議会ではなく，国会の批准を受けるものとされていた。また，国庫財政には田賦や貨物税（厘金）などの主要な税が割り当てられたこともあり，比率の上では後者を圧倒していた。しかし実態はそれらの税収は省財政庁の実質的な管理下にあり，中央政府がそこから収入を確保することはできなかったという（岩井，2009）。

　金子肇によれば，袁世凱政権は圧倒的な軍事的優位性を背景に各省の「忠誠」を取り付ける一方，その権力基盤を安定化させるための財政の規範化はむしろ先送りにされたのである（金子，2008，336ページ）。さらに袁世凱が没すると，それまで袁の軍事的な権力を背景に結び付けられていた地方政府は，中央からの離反の姿勢を明らかにする。その象徴が，各省が中央政府からの自立性を強めていった聯省自治運動であり，あるいは各省の自治風潮であった。そのような状況で，財政資金の中央への送金（解款）は途絶えがちになって省に滞留されるようになり，軍勢力などに利用されるようになっていく[9]。同時に県や基層の権力層による独自の財政的基盤は取り崩され，むしろ省政府への集

8）髙原（1996）によれば，地方政府においても省議会は省の独自の財源を確保し，「省自治」を確立させるためにむしろ「国地財政劃分」の実施に賛成していたという。
9）岩井によれば，1916年以降の北京政府が自由にできた収入は関税，塩税，鉄道収入，直隷地における専売収入のみに限られていたという。岩井（2004）505ページ。

権が進んだとされる。このように民国前期においても，近代化を志向しつつも，「重層的な財政関係」が温存されていったものと考えられる。

2）地方勢力の財源獲得行動と世界経済とのリンケージ

伝統中国では，遠隔地間の商品流通に支えられた遠隔地市場圏と，それと重なり合いながら，狭い範囲で商品が流通する各地の局地的市場圏が共存していた（加藤・久保，2009，96ページ）。近代化の過程においては，基本的にそのような市場の二重性が温存される中で遠隔地間の交易が次第に拡大していく。その中で，地方勢力の自立性がますます高まっていくとともに，単に自主的な税収の確保というだけではなく，たとえば通貨発行益やタバコ・薬品などの販売を通じた事業収入などの独自の手段を通じて，財源獲得をおこない，それを各地の産業振興，あるいは兵力増強などに当てていくというような行為が広く見られるようになった。

この点に関し，本書の分析に対しても非常に興味深い視座を提供するのが，黒田明伸らによってその詳細な検討が行われている，清末の湖北省における張之洞の幣制改革である。

もともと近世以降の中国では，遠隔地間の高額決済に用いられる銀と日常取引に用いられる銅貨が貨幣として用いられてきたが（銀銭二貨制），銅貨は素材価値とほぼ等しいかそれを下回る額面でしか鋳造されず，また銀は一貫して鋳造されないまま秤量貨幣として用いられたため，政府が素材価値と名目価値が乖離した貨幣を発行してシニョリッジを得る，という行為はついぞ見られなかった（竹森，2006，176ページ）。これは偽造を防ぐような鋳造技術が未熟であったことに加え，素材価値を上回るような高額の銀貨が実際の取引で用いられる契機が存在しなかったこと，中国の歴代王朝では政権が安定していた上にその財政が硬直的だったため，改鋳を行ってまで財政支出を拡大する必要が存在しなかったことなどが主な要因と考えられる（黒田，2003，105ページ）。

しかし，そのような歴代王朝の「財政」に対する超然とした姿勢は，欧米列強による軍事的侵略と経済進出によりゆさぶられることになる。特に，19世紀末から20世紀初頭にかけての日清戦争と義和団戦争の賠償金支払い，それ

に対抗するための「富国強兵」「殖産興業」の必要性が政府・官僚にも認識されるようになると事態は大きく変化する。そのような近代化事業を成し遂げるため，大規模な国家財政の拡充が必要になってくるからである。そして中国の場合に特徴的なのは，疲弊化した中央政府ではなく，むしろ徐々に力を蓄えつつあった地方勢力こそが，そのような殖産興業政策の積極的な担い手となっていった，という点である。なかでも，貨幣改鋳を積極的に行い，そのシニョリッジをそのような殖産興業の手段に当てる，という，当時の中国においては画期的なアイディアを大々的に導入したのが，当時湖北省の総督であった張之洞であった。

張は，まず19世紀末から20世紀初頭にかけ，海外から大量に流入してきたいわゆるメキシコ・ドルなどの洋銀に対抗するため，鋳造機械を導入して独自の銀貨の発行を行ったが，額面が大きすぎて思ったように流通せず，かえって取引手段としての銅貨の需要が拡大し，銅不足を招くという結果に終わった。また，銀を本位とする官銭票の発行も計画されたが，やはり地域の決済通貨としては流通せず，張之洞による第一次幣制改革は結局失敗に終わったのである。

そこで張は，今度は日常の取引に一般に使われた銅貨を，金属価値を大きく上回る額面価値をもつものとして鋳造し（銅元），その流通を成功させる。さらには，銅元を本位通貨とする政府発行の紙幣である官銭票の発行をおこない，広範な地域で流通させることに成功した（第二次幣制改革）。張はそれらの貨幣の発行益により，鉄道敷設や鉄鋼所の建設といった近代化プロジェクトを次々と実施していったのである[10]。

張之洞の一連の幣制改革と財政政策は，近代的な財政収入拡大の手段が限られているなかで，地方勢力がもうひとつの自主財源確保の手段であるシニョリッジへの傾斜を強めていく過程の先駆となるものであった。このようにして近代以降の中国では，財政政策と一体化した通貨政策が中央‒地方関係に影響を

---

10) 黒田明伸によれば，1904年の湖北善後局収入473万両余のうち，銅元余利（通貨発行益），土薬膏捐，籤捐収入で174万両を占めていたという。これらの独自の収入は学校建設，殖産工業部門，武漢を中心とする土木事業の実施に大きく役立ったとされる。黒田（1994）201ページ参照。

与える重要な一要素となっていくのである[11]。

　上記のような湖北省における幣制改革の成功例を受けて，直隷総督であった袁世凱の支配地域を中心に，より広範囲の省でこのような通貨発行益を利用した殖産興業の試みが次々と実行に移されていった。しかしこの結果，20世紀初頭には各地方政府により銅元・銀元の濫発が生じ[12]，その価値を絶えず減価していった。このような銀貨・銅貨の悪鋳を防ぐために清政府は，1910年に貨幣に含有されるべき貴金属の量を定めた「国幣則例」を公布するが，実現には至らなかった。その規定に基づいた袁世凱銀貨が大量に発行され，広範囲で流通するようになったのは，ようやく辛亥革命後の1914年になってからのことであった（狭間・岩井・森・川井，1996，157ページ）。

　このような状況は，海外から流入した「洋銀」や，中国政府が鋳造した袁世凱銀貨や雑多な銅貨，政府系銀行ならびに軍閥政府と結びついた地方銀行の発行するさまざまな紙幣[13]など，地域によって異なる形態の貨幣が流通し，お互いに複雑な相場を形成するといういわゆる「雑種幣制」あるいは「紊乱の幣制」として理解されてきた（杜，2002；村松，1949）。しかし，その状況は同時に，次第に地域経済圏の統合が進み，特に長江中流域と沿海部の有機的な連関が強まる中で，従来の現地通貨に替わり，はるかに広域的な流通圏をもつ袁世凱銀元やそれと兌換性をもった政府系紙幣が流通していくという，実質的な銀

---

11) この時期には，遠隔地間商品流通が拡大する中で各地方勢力が「厘金」と呼ばれる国内通行税を課し，重要な財源のひとつとなっていくが，その結果商品の全国的流通が妨げられた。これは政府が直接民間経済主体からレントを徴収する，現代の「農村負担問題」にもつながる行為の典型であるといってよい。

12) 特に深刻であったのは銅元の濫発であり，これにより20世紀初頭，銅元の銀元に対する交換比率は下落し続けた。たとえば，上海銅元市場における10銅元の銀元1元に対する交換枚数は1905年には107枚であったのが1908年には123枚，1911年には134枚に減価している。張（2003）99ページ参照。また劉（2006）は，山西省の閻錫山政権による1910年代から20年代にかけての銅元濫発の状況について詳述している（146ページ）。

13) 中国銀行，交通銀行に代表される政府系の銀行は，北京政府の公債を積極的に引き受け，それを原資として銀行券の発行量を伸ばし，流通範囲を次第に拡大していった。また軍閥と結びついた地方銀行が発行する紙幣としては各省の官金を取り扱う官銀号が発行する官帖，銅元と兌換性をもつ銅元票，銀元と兌換性をもつ小洋票などの各種紙幣があったが，特に東三省で発行された奉天票は有名である。杜（2002），澁谷（2005）参照。

本位制の成立に向けた，過渡期的な現象であったと理解することもできよう（黒田，1994）。

　この点に関し城山智子は，1920 年代の上海を中心とした長江下流域について，実質的な銀本位制の下での緩やかなインフレ基調の下で，綿工業，その資金・担保供給源としての近代銀行業・不動産業，ならびにその原材料の供給地としての農村がそれぞれ相互に結びついて発展するという，「雑種幣制」に象徴される負のイメージを修正するような経済発展のメカニズムが働いていたことを強調している（Shiroyama, 2008）。20 世紀初頭には，このような近代的な工業と金融業の相互補完的な発展が，長江中下流域という限られた地域の間であれ見られたということは明記しておく必要があるだろう。

　さて，周知のように，このような一般に「雑種幣制」として呼び習わされている状況，および財政面での清朝における伝統的な中央‐地方関係に規定された財政制度は，国民党が北伐を成し遂げ，1928 年に南京国民政府を成立させるという大きな政治体制上の変化，およびその直後に生じた 1929 年の世界大恐慌の発生に端を発する国際的経済秩序の大きな変化のもとで，大きく変容を遂げることになる。

　まず，1928 年から 30 年にかけて，国民政府は米，英，日などと個別交渉の結果関税自主権を回復する。これに基づく保護関税政策によって，1930 年代には中国の平均輸入関税は 30% 程度に引き上げられるとともに，関税収入が国民政府財源の中に大きなウェートを占めていく（加藤・久保，2009，157 ページ）。また，1931 年にそれまで地方の重要な財源となっていた厘金が廃止されたことをひとつの契機として，中央の財源と地方の財源を分けて徴収する国地財政劃分が実現した点も重要である。

　一方，1929 年の大恐慌の発生は，一次産品や綿製品の海外輸出を激減させ，価格の低落と交易条件の悪化を招いた。さらに 1931 年の長江大洪水と国共内戦の激化もこれに追い打ちをかけた。また，綿工業の太糸生産から細糸生産へのシフトに伴い，国内綿工業の原料供給も米国産原綿にシフトしていったが，この原材料コストの高騰から多くの工業が，経営不振に陥った[14]。

　その一方で，世界的なデフレの発生により国際市場の銀価格が暴落し，この

ため海外から上海の銀市場に銀が流入し、また輸出の不振により不況に見舞われた農村地域からも上海への銀流入が生じた。このような銀の急激な流入が生じた上海では、過剰になった資金が資産投資に向かい、上海の債券・不動産市場は空前のバブル期を迎えた。

しかし、このような状況は長く続かなかった。1931年の英国をはじめとする主要国の金本位制離脱と為替レートの切り下げにより、中国製繊維製品の価格優位性が失われ、輸出が落ち込みはじめたからである。さらには1934年、米国の銀買い上げ政策による国際的な銀価格の高騰が追い打ちをかけた。銀価格の高騰のため今度は中国国内から海外に銀が流出し、このため上海の資産価格が落ち込み、不動産バブルは崩壊する。同時に輸出の落ち込みと担保価値の下落により債務返済不能に陥る企業が増加、金融機関の破たんも相次ぎ、深刻な金融恐慌に発展した。

このような状況が一応の終息を見るためには、1935年における英国のリース＝ロス使節団による金融と財政の分離、中央銀行の政府からの独立、外債に代わる国内長期債の発行、日中関係の安定という一連の助言に従った幣制改革の実施が不可欠であった。国民政府は、銀地金を国有化し、地方銀行に法幣を買い取らせてその流通を図る一方、通貨準備委員会に銀行の法幣兌換準備の内容を監視させることで、法幣の対ドル・ポンド為替レートの安定を実現した。この幣制改革が成功裏に終わることにより、1935年末には経済は緩やかに回復に向かう[15]。

しかし、そのような国民政府による中央集権化が進む中でも中央 - 地方の関係ならぬ地方 - 地方の関係においては、依然として「伝統性」の残存が見られ

---

14) 以下の記述は基本的にShiroyama（2008）に依拠している。
15) ただし、Shiroyama（2008）によれば、幣制改革が実施された後も法幣を発行する国民政府に対する国民の信頼性は十分ではなく、それを確保するためには、規律ある財政運用が不可欠であった。その一方で、産業界からは政府の財政出動による救済策を求める声が絶えないという、政策目標上の矛盾が存在していた。このような矛盾の存在は、通貨発行と財政運営の規律の維持をぜい弱なものにしていたが、1937年の日本との開戦、重慶遷都以降の「総力戦体制」のもとで最終的にその規律が失われ、最終的に深刻なハイパー・インフレーションの発生をもたらすことになる。

た。たとえば中央と各省財政との間で国地財政劃分が実施されたといっても，省政府が県から下の基層財政まで掌握することは容易なことではなかった。そこでは，地方公共財の提供という近代的な役割をほとんど果たさず，支出のほとんどが人件費であり，一方の収入も廃止された厘金に変わる通過税など，さまざまな形での恣意的な費用徴収（苛捐雑税）に頼らざるをえない，という伝統的な中国官僚制度の問題はむしろそのまま温存されたのである（狭間・岩井・森・川井，1996，76ページ）。

なお，世界大恐慌後の上海を中心とする長江下流域の経済のように，国内の工業資本への投資機会が失われる中で，多額の準備資金（銀地金）が大量に流入する，という状況の下での不動産バブルの発生という現象には，国内の市場統合の途上にありながら，世界経済へのリンケージによって国内の金融政策が大きな影響を受けざるを得なくなった改革開放期以降の中国との共通点を見出すことができるだろう。

3）市場経済の歴史制度的特徴

さて，これまで見てきたような，各地方勢力による独自の通貨発行益追求による，財政金融政策の実施，およびそれを通じた「殖産興業」政策の推進という近代以降の中国に特有の現象は，どのような条件下で成立するのであろうか。

1. 通貨を発行する地方政府に対する「信頼」が形成されていること。
2. 地域的に限定された「流通圏」が形成されていること。
3. 発行される通貨が，地域通貨としての性格を備えつつ，「地域間決済通貨」としての銀との間に兌換性を備えていること。

以上の条件が満たされなければ，銅元＋官銭票が地域の景気拡大政策＋シニョリッジ効果をもち，通貨発行が地域の「輸出拡大効果」，すなわち地域振興的な効果をもつことはないはずである。たとえば，湖北省で発行された銅元がそのまま全国的に流通するならば，それは結果として単に中国全体で貨幣価値の下落＝インフレをもたらすに過ぎず，地域振興策としての効果をもたないと考えられるからである。

このことは「地域的に限定された流通圏の存在」，すなわち一般的に「市場の分断性」として理解されているような状況が，近代以降の中国で広く見られた地方勢力による独自の財政金融政策の実施と深くかかわっていることを示している。

このような市場の分断性も含めた中国の市場経済の特徴に関しては，村松祐次，あるいは足立啓二が戦前（特に1930年前後）の中国企業および市場競争のあり方に関して展開している，「零細な商工業者による，固定的な取引関係を伴わない，絶えざる利潤獲得競争」ともいうべきイメージが注目される（村松，1949；足立，1998）。彼らによって描き出された中国の市場経済の特徴を，簡単にまとめると以下のようになろう。

戦前の中国における市場経済は，政府による参入規制もギルド・業界団体による新規参入者の排除も実質的に存在しない，極めて自由開放的かつ競争的な性格をもっていた。その反面，法による支配に代表されるフォーマルな制度によって市場の運行が支えられているわけではないため，商取引の実行にあたっては絶えず組織化されない二者間関係（＝コネ）に多くを頼らざるをえなかった。その典型が，明代にその起源をもつ客商―牙人（行）の関係である。広域的な商取引に従事する商人＝客商は，原産地からの商品の買い付けあるいは消費地における商品の販売に当たっては，必ず現地の事情に精通した仲買人（牙行）に業務を委託せざるをえなかった。このような仲買人は，いわば地域間の情報の非対称性の大きさを裁定し，「情報レント（＝利鞘）」を獲得する存在であった。

このように，商品の流通に当たって数多くの仲介業者を介さなければならないので，その流通コストは非常に高いものとなった。一方で，すでに述べたように市場経済自体は開放的で参入規制が低かったため，絶えず一種の過当競争状態にあり，特に設備投資などのリスクは非常に高いものとなった。このため，20世紀初頭には軽工業を中心とした工業化に伴う市場取引が極めて活発に行われたにもかかわらず，企業の資本蓄積を通じた大規模化，生産性の上昇は一向に進まなかった。

彼らはこのような点に，非常に活発な市場取引が行われていながら，一方で

長期的で大規模な投資のリスクが大きく資本市場の形成と工業企業の資本蓄積がなかなか進まない，という一見矛盾するような中国の市場経済のありかた[16]を解明する鍵を求めたのである。

　当時の状況とでは工業の発達基盤がまったく異なるので同一視はできないものの，村松や足立の指摘する市場競争のイメージに近い状況は，現在の中国においてなおしばしば観察されるといってよい[17]。たとえば，いくつかの産業分野において，零細な業者が多数参入し熾烈な価格競争を繰り広げ，十分な利益が得られないことが明らかになると早々と退出していく，といった競争の激しさや，銀行からの借入が十分に得られないため設備投資や研究開発費を低い水準に抑えたり，取引企業への支払いを引き延ばしたりする，といった十分な「信用」に支えられない企業間取引のあり方などが，その具体例に当たるであろう。

　そして，金融市場の分断性，すなわち地域間の市場を通じた資金移動がなかなか行われないという現象も，このような零細業者による激しい競争が繰り広げられているために，「長期資本への投資」が相対的に高リスクであるという状況と密接にかかわっているものと考えられる。長期的な投資のリスクが高い状況の下では，銀行などによる貸出金利もリスクプレミアムを反映して高騰せざるを得ず，民間資本の側も借入によって投資資金をまかなおうという契機が存在しない。そのようにして企業が設備投資などの資金を自己資本に頼る結果，資本需要の低い地域から高い地域への市場を通じた資金移動も，かなり限定的なものになっていたと考えられる。すなわち，このような金融・資本市場の地域間分断性は，ひとつには中国の市場経済における「態制」から生じたものであり，容易には変化しないもののひとつとして理解できるのである。

　以上のような，中国の市場経済の制度的な特徴は，近代以降現在に至るまで

---

16) 村松はこのような地域における市場経済の独自のあり方を「社会態制」と呼んでいる。ここでいう「社会態制」とはダグラス・ノースなどがいうところの「インフォーマルな制度」の概念に近いものとして解釈できよう。
17) 現代の中国の産業においてそのような激しい競争が行われるメカニズムについては，丸川（2007）が詳しく論じている。

密接に絡み合いながら，マクロ的な政策運営などにも影響を及ぼしてきたと考えられる。すなわち，市場経済が地域間で分断性・自立性を伴いながら発展する中で，中央政府ではなく，各地域勢力が独自にシニョリッジ＝レントを追求し，得られたレントにより地域の経済発展を追求する，という基本的な構図は，形を変えて現代の中国経済にもつながっていると考えられる。

　もちろん，このような地方勢力が直接通貨発行益を追求する現象は，中華人民共和国時代になると見られなくなる。しかし，市場経済化の進展に伴って，地方政府が人為的な低金利政策のもとで金融機関に対し地元企業への融資の働きかけを通じてレントを得る，あるいは土地使用権の売却を通じてその独占的レントを収入源とする，という現象が広く見られるようになる[18]。さらに記憶に新しいところでは，2008年の米国発の金融危機の後に行われた総額4兆元規模の景気刺激策の中で，各地方政府が，独自に「消費券」を発行したり，盛んな地方債の発行や国有銀行からの融資を通じて地域の景気回復をはかるという現象が広範に観察された。ここにも，各地方が独自に財政金融政策を行う，という本章で述べてきたような近代以降の中国の中央－地方関係に特有の現象の名残を見ることが可能であろう。

4. 小括および本書の構成

　これまでの議論から，改革開放後の中国の財政金融システムを規定する歴史的・制度的な特徴として，以下の4つの点を指摘しておきたい。
　第一に，計画経済からの移行過程にあるという事情もあり，市場経済が経済学で想定される完全競争の状態からは程遠く，政府規制によるレント発生の余

---

[18] ここでは，市場の役割が大幅に縮小したいわゆる毛沢東時代の中国における中国の中央－地方関係に関して十分に言及できなかった。この問題に関しては，歴史的な中央－地方関係の推移を概観した高原（1996），計画経済期の官僚機構における中央－地方関係を論じた国分（2003），地方政府が経済活動を通じて財政を拡大するプロセスを分析した加島（2007），計画経済時代の国有企業の源流を清末の「官督商弁企業」に求めた大橋・丸川（2009），農村における地方幹部をめぐる権力関係を論じた田原（2004）などを参照のこと。

地が絶えず存在しているという点である。

　第二に，国内市場，特に要素市場が分断化された状況の下で，各地方政府が要素市場に積極的に介入してレントを獲得，そのレントを用いて地域振興政策をはかる傾向がある，という点である。

　第三に，国内市場の統合が十分ではないまま，金融を中心に世界市場への統合化が急速に進んだため，中央政府によるマクロ経済政策の舵取りが非常に難しいという点である。

　そして第四に，「格差是正」「公正さの実現」という政策目標を割り当てられるべき財政政策が，中央-地方政府間の既得権をめぐる綱引き，といった政治的・制度的な問題のため十分な効果を期待できない状態にある，という点である。

　これらの制度的な特徴は，改革開放期を通じて中国の財政金融システムに影響を与えてきたと考えられるが，時期によってそれぞれの重要度は異なっている。たとえば，改革開放政策が始まって間もない1980年代には，世界市場との統合はまだごく限られたものであった一方，国内における市場の分断化はいっそう深刻なものであった。1990年代に入ると少なくとも財市場に関しては国内市場の統合が進むと同時に，金融政策の手段も公開市場操作などより豊富なものとなったが，にもかかわらず為替政策と国内マクロ経済の調整という異なった政策目標間における矛盾はむしろ強まりつつあるように思われる。また，各地方政府がレント獲得のために介入を行う要素市場も，人為的な低金利政策が続いていた1980年代は金融市場への介入が主要なものであったが，一連の金融改革が行われ中央のコントロールが強められてからは，むしろ土地市場がそのようなレントの主要な源泉となっている。

　本書の以下の章では，以上のような問題意識に立ちながら，改革開放以降の財政金融政策や制度改革に関する個別のトピックを取り上げ，検証していくことにする。その際，朱鎔基が副総理ならびに人民銀行の副行長として分税制改革を行うとともに一連の金融の制度改革を導入した1994年前後をひとつの分岐点として，その前後で中央と地方の関係および財政金融政策の実態に一定の不連続性を見出すことができる，ということをひとつの議論の前提としている。

このように，1994年前後をメルクマールとして改革開放の性質の変化を捉える，という見解は一般的なものといってよい。たとえばノートンは，趙紫陽をキーパーソンとする1980年代の改革開放の特徴として，市場原理を徐々に導入するなど慎重な合意形成が重視されたこと，市場経済改革においては個別ルールの適用（請負制，双軌制度）が重視された分権的なものであったことをあげ，しばしば経済過熱やインフレが見られたものの，全体的に「敗者なき改革」であったと主張している。それに対し，朱鎔基をキーパーソンとする1990年以降の改革開放は，よりトップダウン的であり，国有企業改革や金融のマクロコントロールの強化など，市場経済のルールを強化する中で，「敗者の存在する改革」が行われた点にその特徴があるとされる（Naughton, 2007）。

　また，分析にあたっては経済理論を踏まえたうえでの制度分析を基本としつつ，可能な限り統計による実証分析を行うよう心がけたことを断っておきたい[19]。ロースキー（Rawski, 2001）の問題提起以来，中国のGDP統計の信憑性をめぐっては活発な議論が行われてきた。本書は，データの連続性ならびにどのようなバイアスが生じているかといった点に十分注意しながら分析を行えば，統計データを用いた分析は十分中国の現実を理解するのに有効なツールとなりうるという立場を採っている。

　最後に，本書の第1章以下の内容を簡単にまとめておく。
　第1章から第5章までの第Ⅰ部では，改革開放以降の中国の財政金融制度の変遷をフォローしつつ，それらが1980年代および1990年代以降にどのような問題を抱えていたのか，実証的に明らかにしていく。
　第1章では，改革開放期以降の財政金融システムの改革の動向とその特徴について概観する。1980年代は，地方の財政自主権の大幅な拡大によって地方の経済的な活力が引き出された反面，中央政府の再分配機能の低下，政府・銀行・企業が癒着した形での非効率的な融資とそこから生じるインフレ圧力，といった経済のマクロ面での問題も生じた。このような問題に対処し，中央のマ

---

19) GDPを中心とした統計データの問題点については，梶谷（2003a），許（2009），徐（2009），Hoshino（2011）を参照。

クロコントロールを高めるために行われた「分税制」の導入や「中国人民銀行法」の制定など，1990年代以降に行われた一連の制度改革について，その意義と成果を検討する。

第2章では，中国経済の「貨幣化」をめぐる問題を分析することを通じて，改革開放まもない1980年代に，金融市場の地域間分断性，および地域間経済格差の問題が，中国経済のマクロ的な資金循環メカニズムに与えた影響の重要性を明らかにする。この時期は，各地方政府が低金利の状態の下で，銀行融資への積極的な介入を行い，それがマネーサプライの拡大とインフレ基調を生み出したが，それは改革開放後に生じた貨幣経済化の進展，さらには地域間の現金流入／流出の状況と深く結びついていたと考えられる。

第3章では，一連の金融制度改革によって地方政府の金融機関への直接的な介入が困難になり，為替レートと海外からの資金流入が国内の金融政策に大きく影響を与えるようになった，1990年代以降の金融政策および外国為替制度改革（人民元改革）をめぐる問題をとりあげる。具体的には，近年における英語圏での議論を中心に人民元改革をめぐる論点を整理した上で，それが改革開放後の中国の政治経済的な状況，特に1990年代以降朱鎔基を中心に行われた財政金融改革との対比において，どのように評価されるかを検討していく。

第4章では，各省の域内GDPなどの指標を用いた計量分析を行い，財政的な再分配機能が低下する中で，地域間の資金移動やリスクシェアリングがどのように変化したか，またその中で財政金融システムを通じた地域間の資金移転はどのような役割を果たしていたのか，分税制の導入などの財政金融改革の実施による変化が見られたかどうか，などといった点を検証する。そして，その結果に基づき，近年の中国のマクロ政策や再分配政策がもつ問題点について改めて整理を行う。

第5章では，中央政府の再分配機能が強化されたと考えられる1990年代後半以降に，地域間の補助金の流れと財政的再分配のメカニズムの動向がどのようなロジックに基づいて行われたか，あるいは政府の少数民族政策が財政補助金の分配にどのような影響を与えているかといった点を，西部地域を中心とした内陸部の県データを用いた計量分析によって検証する。

第6章から第8章までの第II部では，各地方政府を経済活動の主要なアクターとしてとらえ，それらが要素市場への介入というレントシーキング行動を通じて，資産バブルの発生に代表される，中国のマクロ経済におけるダイナミズムをもたらしてきた過程を制度的・実証的に分析する。

　第6章では，中国の経済発展の過程で地方政府が果たしていた役割について既存の研究を参照しながら再検討を行う。具体的には，地方政府の自主財源として重要な存在であった「予算外資金」に注目し，それを要素市場への介入によって得られるレントの取り分，として位置づけた上で，地方政府の経済的インセンティヴに及ぼした影響がどのようなものであったかを検討する。特に，1980年代においてともに地方政府による直接的な介入が見られた郷鎮企業と国有企業のケースを相互比較し，両者の違いについて分析する。

　第7章では，1990年代後半以降，地方政府による新たな財源獲得手段として注目されるようになった，土地使用権の譲渡利益に焦点を当て，その背景にある中国の土地市場の特殊性について分析する。その際，土地市場をめぐる多様な現実を整理したうえで，それまでの中央政府と地方政府との間に生じてきた問題とはどのような違いが見られ，また今後の中国の経済発展を考える上でどのような重要性をもっているのか，という点を明らかにする。

　第8章では，世界的な金融危機の発生以降改めてクローズアップされることになった，米国と中国などとの新興国との「グローバル不均衡」と呼ばれる現象に焦点を当てる。このような米中間の国際収支の不均衡の問題と，資産市場における地方政府によるレントシーキングを通じたバブルの発生など，近年の中国における国内問題がどのような関係にあるのか，「動学的非効率性」という概念をキーワードに検証していく。

　そして終章では，2008年の米国発の世界的な金融危機の発生後，中国政府が行った4兆元の景気刺激策が地方政府の投資行動を誘発している現状に鑑み，今後の中国における中央−地方関係のあり方が，国内のマクロ経済政策だけではなく，IMF改革を含めた今後の国際通貨体制の構築に及ぼす影響についても初歩的な考察を加えている。そこから示唆されるのは，中国の国内における財政金融システムが，実際にどのようなロジックによって動いており，その結

果どのような問題を抱え込んでいるのか，ということを理解することが，次第に世界経済レベルでの重要性をもちつつある，ということにほかならない。

第Ⅰ部

財政金融改革の展開と中央 - 地方関係

第1章　改革開放政策と財政金融改革
　　　　──概　観

　広大で多様な国土を抱える中国においては，ある程度地方の自由に任せなければスムースな政策運用ができないという側面（「重層性」）を抱える一方，地方に権限をゆだねすぎると地域間格差の拡大や社会的分裂の可能性が出てくるという，統治をめぐるジレンマが常に存在していた。このため現代中国では，いわゆる「収（中央のコントロールの強化）」と「放（地方への権限委譲）」のサイクルが繰り返されてきた。

　改革開放期は，そのサイクルが「放」へと大きく振れた時期であった。1980年代から90年代初めにかけては，地方の財政自主権の大幅な拡大をはじめとして，地方の経済的な活力が引き出される一方，中央政府の再分配機能の低下，政府・銀行・企業が癒着した形での非効率的な融資とそこから生じるインフレ圧力，といった経済のマクロ面での問題も生じた。このような問題に対処し，1990年代以降，中央のマクロコントロールを高めるために，「分税制」をはじめとしたさまざまな改革が行われてきているが，なお中央－地方関係の規範化の実現には克服すべき課題も多い。以下では，こういった中央－地方間の綱引き関係に焦点を当てつつ，改革開放期以降の財政金融改革の動向とその特徴について概観していく。

1. 計画経済時代の財政金融システム

　改革開放期以降の財政金融システムの特徴を考察する前に，まずその前段階としての計画経済時代（1953-77 年）の財政金融システムについても簡単に触れておきたい。改革開放期のシステムのある部分については，計画経済時代においてその萌芽が見られ，両者の間には特に制度上において一定の連続性が見られたからである。

　計画経済時代の中国の財政制度は，中央・地方財政双方の支出・収入を中央政府が統一的に管理する「統収統支」方式を出発点とする。具体的には，以下のようなソ連型の高度に中央集権化された方法によって，財政資金の統一的な管理が行われた。①一切の収支項目，支出方法と支出指標をすべて中央が統一的に制定する。②一切の財政収支はすべて国家予算に組み入れて，収入は全部中央に上納され，支出は中央から支給され，年度末の剰余金も基本的にはすべて中央に上納される。③財政的権限は中央と大行政区に集中されるが，中央を主とする（南部，1991，9 ページ）。

　計画経済期の財政システムを支えていたのは，「社会主義改造」による私営企業の国有（公有）化を経た後での，国有企業への資金・資源の集中であった。このことを通じて，政府が国有企業の資金収支を一元的に管理し，国有企業からの利潤上納が国家財政収入の中心を占める一方で，政府に集められた財源についても，国有部門を主体とした重化学工業への建設性投資へと重点的に配分される，という仕組みが形成されたのである。

　しかし，「統収統支」のような中央集権的な財政制度は，厳密には 1950 年代初頭の経済復興期および文革期の 1968 年にしか実施されなかった（田島，1994 および 2000）。実際の財政制度の運用は，一貫して「統一指導・分級管理」，すなわち，各級の地方政府が排他的に財政収入を徴収し，その一部を上級政府に上納するというやり方で行われた。つまり，かなり早い段階から，建前としての「中央集権」（「大一統」）と，現実の財政制度の運用とのズレが生じていたものと考えられる。そして，政府間財政収入のシェアリングの方法をめぐっ

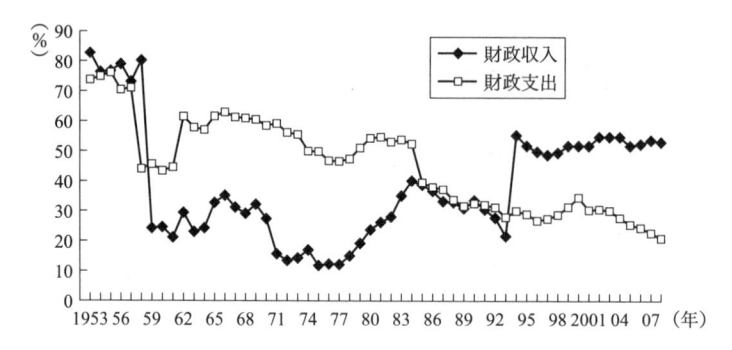

図 1-1　国家財政に占める中央政府予算の比率
出所）国家統計局国民経済総合統計司編（2010），国家統計局編『中国統計年鑑』各年版。

ては，毎年のような頻繁な制度変更が行われていた。この時期におけるイデオロギー論争などの影響を受けた，めまぐるしい財政制度の変更は，計画経済時代の中国の財政制度についてまとまったイメージを抱くことを困難にしているといえよう。

　特に，1958年の大躍進政策の実施による大胆な地方分権化は，財政システムにも大きな影響を及ぼした。この時期，全体の88％の国有企業が地方政府の管轄となり，1957年には9,300あった中央管轄の国有企業は1958年には1,200まで減少したのである（賈・趙，2006，61ページ）。このように，国家財政収入において中心的な役割を占めていた国有企業の地方隷属化が進んだことは，中央集権的な財政システムにも根本的な見直しを迫るものであった。その後，大躍進政策は行き過ぎた地方分権化によって，無秩序な投資・生産拡大をもたらし，食料や物資の不足および物価上昇などの大混乱を招いたため，その後はより中央集権的な調整政策が実施された。しかしその後も，国有企業の地方隷属化はむしろ進行していった。このことは，国家財政に占める中央財政収入の比率の低下にも現れている（図1-1）。

　田島（2000）は，このように計画経済期を通じて，中央政府が直接管理できる財源が減少し，各級地方政府の自由度が上がったことをもって，この時期に「属地主義」的な財政金融システムが形成されたと主張している。この時期に

確立した，地方が集めた財源を中央との間でシェアリングする方式は，確かに改革開放期において実施された請負制と基本的によく似たものであった。従って，地方政府にとっては中央政府とのバーゲニングを通じて，財政収入の地方留保分をある程度増やす余地も生じていた。

しかし，計画経済期を通じて，地方政府にとっての財政収入は，自由に使うことのできない，制約の多いものであり続けたのも事実である。その意味で，国家財政に占める地方財政収入の増加は，むしろ財政資金を「地方が集め，中央が使う」という状況が常態化したことを意味していた。チン＝チエン＝ワインガスト（Jin=Qian=Weingust, 2005）による，各省における財政収入と財政支出の関係を固定効果モデルで推計した研究によれば，1970-79 年には 1 単位の財政収入が生み出す財政支出は 0.184 単位であったのに対し，1982-92 年には 0.752 単位に大きく増加している。この結果は，1970 年代の中国では，地方の財政収入は，ほとんど中央に「搾取」され，自由に使うことができなかったことを示している。

いずれにせよ，このような計画経済期の財政システムは，近代財政の基本理念である公平性・普遍性の点で大きな問題を抱えていた。たとえば，財源について国有企業からの利潤上納に多くを依存する財政の仕組みは，政府が国有企業の所有者であり，一方で財政資金の徴収者でもあるという矛盾した立場を浮き彫りにした。また，このシステムの中で農民は穀物の買い付け制度により収入が低く抑えられ，実質上都市住民よりも重い税負担を担うことが前提とされていた。中央と地方の関係に関していえば，特に 1960 年代になり「三線建設」が開始されると，豊かな沿海部の財政収入を中央政府が吸い上げ内陸部の経済建設に重点的に投入するというメカニズムが恒常的なものとなり，沿海部では財政収入を増大させようというインセンティヴが十分に働かなくなっていたのである。

一方，計画経済時代の金融システムの特徴について，王・郭編（2008）では，① 中国人民銀行が中央銀行と商業銀行の役割を兼ねる「大一統」の銀行経営方式，②「大財政，小金融」，すなわち金融が財政に従属したマクロコントロールのシステム，③ 銀行内部において集権的な計画管理が行われていること，

④企業間信用などが存在せず，信用ルートが単一化されていること，の4点にまとめている。

　計画経済時代の中国では，当初は中国人民銀行のほかに中国農業銀行，中国人民建設銀行，中国交通銀行，中国銀行などが存在していたが，1950年代後半から60年代にかけての急進的な社会主義化政策の中でそれらの市中銀行の機能はすべて中国人民銀行に集中され，中国人民銀行を中心としたモノ・バンクシステムが確立していく。このような体制の下で，中国人民銀行は「中央銀行」というよりも，経済計画の実施に必要な資金を融通する「国家の金庫番」としての役割をもっぱら果たしていた。

　ただし，金融システムに関しても，必ずしも一貫して「大一統」「統収統支」という言葉で表されるような，中央集権的なシステムによって運用されてきたわけではない。中国人民銀行は県レベルに至るまで支店が開設され，金融面においても「分級管理」，すなわち人民銀行や信用合作社といった金融機関の支店が地域における資金需給面で独占的な役割を果たす仕組みが確立していった。また大躍進期には，改革開放期の一時期にも採用された，中央レベルで運用される預金・貸出を除き，資金管理を地方レベルに下放するという，「差額請負」方式が採用された（田島，2000）。

　大躍進期において，全国で見られた固定資産投資の極端なまでの拡大は，このように資金管理の権限が地方にゆだねられる中で，人民銀行の各地方支店が，地域の資金需要に応じる形で貸出を増加させることによって支えられたと考えられる。この時期には，金融機関の規律付けが失われ，地方によっては，人民銀行の支店が貸出の記録すらつけなくなるようなケース（「無帳会計」）もあったとされる（楊他編，2002，107ページ）。その後実施された調整政策により，資金需給の管理は再び中央集権的な「統収統支」に戻された。すでに見たように，国有企業の地方隷属化と財政収入の地方への集中は，計画経済期を通じてむしろ進んだが，金融に関しては，中央政府が資金管理を集中的にコントロールするシステムは大躍進期や文革期などに揺らぎを見せるもの，基本的に改革開放期まで持続したと考えられる。

　さて，このような計画経済期の財政金融システムは，改革開放期以降のそれ

と比べた場合，どの程度連続性をもつものとして理解できるだろうか。繰り返しになるが，計画経済期を通じて進んだ国有企業の地方隷属化，すなわち「属地化」を通じて，財政収入に関してはかなりの部分が地方政府に集中するようになっていた。このことは，各級の地方政府にとって，上級政府とのバーゲニングによって，手元に留保する財政資金を増加させる余地が残っていることを意味していた。このような財源のシェアリングを通じた制度の「柔軟性」という点では，この時期の財政システムは確かに改革開放期の請負制と連続性をもつものといえるだろう。

しかし一方で，計画経済期の地方政府には，改革開放期のように経済活動への積極的な介入を通じてレントを創出し，それを自主財源として地域の発展に用いるという手段に頼ることは，事実上不可能であったと考えられる。このことは，特に大躍進政策の失敗以降，中央政府が金融システムにおける集中的なコントロールの手綱を放さなかったため，後に見るような要素市場への介入を通じた自主財源（＝予算外資金）獲得の余地が極めて限られていたことと関係していよう。その意味でも，この時期における財政金融システムそれぞれにおける「地方分権」の度合いや，中央政府によるコントロールの「温度差」について，十分に認識しておくことは重要だと考えられる。

2. 財政システムの改革と中央‐地方関係

1）地方財政請負制度の実施

改革開放期における財政制度改革の発端として，1980年2月に国務院より出された，「『収支区分，分級請負』の財政管理体制の実施に関する暫定規定」があげられる。これはそれまでの計画経済時代における「ひとつの竈の飯を食べる」方式から，「竈を分けて飯を食う」方式へ，さらに中央‐地方間の財源のシェアリングの方式を1年ごとに見直すやり方から5年に一度の見直しにするなど，中央‐地方間の財源区分の大きな見直しを含むものであった。

その具体的なやり方をめぐっては，四川省で実施されていた「収支区分，分級請負」と，江蘇省で実施されていた，地方財政収入の総額を一定比率で中央

と地方で分割する「総額配分請負(固定比例請負制)」の2つの方法をめぐって，政府内部でも方針が分かれていた[1]。

　四川省で採用された方式は，全体の財政収入を中央の固定収入，地方の固定収入，そして両者の交渉によって決まる部分(「中央・地方調節収入」)に分けるという，後の分税制とほぼ同じものであり，中央政府がこの方式を支持したこともあって，当初は全国15省で採用された。しかし，「中央・地方調節収入」の地方留保分が少なかったこともあり，次第にこの方式から，江蘇省の方式である「総額配分請負」に変更する省が続出し，最終的には広く全国で採用されていった。三宅(2006)によれば，「総額配分請負」は地方政府にとって徴税の際に固定収入と中央との共有収入の区分を行う必要がなく，徴税業務が容易であること，また請負比率が交渉によって変化するという柔軟性をもつこと，などが地方の指導者に好まれたという(168ページ)。

　「地方財政請負制度」として一般に理解されている財政制度は，このようにして次第に多くの地方に広がっていったが，財源のシェアリングに関する具体的な方式に関しては，地域によってさまざまなバリエーションが存在した。オクセンバーグ＝トン(Oksenberg=Tong, 1991)および呉(1996)によれば，当初主流であったのは，上述のような「総額配分請負」方式[2]であったが，広東省や福建省などの沿海地域南部では，地方に対しより強い財政自主権を与える「定額上納」方式が採用されていた[3]。さらに，経済発展が遅れ十分な財政収入が得られない内陸地域や少数民族地域は，中央からの一定額の財政補助を受け取るものとされた。そして，1988年に行われた制度改革以降には，地方により多くの財政資金を留保する余地を与える定額上納方式がほとんどの地域で

---

1) 三宅(2006)第4章参照。江蘇省では，1970年代を通じてこの方式の実験が行われていたという。
2) 厳密には，財政収入を中央固定収入，地方固定収入，中央・地方調節収入の3つに区分した上で，地方の固定収入に中央・地方調節収入を加えたものを「総額」とし，それに一定の比率を乗じた額を請負の対象とした(呉，1996)。
3) 定額上納方式は，「狭義の請負制」あるいは「一括請負」と呼ばれることもある。中央政府と省政府は，固定した上納額を協議して決定し，省政府は上納した残りのすべての収入および予算節約分を受け取るとされる。また，地方企業の収入と支出も省の管轄とされたため，省の財政基盤が大きく拡大した。加藤(2003)第4章参照。

採用されるに至った[4]。また，いずれの方式においても，中央への上納額やその比率などは，地域の経済状況や交渉によって個別に決定されたため，各省によって大きなバラツキがあるのが特徴であった。

　このような地方財政請負制度の実施は，各地方政府に対し地元経済の発展のために用いることができる資金を努力次第で拡大させる余地を生じさせた。このことは，地方政府に地元経済への積極的な関与を行うインセンティヴを与え，地方の経済的な活力を引き出す上で大きな役割を果たしたと考えられる。

　たとえば，ジーン・オイは，郷・鎮といった末端の行政機関が，財政収入の拡大をひとつのインセンティヴとし，地元の郷鎮企業に対し資金や物資の調達面で便宜を図るなど，その経営に積極的なコミットメントを行うという現象が広く見られたことを指摘し，それを「地方政府コーポラティズム（local state corporatism）」と名づけた。そして，改革開放期の中国のように市場メカニズムによる資源の配分が十分に機能していない状態の下で，郷鎮企業の資源の調達を助け，経営に対し一定の規律づけを与えたことを高く評価したのである。また，チエンとワインガストは，このように各地方政府が地元企業の発展に深くコミットすることによって，あるときは地方政府が協力して中央政府からの過度の介入に対抗し，またあるときはお互いに競争しあって市場に規律を与える，というメカニズムが働くことを指摘し，そのメカニズムを「中国式の市場保全型連邦主義」と呼んで評価している（第6章参照）。

　一方，地方政府の地元経済に対するコミットメントは一方で資源の効率的な配分にゆがみをもたらすという側面をもっていた。たとえば「諸侯経済」あるいは「地方保護主義」という言葉で表されるように，地域間の取引を制限して

4）高原（2001）によれば，地方財政制度における定額上納方式の採用は，国有企業の利潤上納制度の改革の進展と密接な関係をもつ。たとえば，企業改革に関しては1985年に国有企業の利潤に対して一定の税率を課す利改税の導入が検討されたが，地方は企業の内部留保を増やし利潤額を低下させるという手段で抵抗したため，結局挫折した。代わって全国で導入された請負経営責任制では，利改税を前提として中央と地方との間における配分比率が決められたため，結果として地方の税収が落ちこんでしまった。このことが，地方にとってより有利な，定額上納方式が広く採用されるきっかけになったとされる。

生産財の囲い込みや地元産業の保護を図ったり，あるいは地方政府が国有銀行の地方分行に圧力をかけて融資を引き出して過剰な設備投資を誘導したりする，といった資源の効率的な配分を妨げる現象が，改革開放期を通じて広範囲に観察された。このような市場にゆがみをもたらす地方政府の市場への介入は，広い意味でのレントシーキング活動として理解できよう。

2）財政資金の地域間再分配

さて，地方財政請負制度の実施は，中央−地方間における財政資金の分配という点ではどのような結果をもたらしただろうか。中央財政の弱体化と再分配機能の低下，がその答えであった。

前掲図1-1にも示されているように，前述の「総額配分請負」方式による請負制が全国に広がった1980年代初頭から，「分税制」が導入される1994年にかけて，全国の財政収支に占める中央財政の割合は一貫して低下し続けた。またそれだけではなく，中央・地方財政を合わせた財政収入および支出の対GDP比率も次第に低下していった（図1-2）。つまり，改革開放期を通じて，経済全体に占める財政的な活動の比重自体が縮小し続けていき，中国は急速に「小さな政府」の道へと歩みだしていったのである。

また，このように政府の財政規模が縮小する中で，地域間の財政資金の再分配をめぐる状況も大きく変化した。図1-3は改革開放以降における各省間の再分配前および後の1人当たりGDPおよび消費の変動係数の推移を示したものである。これを見ると，1980年代から90年代半ばにかけて，再分配前の1人当たりGDPの変動係数と，再分配後の1人当たりGDPの変動係数の値が急速に接近していることがわかる。このことは，改革開放の初期段階では，地域間における財政収入の大きなバラツキを中央政府による再分配機能によって平準化していたのが，次第にその機能が低下していったことを意味する。

つまり，計画経済時代から改革開放初期にかけては，財政収入における地域間の格差は各地域の経済発展状況の格差を反映して比較的大きいものであった一方，財政支出に関しては相対的に豊かな地域から貧しい地域へと中央政府を通じた財政資金の移転が行われることによって平準化されていたのだが，改革

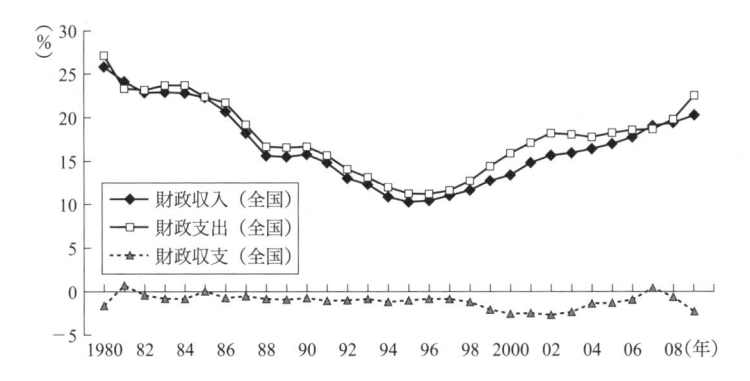

図 1-2 財政収支の対 GDP 比率

出所）図 1-1 に同じ。

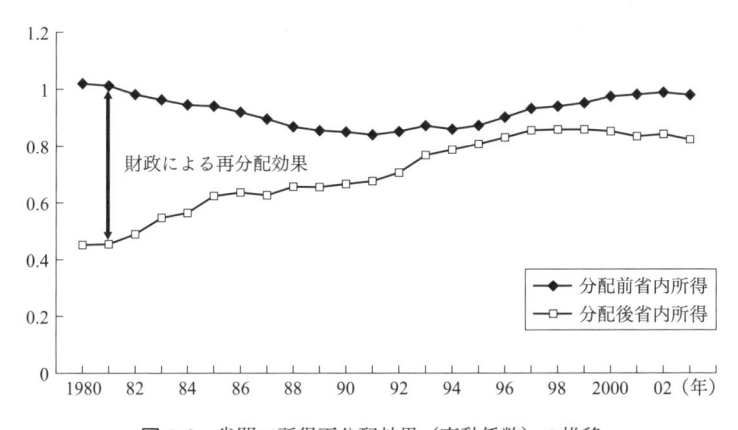

図 1-3 省間の所得再分配効果（変動係数）の推移

出所）国家統計局国民経済総合統計司編（2005），国家統計局国民経済核算司編（1996），国家統計局国民経済核算司編（2003），より作成。
注）データは経済センサスによる改定前の数値（旧 SNA に基づく値）を用いている。

開放の進展に伴い，このような構図が急速に崩れていったのである。

このような現象が生じたのは，ひとつには地方政府のインセンティヴを刺激することを目指して導入された地方財政請負制度が，一方で政府の企業からの徴税努力を削ぐという効果をもっていたことがあげられる。神野（1999）の指摘するように，この時期において国有企業からの所得税収の減少が深刻だった

のは，政府の税徴収者としての役割と，企業の所有者としての役割との間にそもそも矛盾が存在したからだと考えられる。たとえば，1980年代の中央政府と企業との間の利潤分配のルールは，基準年の利潤上納額を基数として，毎年それに一定割合を上乗せした額を上納し，あとは企業に留保できるという「利潤逓増請負」が一般的であった[5]。しかし，企業の経営不振により当初目的とした利潤額が実現不可能になると，利潤上納が企業と政府とのバーゲニングにより調整される余地がますます高まり，その総額は大きく減少していったのである。

　もうひとつ財政請負制の下で見られたのは，特に相対的に豊かな地域において，その地域の経済発展のための資金を正規の財政資金以外の形で企業や地方政府に留保しようとするという現象である。そのことを端的に表しているのが，「予算外資金」の急速な増加である。予算外資金とは，中央政府あるいは上級地方政府への財政請負の対象とならない，各地方政府の自主財源のことで，各種の税付加，各地方政府が経営する病院やホテルなどの事業体からの収入，そして地方管轄の国有企業の内部留保金などから構成される。改革開放期を通じて予算外資金は拡大を続け，1990年代初めには予算内の財政資金を上回る規模に成長していた。その後，1990年代に入り，予算外資金のいくつかの項目，たとえば国有企業の留保利潤などが予算内の財政資金に組み入れられるなどの改革が行われたこともあって，予算外資金の相対的な規模は縮小している（図1-4）。

　また，郷や鎮といった農村における末端の行政レベルではさらにこのほかに「郷鎮自己調達資金」とよばれる非税収入が存在した。これらは上記のような「予算外資金」に対し「制度外資金」とも呼ばれ，郷鎮企業の税引き後利潤の郷鎮政府への上納利潤などのほかに，「三提五統」と呼ばれる農民に対する恣意的な費用徴収なども含まれる。

　このように地方財政請負制の導入によって地方の財政的な権限が拡大する中

5）このような企業と政府間の恣意的なバーゲニングによって利潤配分比率が決められる状態を解消するため，1985年には利潤額の55％を一律税収とする「利改税」の導入が図られたが，企業・地方政府の抵抗により挫折した。

図 1-4 予算外資金収入の動向

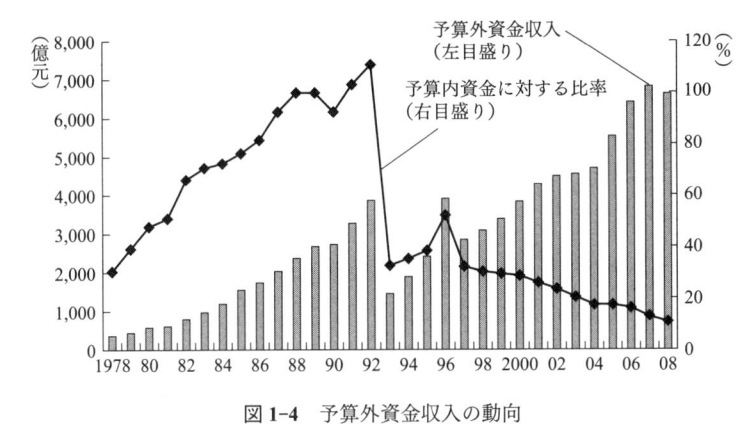

出所）図 1-1 に同じ。

で，地方政府にとっては中央政府への「上納」の対象となる予算内の財政収入の規模を縮小させ，中央からの管理・干渉を受けない自主財源ともいうべき予算外資金の形で収入を確保するよう努める，というインセンティヴが働いていたと考えられる。

さて，「財政資金」という形をとった政府収入の GDP 比が趨勢として低下するということは，通常考えれば政府による公共サービス水準の低下を意味するものであり，それがそのまま放置されるならば，社会の不安定化は避けられないはずである。ただし，改革開放期の中国では，上述の予算外資金に代表されるような，予算内の財政資金の不足を補ういくつかのチャネルが存在しており，そのことが深刻な社会問題の発生を食い止めていたものと考えられる。

そのようなチャネルのうち，ひとつ目はすでに述べた「予算外資金」を通じてのものである。相対的に豊かな地域においては，地方政府にプールされた予算外資金によってインフラ建設などの公共サービスの提供がまかなわれていたという側面が大きかったと思われる。

そしてもうひとつは次節でとりあげる，金融的なチャネルを通じた固定資産投資資金の調達である。これは，地方政府が国有銀行の地方支店（分行）と結びつくことによって融資を引き出し，国有企業の設備投資やインフラ建設のための資金源とするというメカニズムが働いていたということを指している。ま

た，後述するように，この金融的な資金調達のチャネルは，地域間における資金の再分配という点においても一定の役割を果たしていたと考えられる。

3) 分税制の導入後の財政制度改革

これまで見てきたような地方財政請負制度が抱える問題点に対処し，中央のマクロコントロール能力を高めることを目的として，朱鎔基副首相（当時）のイニシアティヴにより，1994年より「分税制」が地方政府の抵抗を受けながらも全国で実施された。

分税制とは，中央政府と地方政府の収入が明確に区別されることなく徴収されていたそれまでの地方財政請負制度のやり方を改め，財政収入を「中央固定収入」と「地方固定収入」，および一定の比率で中央・地方間で分配する「中央・地方調節収入」に分類して，徴税の規範化と中央政府による財政資金再配分機能の強化を図ろうとしたものである（表1-1参照）。さらには，財政の支出に関しても，安全保障，外交，国家機構の運営費，地域協調発展の支出などを中央政府の支出区分とし，それ以外を地方政府の支出区分とするという役割分担が定められた[6]。

その結果，特に税収のうち最大の比率を占める増値税（付加価値税）の75％が中央の収入として処理されたこともあって，すでに図1-1に見たように1994年以降全体の財政収入に占める中央政府の収入は急激に上昇した。

その一方で，財政支出に関しては1994年以降も依然として地方財政支出が中央財政支出を大きく上回るという状況が続いている。これは，地方政府の財政収入の急速な減少分を補うために，中央財政から地方に対して「税収返還」という形でかなりの規模の移転支出が行われたこと，しかもその移転支出の算定は，分税制導入直前である1993年度の各省の増値税・消費税収を基準額として，それに毎年の税増収分を加味した金額（税収の増加分の3割）と，実際の各省の両税の留保分との差額を中央財政から返還する，つまり各省の「既得

[6) 地方政府の権限と實務に関しては，国務院が分税制導入を決めた1993年末に公表した「分税制財政管理体制の実行に関する決定（1993年12月15日国発〔1993〕85号）により定められた。津上（2004）参照。

表 1-1　分税制の下での各種税収の配分（主なもの）

中央固定収入	関　税 消費税 中央管轄企業所得税 鉄道・銀行本店・その他の金融機関の企業所得税
中央・地方調節収入	増値税（付加価値税） 自然資源税 証券印花税 個人所得税 地方企業所得税
地方固定収入	営業税 都市維持建設税 都市土地使用税 土地増値税 不動産税 車両・船舶使用税 耕地占有税 農牧業税（2006年廃止） 印紙税 遺産税・相続税 酒席税及び屠殺税（2006年廃止）

出所）呉（1996），黄・迪編著（2003）他。
注）個人所得税ならびに地方企業所得税は当初は地方固定収入であったが，2002年以降の改革により中央・地方調節収入に組み入れられた。

権」を守るような水準に決定されたことを反映している。このように中央財政の再配分機能を支える制度的裏づけが不十分なまま分税制が導入された結果，むしろ地域間の財政力格差は一時的に拡大するという現象が見られた（第4章参照）。

　分税制の下で，その本来の目的であった中央政府による再分配機能が高まるのはむしろ1990年代末以降のことである。まず，地方への移転支払いという形を取った日本の地方交付金に似た形での地方への補助金制度が制度化されたことを挙げておきたい。1995年には，地域の経済発展状況などの客観的な条件をもとに各地の財政力調整を行うことを目的に「過渡期移転支払い制度」が導入された。また2002年からは地域の発展水準や，自然条件・民族居住状況などの社会・経済的条件に基づいて，より客観的に地域間の財政力の調整を行

うことを目的とした,「財力性移転支払い制度」が整備され,内陸部,特に経済発展が遅れており,少数民族が集中して居住する西部地域への補助金給付額を大きく増やしていった。

また,2002年にそれまで地方の固定収入であった中央管轄の一部の企業を除く一般企業の所得税,および個人所得税の50％が中央の取り分になり,さらに2003年にはその比率が60％に修正されるなど,所得弾力性の高い税収が中央税へと配分される方向で改革が行われた（所得税の分賦改革）。ただし,このような企業所得税の分賦改革にあたって,「所得税返還」といういわば「第二の税収返還」ともいうべき制度が設けられたこともあり,現段階ではその効果は限定的なものにとどまっていると考えられる。これは改革によって中央収入分となった企業所得税について2001年の収入を基数とし,そこからの増加分の一定割合を,所得税収入が減少した地方に還付していくというもので,税収返還と同じく,豊かな地域の既得権の保護という意味合いが強いものだからである。

一方,地域間再分配を目的とした大型の開発プロジェクトも実行に移された。1990年代以降の開発プロジェクトの主なものとしては,「七大経済圏」構想[7],「沿辺」「沿江」開発プロジェクト,東北振興策などが挙げられるが,その中でも最大級のものが第10次五カ年計画の主要プロジェクトとして正式に提起された「西部大開発」である。「西部大開発」の実施に当たっては,重慶市,四川,貴州,雲南,陝西,チベット,甘粛,青海,寧夏,新疆の西部地域の10省・市・自治区のほかに,内蒙古および広西の民族自治区,さらに吉林省延辺朝鮮族自治州,湖南省湘西土家族自治州,湖北省恩施土家族自治州といった少数民族居住地区もプロジェクトの実施の対象とされた。これを通じて,西部地域に対してそれまで以上に中央財政からの財政資金あるいは国債の発行を通じたインフラ建設資金の調達が行われるようになっていった。

---

7) 全国を長江デルタ・長江沿岸,環渤海,東南沿海,西南および華南の一部,中部,西北の7つの経済圏に分け,それぞれの重点産業を定めて経済発展をはかるもので,「2010年長期発展目標要綱」で公式に言及されたとされる（加藤,2003,39ページ）。ただし,この計画は,その後さしたる効果をもたらさないまま実質上立ち消えになった。

さらには，2005年10月，共産党第16期五中全会で「社会主義の新農村を建設する」という発展戦略が打ち出され，翌年から「新農村建設」が実施に移された。これは，農村への大規模なインフラ建設，農業産業化の推進，土地の流動化・集約化，農村金融機関の改革などをパッケージとして行うものである[8]。

　このように1990年代後半以降の状況を見れば，中央政府に財政資源のかなりの部分が集中し，中央財政の機能を強化するという分税制導入当初の目標は一応達成されたといってよいだろう。ただ，それらの移転支出がどの程度客観的な基準により配分され，地域間の財政力格差の縮小に寄与しているかというと，現時点では問題点も多い（第5章参照）。

　たとえば，分税制の実施や予算外資金の改革によって郷や鎮といった農村における末端の行政単位は深刻な資金不足に陥り，「三提五統」と呼ばれる，農家に対する恣意的な費用徴収によって財政資金の不足分を埋め合わせるという現象が広く観測されるようになった。特に1990年代末から2000年代初頭にかけては，このような「乱収費（みだりに費用を徴収すること）」が貧しい農民の生活をさらに圧迫する「農民負担問題」が大きな社会問題とされた。

　この「農民負担問題」を解決するために2002年より実施されたのが「農村税費改革」である。これは，地方政府による農民からの費用徴収や無償の労働力の提供を基本的に廃止すること，農業税および農業特産税を，最高税率7％という基準にそって調整すること，義務教育費などを農民からの費用徴収によってではなく各地方政府の財政支出によってまかなうこと，などを盛り込んだ改革である。税費改革はまず安徽省などいくつかの地域で実験的に行われ，2002年には全国レベルに拡大していった。そして2004年からは農業特産税が，さらに2006年からは農業税も廃止された。ただし，この改革を実施した結果，郷・鎮政府の財政的な自立性が失われ，灌漑施設の整備など公共事業の実施に支障をきたしたり，末端政府の役人の士気が著しく低下し，「三不幹部（何もしない役人）」と揶揄されたりする事態が生じているという（阿古，2009，66ペ

8）新農村建設ならびに，農村のリーディング・インダストリーとしての役割が期待される「龍頭企業」に関する問題点については，髙橋（2009）参照。

また，このような政府間における財源移転に関する問題以外では，地方債の発行が認められていないこと[9]，地方税の項目，税率が地方政府で決定できないこと，地方税に区分される個人所得税の財源に占める比率がまだ低い水準にとどまっていること，などが中央－地方政府間で財源を一定のルールにのっとって配分する＝規範化を実現する上での妨げとなっていると考えられる。

　また，このような財政資金の再分配の動きが強まりつつあるように見える一方で，地方もそれまでとは異なった形で少しでも多くの自主財源を手元に留保しようとしている。1990年代の改革によって，予算外資金の多くは予算内に組み入れられたが，地方に留保される自主財源には，予算外資金の枠組みにも納まらない「制度外資金」が存在しており，その規模は近年に拡大傾向にあるからである。近年では特に，土地使用権の有償譲渡を通じて得られた資金が地方政府の重要な資金源となり，企業誘致や都市開発のための資金として用いられるという現象が広く見られるようになってきている。このような地方政府の新たな自主財源確保の動きに関しては，第7章において詳述する。

3. 金融システムの改革と地域間資金移動

1）資金動員と市場メカニズム

　改革開放政策の実施に伴い，中国人民銀行を中心としたモノ・バンクシステムのもとで，「国家の金庫番」の役割を果たしていた金融システムも，市場経済に適応的なものになるよう，順次制度改革が行われていった。まず1979年の国務院決定により中国銀行，中国農業銀行，中国建設銀行が設立（再建）され，その後1983年の「中国人民銀行が専ら中央銀行の機能を果たすことについての決定」によって，中国人民銀行がそれまで受け持っていた商業銀行としての業務と中央銀行としての業務が切り離されることになった。同年に上記の

---

[9] ただし，2008年の米国発の世界金融危機の後採用された大規模な景気刺激策の際には，中央政府が発行を肩代わりするという形ではあるが，大量の地方債の発行が認められ，地方における公共事業の資金に当てられた。

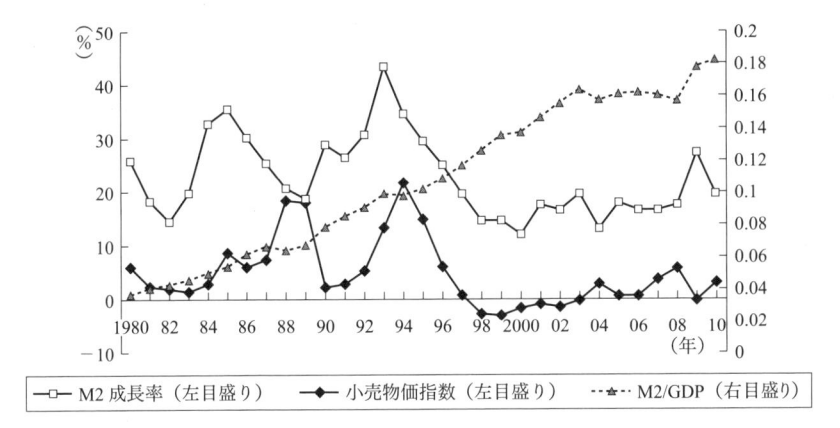

図1-5 マクロ経済指標と「マーシャルのk」

出所）国家統計局国民経済総合統計司編（2010），国家統計局編『中国統計年鑑』各年版，中国人民銀行ウェブサイト（http://www.pbc.gov.cn/）。

3行に中国工商銀行を加えた4行を国有専業銀行とし，それぞれ工商銀行は企業向け，農業銀行は農家と農村企業向け，中国銀行は外国為替業務と貿易金融，建設銀行は長期の建設投資資金の供給と，専門的な役割に基づいて業務を行うことを定めた[10]。また同時にコール・手形市場，国債・株式市場といった金融・資本市場の整備も着手された。

このような1980年代の金融システムの特徴は，①高度の資金動員，②低度の市場メカニズム，および以上の2つの点から派生してくる，③地域間の分断性の3つにまとめられよう。

まず，「高度の資金動員」とは，改革開放期を通じて特に都市家計を中心にした銀行預金が順調に伸びていったことを指す。このことは，改革開放以降のマネーサプライの急激な伸びに端的に現れている。図1-5は改革開放以降のマネーサプライ（現金＋預金通貨＋準通貨のM2）の成長率と小売物価指数，およびGDPに対するマネーサプライの比率を表したいわゆる「マーシャルのk」の値を示したものだが，特に後者は途上国では異例の高い水準となっている[11]。

10）この他，1987年には最初の株式制銀行である交通銀行も再建された。

このような「高度の資金動員」が成し遂げられた背景には，計画経済時代から，国民の貯蓄を国家が「吸い上げる」ための機構として，銀行あるいは信用社[12]の支店網が農村部も含めて末端の行政区画に至るまで張り巡らされていたことがあげられるだろう。つまり，銀行システムが国家の強力な支援を受けており，全国の支店網をはじめとしてすでに十分な初期投資がなされていたことが，経済の黒字部門である家計の金融システムに対する「信頼性」を得るうえでは有利に働いたものと考えられる。

　また，このような銀行預金の高い伸びを背景に，国有企業による固定投資を中心にして，それまで財政資金が中心だった資金調達が次第に銀行からの借り入れに切り替えられるようになっていった（「撥改貸」）。これらの現象を見れば，改革開放期の中国において，経済の黒字部門（家計）から赤字部門（企業）への資金の融通という金融システムの本来の機能が順調に実現しつつあるかのように見える。

　しかし，このような「高度の資金動員」は，本来の意味での「金融深化」が生じていれば達成されるはずの，市場メカニズムを通じた企業などへの効率的な資金の配分と結びついていたわけではない。むしろ，市場メカニズムを通じた資金配分は改革開放期を通じて常に「低位」の状態にとどまっていたといえよう。

　まず，中国の金利は現在に至るまで自由化はされておらず，政府による規制金利となっている。その中でも1980年代にはしばしば実質金利がマイナスになるなど，市場による効率的な資金配分が十分に行われないような低金利体系が持続していた。また預金金利と貸出金利との利ざやがほとんど存在せず，場

11）一般的に，発展途上国では銀行システムへの信頼性が低いことや，政府の発行する貨幣に変わってドルなどのハードカレンシーや貴金属などが資産として保有されるという傾向があるために，マーシャルのkは低い値を示すと考えられる。このことから，途上国においてGDPに対する金融資産の比率が上昇し，それとともに市場メカニズムに基づく効率的な金融市場が成立していく過程のことを，「金融深化」と呼んでいる。

12）信用社は，信用組合と銀行の中間形態ともいうべき中小規模の金融機関であり農村信用社と都市信用社の二形態が存在する。このうち農村信用社は「郷ごとにひとつの信用社」という原則に基づいて作られ，その機構数は1980年代末には6万を超えていたが，その後統廃合によって2005年には2万7,000余りに減少している（寶劍・蘇，2008）。

表 1-2　1980 年代の金利規制

	預金金利	貸出金利 1	貸出金利 2	小売物価指数	預金金利（実質）	貸出金利 1（実質）	貸出金利 2（実質）
1980	5.40	4.32	5.04	6.00	−0.60	−1.68	−0.96
1981	5.40	4.32	5.04	2.40	3.00	1.92	2.64
1982	5.76	5.76	7.20	1.90	3.86	3.86	5.30
1983	5.76	5.76	7.20	1.59	4.26	4.26	5.61
1984	5.76	7.92	7.20	2.80	2.96	5.12	4.40
1985	7.20	10.80	7.92	8.80	−1.96	2.00	−0.88
1986	7.20	10.80	7.92	6.00	1.20	4.80	1.92
1987	7.20	10.80	7.92	7.30	−0.10	3.50	0.62
1988	8.64	10.80	9.00	18.50	−9.86	−7.70	−9.50
1989	11.34	10.80	11.34	17.80	−6.46	−7.00	−6.46
1990	8.64	10.80	9.36	2.10	6.54	8.70	7.26

出所）謝（1996）99 ページ；加藤・陳（2002）。
注）預金金利は，1 年物定期金利。貸出金利 1 は，1-3 年，基本建設貸出金利。貸出金利 2 は，期間 1 年の企業向け運転資金貸出金利。実質金利は名目金利から小売物価指数（対前年比）を引いたもの。また数字は，いずれも年末の値である。

合によっては「逆ザヤ」となることもしばしば見られるなど，金融機関同士の競争が働く余地はほとんど存在しなかったといってよい[13]（表 1-2）。

その中で家計預金を中心とした銀行システムへの資金動員が順調に行われたといっても，それらの資金のほとんどは支店数などで圧倒的な規模を誇る国有専業銀行 4 行（工商銀行，農業銀行，中国銀行，建設銀行）に集中していた。このことは，中国における金融資産の急速な増加が，多様な金融機関による市場を通じた活発な取引や競争の発達を伴ったわけでないということを意味している。

次に指摘しておきたいのが，企業間取引における手形決済の遅れとそれに伴う短期金融市場の発達の遅れである。市場経済化に伴う取引主体・内容の多様化と，手形取引に対する信用性の低さ，あるいは決済制度の整備の遅れ，特に遠隔地間の取引決済における手続きの煩雑性などが原因となって，改革開放後

---

[13] いうまでもなく，このような低金利の状況では金融機関に利潤の獲得の余地はほとんどなく，逆に企業は借りれば借りるほど得をする。このような状況は貸し出しに伴うレントの発生とその分配の問題を必然的に生じさせると考えられる。

は企業間取引において手形決済が用いられず，むしろ現金決済が広く好まれるようになったことが指摘されている[14]。このような手形決済の普及の遅れは手形市場など短期金融市場の発達の遅れ，企業に対する銀行貸出の金利に対する感応性の低さなどにつながっており，市場メカニズムを通じた金融のマクロコントロールを妨げる原因になっていると考えられる。

また，コール市場など短期のインターバンク市場の形成も決して順調なものではなかった。たとえばコール市場の創設と運用は 80 年代にさかのぼるが，初期のコール市場は，規制や法律の整備が十分でなく，資金不足に悩む地域の銀行が資金を調達する「抜け道」として用いられる傾向があった。その後も全国規模の市場は 1996 年に至るまで形成されず，銀行間の短期資金の過不足を融通するというコール市場本来の機能よりも，「地域間における資金の融通の場」という性格を強くもっていた。このようにインターバンク市場の形成が遅れた結果，地域間をつうじた資金の移動は著しく制約されたと考えられる。

2）金融市場の地域間分断性

以上のように，市場メカニズムによる資金の効率的な配分が十分に行われない状況のもとで生じた現象が，金融市場の地域間の分断性，あるいは同じことだが，金融システムの地域内完結的な傾向である。株式発行などの直接金融が十分に発達していないもとで，企業の資金調達はもっぱら銀行からの借り入れに依存する。特に国有企業に対する融資に関しては，国有銀行の各地方における分行（支店）はその本行（本店）よりも，そういった地元政府の意向に左右されて融資を決定する傾向があった。すなわち，中央からの管理系統に属しながら地域内での独自の命令系統にも服するという，行政機関と同じような「重層性」が，銀行の本行と分行間の関係においても見られたわけである。

また，この時期においてはインターバンク市場が発達しておらず，地域を越

[14) 遠隔地間の取引決済における手続きについては，南部（1991）参照。最近の日系企業を対象とした調査においても，現地系企業の製品を販売する際には掛売りや手形決済などの信用取引を用いない，いわゆる「キャッシュ・オン・デリバリー」の方式を用いている企業がかなり多いという結果が得られている（梶谷，2003b）。

えた資金の流動が制約されていたことに注意しなければならない。このことは，資金の需給が地域内で完結し，地域内における銀行預金の規模によって貸出行動が制約を受けることを意味する。しかし，このような地域内での預金の動員には，経済の発展状況によって大きな地域差が存在しており，その結果地域間における資金需給のアンバランスが生じることになる。

金利操作を通じた中央銀行のマクロコントロールが十分に働かない状況の下で，こういった地域間の資金需給のアンバランスは「信貸管理政策」という，中国に特有のマクロ金融管理の仕組みによって調整されていた。

「信貸管理政策」の基本的な考え方は，地域（省）ごとに預金と貸出額をリンクさせることによって，全国的なマネーサプライの総量をコントロールしようとするものである。その具体的な運用の手続きは，およそ次のようなものであったと考えられる[15]。まず，各省の前年度の預金および貸出額の実績に基づいて，国有銀行の省分行が作成したその年度の信貸計画を，中央銀行である中国人民銀行が審査，批准し，それに基づいて各省の預金－貸出差額の上限が定められた。また，貸出額が預金額を上回る場合は，人民銀行の計画に基づいて，各省の銀行に対し人民銀行から貸出額の割り当てが行われた。

またその際，基本建設投資などのいくつかの投資計画，および人民銀行からの借り入れなどについては計画に従うよう比較的厳しく指導がなされるが，それ以外の流動資金貸付けなどについては，各省の預金額が計画よりも多ければ原則として自由に増加させてもよい，とされた。つまり，各省の預金額が拡大すればそれだけ貸付けを増やす，という形をとることにより，その「預金獲得インセンティヴ」を引き出すことが図られたのである。

このように，「信貸管理政策」の下で，各省における預金獲得状況の違いに伴う資金の過不足は，主に中央銀行による各省の金融機関に対するネットの貸出を通じて調整された。90年代後半に至るまで，国有専業銀行を中心とする

---

15) 以下の記述に当たっては柯（1996）を主に参考にした。「信貸管理政策」は，より厳密には80年から84年まで実施された「差額請負方式」と，85年から実施された「実存実貸方式」の2つの方式に分類されるが，以下では後者の「実存実貸方式」について説明することにする。

市中銀行の預金準備金は，法定・超額を合わせて銀行預金の20％前後と大変高い水準にあったが，具体的にはこのように多額の準備金という形を借りて人民銀行に資金をプールし，地域間の資金の割当てに用いるという構図が存在したものと考えられる。

こうしてみると，改革開放期においては，相対的に豊かな地域から貧しい地域への財政的なチャネルを通じた再分配機能が弱体化する中で，金融システムが地域間における資金再配分のもうひとつのチャネルとなって財政システムを補完するという，いわば「財政の金融化」ともいうべき現象が生じていた，ということができよう[16]。

その一方で，さまざまなレベルの地方政府が，地元経済の振興という政策的目的のために銀行，信用社など地元の金融機関に働きかけて企業への融資を引き出し，効率性を無視した過剰な設備投資が相次いで行われるという現象も広範囲に観察された。その結果，1980年代から90年代前半にかけて，経済の実体的な成長を上回るマネーサプライの伸びと，それによる慢性的なインフレ圧力がもたらされることになったのである。たとえば，前掲図1-5に見られるように，1988-89年，1993-94年にはいずれも20％を超す物価上昇を記録した。

3）1990年代における金融システム改革

1990年代における金融システム改革の基本的な方針は，改革開放以降の経済のマクロ的な秩序の混乱に対処することを目的として1993年に発表された「社会主義市場経済体制の確立の若干の問題に関する中共中央の決定」により示されていたとされる（大橋，2000）。

金融改革の主要な目的は大きく3つに分けられる。まずひとつ目は，中国人民銀行の中央銀行としての機能の強化である。これは，それまで人民銀行の省

---

[16] 焦・孫・劉（2006）は，省間において預金－貸出の差額に大きな差が存在すること，その背景として省ごとの超額預金準備の預金額に占める比率にバラツキがあることを指摘している。このような準備率の地方間格差の存在は，たとえば引き締め政策が行われたときの影響が，資金不足にある地方により大きな打撃を与えるなどの「非対称性」をもたらすと考えられる。

分行が地元政府の介入を受けて，当初の計画を超える貸出を許可してきたという状況を踏まえて，そのような地方政府との結びつきをできるだけ断ち切り，中央銀行としてのマクロコントロールの立場に徹するべきとの視点から必要とされた。1995年における中国人民銀行法の制定により，以上の方針が正式に確認された。また具体的な改革としては，1999年より人民銀行の省分行が廃止され，新たに行政区を越えた九つの「大区画」に分行が設けられ，よりマクロ的な観点からの金融政策の運営を行うことが期待された[17]。

2つ目に，国有銀行をはじめとした金融機関と地方政府との結びつきを絶ち，政策的な貸出から切り離すことが目指された。この点に関しては，まず政策的な融資を専門的に行うために，国家開発銀行，中国輸出入銀行，中国農業発展銀行，という3つの政策性金融機関が設立された。これと並行して中央ならびに地方政府の財政赤字を銀行融資によって穴埋めする行為が禁止され，それらは国債の発行によってまかなわれるものとされた。また，銀行の融資の決定に関して地方政府の介入の余地が次第に制限され，銀行自身の決定権が強化されていった。また，中央銀行によるマクロコントロールの手段としての「信貸管理政策」は1998年に正式に廃止されたが，その後も緊急時においてはしばしば出動されていることが指摘されている（大西，2003）。

3つ目には，市場メカニズムに基づく金融システムの確立とそのための制度化が図られた。まず，1995年における商業銀行法の制定により，国有専業銀行の商業銀行化が本格的に目指されることになった。また，外国為替制度においては，1994年にそれまでの公定レートと調整市場レートの二重為替レート制が1ドル＝8.7元の水準の統一レートに一本化された。このほか，預金・貸出利率の一部自由化，全国統一のコール市場の設立をはじめとした短期金融市場の整備，為替レートの変動幅の増加，銀行間決済システムなど金融取引に関するインフラの整備，金融・資本市場の対外開放，などの改革が少しずつ実行に移されているが，現在までのところまだ本格的な金融の自由化が行われるには至っていない。

---

17) しかし，この9つの行政区画による金融政策のコントロールは，その後地方政府の融資への関与が「復活」するにつれて，ほとんど実質的な内容を失った（Heillmann, 2005）。

表 1-3 ベースマネー供給源泉の寄与率
(単位：%)

	対外資産	対政府債権	対銀行債権
1985	11.0	−9.0	98.0
1990	19.6	12.2	68.2
1995	71.7	6.6	21.7
1998	92.3	−1.0	8.7

出所）中国金融学会編『中国金融年鑑』各年版。
注）より詳しくは第 2 章の表 2-2 を参照。

　これら一連の金融改革が行われた結果，地方政府と国有銀行の地方分行が癒着し効率を度外視した融資が行われるという現象に一定の歯止めが掛けられ，融資決定において銀行自身の権限がかなりの程度強められるという大きな成果が見られた。

　このような銀行融資をめぐる状況の変化は，マクロ経済的な環境，特にベースマネーの増加をめぐる状況の大きな変化に現れている。表 1-3 は中央銀行によるベースマネー増加の源泉となる資産項目の増加分を，対外資産，政府に対するネットの債権，市中銀行などに対するネットの債権，という 3 つに分類しそれぞれの寄与率を示したものだが，1980 年代後半には市中銀行への貸越しを通じたマネーサプライの増加が圧倒的に多かったのに対し，90 年代に入るとこのルートが大幅に減少し，代わって外資準備など対外資産の増加が主要なマネーサプライの増加をもたらすルートとなっていることがわかる。このことは，市中銀行による融資の拡大をサポートしてきた人民銀行による信用割当が，1990 年代に入ってかなり抑制されてきたということを示すものである。

　さらに 2001 年の WTO 加盟により，中国は保険・金融部門を含めたサービス部門での市場開放を迫られることになったが，それに呼応する形で，市場メカニズムの導入を目指したさらなる改革が相次いで実施に移された。

　まず，国有銀行が抱える不良債権の処理に本格的に手がつけられることになった。国有企業へのソフトな貸付から生じた不良債権が問題視され，初めてその総額が推計された（国有銀行資産の 25-40％であるとされた）のは 1998 年であった。具体的な不良債権処理策としては，1999 年に国有銀行の不良債権を回収するため建設，工商，中国，農業の 4 大国有銀行のそれぞれの傘下に信達，

華融，長城，東方の4つの資産管理会社が政府の全額出資で設立され，不良債権の回収にあたった。また，国有銀行の不良債権処理にあたっては，1998年には4大国有商業銀行に対し2,700億元が投じられたことを皮切りに，政府資金による資本の注入が何回かにわたって行われた（柯，2007）他，債権の株式化（デット・エクイティ・スワップ）も行われた。

　第2に，株式市場における改革があげられる。近代的な経営の導入により外資系企業との競争に対抗するため，商業銀行の株式化および市場上場が推進された結果，2005年には中国銀行および中国建設銀行が，2006年には中国工商銀行が株式上場を果たし，中国農業銀行も遅れて2010年に上場を果たした。また，2005-06年にかけては非流通株改革が本格的に行われた。非流通株の改革はそれまでにも議論に上ってはいたが，既存の流通株所有者の利益を損なうおそれがあるため，なかなか実施されないでいた。それに対し2005年の改革は，既存株主の権利保護に一定の配慮をしたものであり，これにより比較的スムースに非流通株改革が実施される見通しがついたといわれている。この非流通株改革の成功が，2006年から2007年にかけて株式市場ブームに弾みがついたひとつの要因であると考えられる。

　第3に，金融・資本市場の対外開放の動きが加速されたことがあげられる。まず，2002年に証券取引委員会と中国人民銀行は一部の外国人投資家（機関）に対し国内株式市場への投資を許可するため，QFII（適格国外機関投資家）を導入した。さらに，2006年には金融機関が一部の資産を海外市場に投資するための枠組みとして，QDII（適格国内機関投資家）が認可された。それと並行する形で，中国に進出した外資系銀行が行う人民元業務の範囲も，順次拡大されていった。

　第4にあげられるのが，金利および為替レートの自由化の推進である。このうち為替制度については，輸出中心の経済成長がもたらす貿易摩擦と「元高圧力」の発生，および為替レートを維持するための政府介入による国内通貨発行の増大がもたらす物価上昇および資産市場のバブル傾向という国内外の要因から，それまで採用されていた事実上のドル・ペッグ制の柔軟化を求める声は日増しに強まっていた。これを受けて2005年に，ドル・ペッグ制の廃止，徐々

に元／ドルレートを調整することが決定された。また，金利についても，基本的には規制金利の枠組みを維持しながら，市場メカニズムによって金利が決定される範囲が次第に拡大してきている[18]。

以上のような一連の制度改革を踏まえ，金融政策の手段も，より市場を通じたものへの変換が図られた。1998年には国債レポ取引を利用した公開市場操作が開始された。また2000年以降には中央銀行債が盛んに発行されるようになり，中央銀行の元売りドル買い介入が盛んに行われる中で過剰になった流動性を吸収する役割を担うようになった。また2007年からは，人民銀行がこのような公開市場操作を行うにあたっての参考指標として，上海銀行間利率（SHIBOR）が公表されるようになった。

しかし，国務院の一組織であり，独立性が制限されている中国人民銀行は，依然として先進国の中央銀行のようにインフレ率や政策金利といった明確な政策目標を公表しているわけではなく，むしろ政策手段としては金利の上下よりも預金準備率の上下による銀行の余剰資金の調節が多用されている。また，1998年に信貸管理政策は廃止されたにもかかわらず，経済過熱が見られるときにはしばしば市中銀行への融資の直接規制措置が取られているといわれる（王・長井，2007）。いずれにせよ，中国人民銀行が完全に市場メカニズムのみを通じて金融政策の実施，あるいは全国レベルでの資源の効率的な配分を実現するまでには，まだしばらくの年月がかかりそうである。

小　括

すでに述べてきたように，伝統的に中国では，中央と地方との綱引き関係において「収」と「放」のサイクルが繰り返されてきたわけであるが，改革開放期の1980年代から90年代半ばにかけては，いうまでもなくこれが「放」の方向に大きく振れた時期であった。

18）たとえば，2000年には外貨建ての貸出金利および大口の外貨預金の金利が自由化された他，また2004年には商業銀行の貸出について政府が定める基準金利へのリスク上乗せ分に関する上限が撤廃された。柯（2007）96-97ページ参照。

この時期は，地方の財政自主権が大幅に拡大したことをはじめとして，地方の経済的な活力が引き出された一方で，中央政府の再分配機能の低下，政府・銀行・企業が癒着した形での非効率的な融資とそこから生じるインフレ圧力，といったマクロコントロール面での「失敗」が目立った時期でもあった。このように，財政的な再分配機能の低下を金融面での配分が補完する役割を果たした一方，その代償として慢性的なインフレ圧力に悩まされたことが，この時期の財政金融システムの最大の特徴としてあげられるであろう。

　こうした状況に対し，1990年代半ば以降には中央のマクロコントロール能力を高めるための財政金融両面での改革が行われてきた。この結果，財政においては「分税制」の実施に伴う税収の区分や徴税主体の明確化，農村における恣意的な費用徴収の廃止，といった地方財政システムの規範化を目指す措置が行われた。また金融に関しては，人民銀行の中央銀行としての機能の強化，銀行と政府が結びついた貸付に対する引き締め，などのマクロコントロールの強化を目指した改革が行われ，一定の成果をあげてきた。

　これらの一連の改革は，端的にいえばそれまでの中央−地方関係の特徴であった「収」と「放」のサイクルを脱却し，より規範化された，つまり一定のルールに基づいた中央−地方関係の構築を目指そうとするものだといってよい。

　しかし，これらの財政金融面における改革の実施が，直ちにこれまでの中央−地方関係のあり方を大きく変え，その規範化を急速に促進するとも考えがたい。すでに見たように，現状では分税制の導入に代表される抜本的な制度改革が行われた後も，地方財政の既得権を温存した「税収返還」の導入や，市場メカニズムを通じた金融のマクロコントロールの困難さなど，中央−地方関係の規範化のための条件がまだ整っていないことを示す事象が数多く見られるからである。このように，ともすれば中央−地方関係に足をすくわれかねないという国内事情を抱えながら，ますます国際的な金融・資本市場とのリンケージを進めなければならないという困難な状況に，中国の財政金融システムは直面しているのである。

第2章　1980年代の金融政策と地方政府
―― 中国経済の「貨幣化」と地域格差

　中国では，1978年12月に開催された中国共産党の第11期三中全会において社会主義の現代化がうたわれ，いわゆる「改革開放路線」のもとに経済の市場化が進められていった。その結果，中国は農業生産の急速な増大を皮切りに好調な経済パフォーマンスを実現したが，同時にこれまで長らく経験したことのなかった物価の上昇に見舞われることになった。いわゆる毛沢東時代においては低賃金・低物価・低消費の「三低」政策が強制的に実施されており，インフレーションは表面上抑制された状態にあったのが，市場化とそれに伴う価格自由化によって一気に表面化してきたのである。

　本章では，改革開放まもない1980年代において生じた，中国経済の「貨幣化」をめぐる問題を分析することを通じて，金融市場の地域間分断性，および地域間経済格差の問題が，マクロ的な経済政策の実行に与えた影響を明らかにする。まず，1980年代の中国経済における，国内マネーサプライの対GDP比（＝マーシャルのk）の持続的かつ急激な上昇という現象をめぐる2つの対立する仮説をとりあげ，中国経済の「貨幣化」およびインフレーションをめぐる議論の整理を行う。次に，改革開放期における中国のマネーと実物経済の季節変動に注目することで，改革開放以降に生じた中国経済の「貨幣化」がもつ固有の性格を明らかにする。さらに，中国経済の「貨幣化」がもつ特徴の中でも，特に地域間の金融発展のアンバランス，という点に注目し，それが1980年代から90年代前半を通じて，中国経済に慢性的なインフレ圧力をもたらす要因

として働いていたことなどを，地域間の現金通貨のフローに関する分析を通じて検証する。

1. 中国経済の「貨幣化」をめぐる議論

　1980年代の中国経済の金融面での急激な変化を端的に示す現象として，マネーサプライの急激な上昇があげられよう。改革開放以降，マネーサプライ（M2）の成長率は実質GDPのそれを大きく上回ってきた。このようなGDPを上回るマネーサプライの上昇は，端的にいわゆるマーシャルのk（＝マネーサプライの対GDP比）の持続的な上昇として現れる。また，1990年代前半まではこのようなマネーサプライの高い伸びはしばしば2桁を越すインフレーションの発生をもたらした。

　このような改革開放以降に生じたマネーサプライの急激な上昇を説明する仮説として，抑圧インフレ仮説と，「貨幣化」仮説の2つが存在し，両者の間で活発な論争が行われた。前者は，計画経済時代の，公式物価統計に現れない「抑圧インフレ」現象が，市場化の始まった改革開放期にもそのまま持続しており，マーシャルのkの上昇は，そのために生じた「みせかけ」のものでしかないとするものである。一方，後者は，マーシャルのkの上昇は，中国経済の持続的な「貨幣経済化（あるいは，金融深化）」の結果，生じたとするものであり，抑圧インフレ仮説とは対照的に中国経済の市場化が着実に進んでいると評価する立場である。

　このうち，抑圧インフレ（強制貯蓄）仮説は，その起源を，計画経済＝価格統制経済下での「隠された」インフレーションの存在を論じた，シャオ（Hsiao, 1972）の議論にまでさかのぼることができる。シャオは，価格が中央当局により統制されており，財の需給アンバランスが物価の上昇としては現れてこないような経済におけるインフレ率の測定を，フィッシャーの貨幣方程式を用いた次のような簡単な方法で行った。すなわち貨幣方程式

　　　$MV=PQ$（Mは貨幣供給量，Vは貨幣流通速度，Pは価格水準，Qは実質産出量）

において，通常は V が一定であるから

$$\Delta P = \Delta \frac{M}{Q}$$

であるが，もし P が価格統制により固定されていると考えるなら，インフレ圧力は V の低下に反映される $\left(\Delta \frac{M}{Q} = \Delta \frac{P}{V}\right)$。

このとき，真実の物価指数を ΔP_t とすると，$\Delta P_t = \Delta \frac{1}{V}$ となる。

以上より，

$$P_t \fallingdotseq \frac{M}{PQ} P_0 \quad \left(\frac{M}{PQ} \text{は抑圧インフレ指数，} P_0 \text{は公定物価指数}\right)$$

このようにして「真実の物価水準」P_t を求めることができるとするのが，シャオの主張である。また南部（1991, 970-973 ページ）は，シャオの分析的枠組みを用いて，1980 年代までの中国の「抑圧インフレ率」を求めている。

シャオの議論をより精緻化させて，改革開放以降における中国経済のマネーサプライの上昇やインフレーションに関して抑圧インフレ仮説に基づいた議論を行ったのが，フェルテンシュタインらの一連の研究（Feltenstein=Ha, 1991 およびFeltenstein=Lebow=Wijnbergen, 1990）である。

フェルテンシュタインらのロジックは以下のようなものである。中国における財の価格水準は，計画経済時代の価格統制のなごりを残して低い水準に抑さえられており，需給関係を正確に反映したものではない。財の価格が需給均衡水準よりも低いため，財市場において超過需要（物不足）が生じる。その結果，ワルラスの法則により，金融市場に過剰供給が生じる。しかし，資本市場が未発達で，貨幣以外の代替金融資産が存在しない状況の下では，貨幣市場における供給過剰，すなわち強制貯蓄が生じる。

改革開放後における中国におけるマーシャルのｋの上昇は，このような財・金融市場における不均衡によって生じた「みせかけの」ものであり，実際の貨幣経済化の進展や，金融取引の増大など，いわゆる「金融深化」を反映したも

のではないとフェルテンシュタインらは主張した。たとえば Feltenstein=Ha (1991) では，中国経済における「真実の価格」P_t は，現実に観測できる価格を P_0 とすると，

$$\ln P_t = \ln P_0 + \alpha \ln \frac{M}{P_0 Q}$$

のように表されるとし，そのモデルに基づいて 1980 年代の中国経済における「真の価格上昇」を測定したうえで，それが公式統計に現れたインフレ率を大きく上回るものであることを主張した。

　しかし，もっともインフレの激しい時期であった 1988-89 年に家計の貯蓄率が減少していること，また中国において家計の貯蓄額が上昇を始めるのは改革開放後，財市場における物不足が解消され始めてからであり，それらの貯蓄の増加が「強制」されたものとは認めがたいことなどを考えると，このような議論に説得力があるとはいいがたい。そもそも，フェルテンシュタインらのように，計画経済時代の現象を説明する理論である強制貯蓄＝抑圧インフレ仮説を改革開放以降の中国経済に対しても当てはめようとするのにはかなり無理がある。抑圧インフレ仮説は，マーシャルの k が抑圧インフレによってもたらされたという前提の下にたって抑圧インフレの存在を実証しようとする一種の循環論法を用いており，その前提自体をモデルの内部で検証することができないという欠点をもつ。実際にも，1980 年代後半には一定の説得力をもった「強制貯蓄仮説」は，ほとんどすべての消費財価格が自由化された 1990 年代においても高い貯蓄率が持続した[1]ことによって，急速にその説得力を失っていった。

　一方，以上に述べたような抑圧インフレ仮説に対する批判を通じて，マーシャルの k の上昇は，中国経済の持続的な「貨幣経済化」の結果，生じたとする

---

1) 家計貯蓄が金利に対して感応的かどうか，という点も，家計が「自発的かつ合理的な」行動の結果貯蓄を行っているのかどうかを判断する上でひとつの大きな根拠となりうる。この点を実証する試みとして，説明変数に実質利子率を加えた都市家計の貯蓄関数の推定が何人かの研究者によって行われている。たとえば，シュー (Xu, 1998) は，家計貯蓄が実質利子率に対し十分感応的であることを主張している。また，唐 (1998) は，実質利子率が貯蓄関数の説明変数として十分有意に働いていることを認めながらも，貯蓄率と実質利子率の間には明確な相関関係がないことを指摘している。

貨幣化（Monetarization）仮説を唱えたのが易鋼（Yi Gang）である（Yi, 1994）。

まず，経済が，貨幣化された部分と，貨幣化されていない部分との2つからなるとする。その「貨幣化された部分」の比率をλであらわすと，

$$y=\lambda y+(1-\lambda)y$$

となる（yは実質GDP）。

貨幣方程式は，貨幣化された部分にのみ適用されるから，

$$MV=P\lambda y, \quad さらにこれを変形すると \quad \frac{M}{P}=\frac{\lambda}{V}y \quad となる。$$

ここで，$\frac{\lambda}{V}$がいわゆるマーシャルのkにあたるが，これは主に，λの上昇，すなわち貨幣経済化の進展によって生じたとされる。ここで問題になるのは，貨幣化の程度を表すλの値が，現実の経済においてどのようにして測定されるのか，ということである。この点に関して，たとえば，易は都市人口比率を，またチン（Qin, 1993）あるいはジラルディン（Girardin, 1996）は農業および工業生産物の価格比率，さらに工業生産に占める国有部門の比率などの指標の加重平均値を，それぞれ貨幣化の程度を表す説明変数として加え，貨幣需要関数を推定するという試みを行っている。その結果，いずれの研究においてもこのような制度的変数を加えることでモデルの説明力は上昇するという結果が得られている[2]。

しかしながら，この貨幣化仮説にもいくつかの問題点が存在する。ひとつには，貨幣化の指標の選択が恣意的なものとならざるを得ず，その実証結果の有効性に疑問がもたれる点である。たとえば，上記の実証研究においてλの値として用いられた変数は，実際には貨幣化の程度を正確に反映していた，というよりも，単にタイムトレンドを反映しているために有意な結果が導き出されただけかもしれない。もうひとつの問題点は，この仮説によっては，中国の貨幣経済化が具体的にどのようなメカニズムによって生じたか，ということは依

2）中国以外の国家について，やはり何らかの制度的変数を説明変数として加え，長期的な貨幣需要関数を推定した研究としては，米国のケースについてBordo=Jonung（1990），日本のケースについて豊田（1990）（1993）があげられる。

然としてブラックボックスになったままであり，きちんとした説明が与えられていない，という点である。

こうしてみると，シュー（Xu, 1998）の指摘するように，この2つの仮説は，改革開放以降の中国におけるマーシャルのkの持続的上昇，という現象を説明する上ではいずれも限界をもつものであるといわざるを得ない[3]。したがって，この2つの仮説を超えてより議論を掘り下げるためには，これらの議論において見過ごされていたいくつかの点に注目する必要がある。たとえば，果たして中国においてマネーの変動は実物経済の動きと連動しているのか，あるいは通常の意味で貨幣化（金融深化）と呼ばれている現象が，果たして実際に1980年代の中国で起こったのか，といった，中国における貨幣経済化の実態にかかわる問題点についてより詳しく考えることが必要になる。

2. 金融指標と実物経済の季節変動

実物経済とマネーとの間に密接な関係があることは広く認められているが，後者が前者とは独立に動くものか，という点をめぐっては，伝統的に次の2つの考え方が存在してきた[4]。すなわちベースマネー（現金通貨＋預金準備金）が政策当局により外生的にコントロール可能であるという，いわゆる「通貨主義」の立場と，一方で，マネーサプライは実物経済の変動に受動的に動くものであり，従ってベースマネーの供給もある程度までは内生的な性格をもつといういわゆる「銀行主義」の立場である。この両者の対立は金融政策の有効性をめぐっていわゆるマネーサプライを重視する立場と，「クレジット・チャネル」を重視する立場との対立として現代に受け継がれている[5]。

3）余（2006）は，市場化がかなりの程度進展したにもかかわらず一貫してマーシャルのkが上昇し続けているという現象に対し，高い貯蓄率のもとで貯蓄性預金（定期預金など）がより重要な資産保有手段になってきている，という事実から整合的な説明を試みている。
4）実物経済とマネーとの関連については，たとえば吉川編（1996）参照。
5）クレジット・チャネルを重視する立場の代表的な研究としてスティグリッツ＝グリーンワルド（2003）がある。

しかし，1980年代の中国のように市場化の途上にあり，先進国の金融システムとさまざまな点で異なる点を抱えた経済においては，このようなマネーと実物経済との関連を考える際に，より根本的な問題を考える必要がある。それは，「マネー」の指標として，いったいどういったものが適当であるのか，という問題である。一般的に，米国や日本などの先進資本主義国では，マネーの指標として，M2＋CDなどの現金通貨に預金通貨を加えた指標が用いられている。現実のほとんどの経済取引において預金通貨が用いられていることを考えれば，これは当然だともいえる。だが，90年代前半までの中国においても，同じように預金通貨を含むM2を主要なマネーの指標としてよいのだろうか。

　少なくとも1980年代までは，M2よりも現金通貨の方が物価の上昇を含めた実物経済の動きをより正確に反映していることを指摘した実証分析が数多く存在する。たとえば，計画経済時代からの中国におけるマネーと物価の長期的な関係を分析した先駆的な研究であるチョウ（Chow, 1987）は，貨幣の変数として預金通貨ではなく現金通貨を用いている。チョウは，物価を被説明変数に，現金通貨と国民収入の比率を説明変数として回帰分析を行い，両者の間に密接な関係があることを示しながら，説明変数の係数が1を大きく下回っていることから，期間を通じて「貨幣流通速度」は低下しており，そのため現金通貨の増加が価格の上昇に反映されなかったと主張した。

　また，チェン（Chen, 1989）やポーツ＝サントラム（Ports=Santrum, 1987），ユー（Yu, 1997）など，時系列分析を用いて中国におけるマネーと実物経済変数の因果性をテストした研究においても，現金通貨と実物経済との密接な関係を示す結果が導かれている。チェンは，国民収入・財政赤字・貿易赤字・物価上昇率の4つの実物経済変数と各種のマネーの指標との因果関係を，BVARモデル（ベイジアンベクトル自己回帰モデル）を用いて分析，マネーの指標として現金通貨を用いた場合に最も実物経済指標との因果性が強く見られることを示した（推定期間は1951-85年）。グレンジャーの因果性テストなどの手法を用いて金融指標と実物指標との関連性を分析したポーツ＝サントラムにおいても，同様な結果が得られている。

　以上のような分析結果は，中国におけるマクロ経済政策との関係を考えるに

あたり，M2 だけでなく現金通貨も含めて考える必要性を示唆している。以下では，マネーと実物経済の季節変動に注目することで，この点をさらに掘り下げてみたい。

経済変数の季節変動について明示的に扱った研究は数少ない。その中で，バースキー＝マイロン（Barsky=Miron, 1989）は，米国を中心とした各国経済のデータを用いて，季節変動という極めて短期的で規則的な変動においては，マネーが実物経済の変動に対し完全に受動的に動いていることを明確に示した。また，吉川（1992）（2000）は，日本経済のデータを対象にして，同じような結論を導いている。以下，吉川の研究における結論を簡単に紹介する。

まず，現金通貨は，消費の動きを忠実になぞる形で変動している。先進資本主義国での現金通貨の流れが主に企業から家計への賃金支払い，そして家計の小売り消費という形で生じていることを考えると，これは当然であるといえる。

一方，企業による需要項目である投資は，これらの消費や現金通貨の動きとは基本的に異なった変動パターンを示している。企業の投資行動とマネーの動きとの関連はやや複雑であるが，現金通貨に預金通貨を加えたマネーサプライ（M2 + CD）の動きは，この投資の変動をある程度反映したものになっている。吉川は，このようなマネーサプライの変動は実物経済の変動とそれを支える銀行貸出の増加によって引き起こされるものであり，少なくとも季節変動という短期のレベルでは，マネーは実物経済によって規定される完全な内生変数であると結論づけている。

それでは，中国の場合はどうなっているだろうか。最初に，1980 年代の中国のマネーサプライの指標について若干の説明を加えておく必要がある。1993 年まで，中国におけるマネーサプライの統計による M2（広義貨幣）の内容は，預金通貨のうち定期預金と要求払い預金が区別されていないなど，いくつかの点で IMF の基準による M2 の内容とは若干異なっていた。1993 年までの中国の統計による M2 の内容は，次のように定義されている。現金通貨＋企業預金＋基本建設預金＋機関団体預金＋都市家計預金＋農村預金。ただし，預金はいずれも国家銀行預金である[6]。

まず，実物経済とマネーの諸指標の季節変動（対前期変動率）をプロットし

た図2-1を眺めてみよう。まず，小売総額や鉱工業総生産額といった実物経済の指標はいずれも第4四半期に強い伸びを示す明確な季節変動のパターンをもっているのが注目される。一方，マネーの指標に注目すると，現金通貨M0は一貫して実物経済指標と同じような季節変動を記録し続けているのに対し，預金も含めた広義のマネーの指標であるM2は，1980年代後半までは同じような季節変動を記録しているものの，その後，特に1988-89年頃からそのような変化のパターンを示さなくなり，1年を通じてほぼ同じような変化率を示すようになっている。

さらに，表2-1のような，それぞれの指標の対前月増加率を四半期ごとのダミー変数に回帰させた分析結果を見ても，それ以外の変数が第4四半期をピークとする明確な季節変動のパターンを示しているのに対し，M2のみはそのようなパターンを示しておらず，また回帰式の決定係数も他の回帰式に比べて著しく低い。このことからも，図2-1による直感的な観察を支持する結果が得られていることがわかる。また，M2の成長率を被説明変数とした回帰分析については，1989年第1四半期における構造変化があったかどうかに関するチャウテストも行ったが，「構造変化がなかった」という帰無仮説は棄却され[7]，その時期にM2の季節変動のパターンに明らかな変化があったことを示唆する結果となった。

このようなM2の季節変動のパターンを説明するために，預金通貨の中身をもう少し細かく見ていくことにしよう。預金通貨の主な構成内容は，企業預金・都市家計預金・そして農村預金の3つである。この各種の預金量がどのような推移を示してきたのか，それを示したのが図2-2である。当初は企業預金の占める割合が最も高かったが，90年代になって都市家計預金が急激に伸び

---

6) 1993年に，統計・会計制度の改革が行われ，中国人民銀行はM2の統計としてIMFの基準に従った数字を発表するようになった（1990年度分より入手可能）。これは，国有銀行以外の商業銀行の預金や，信用社預金などのデータも含んでいる点で，より広義の指標となっている。このため，1990年の前後で，M2のデータの基準には変化があり，厳密には連続性の点で問題があることを断っておきたい。しかし，季節変動のパターンに関する限り，この両者は基本的に同じ動きを示しているといってよい。

7) F検定値は7.424であった。

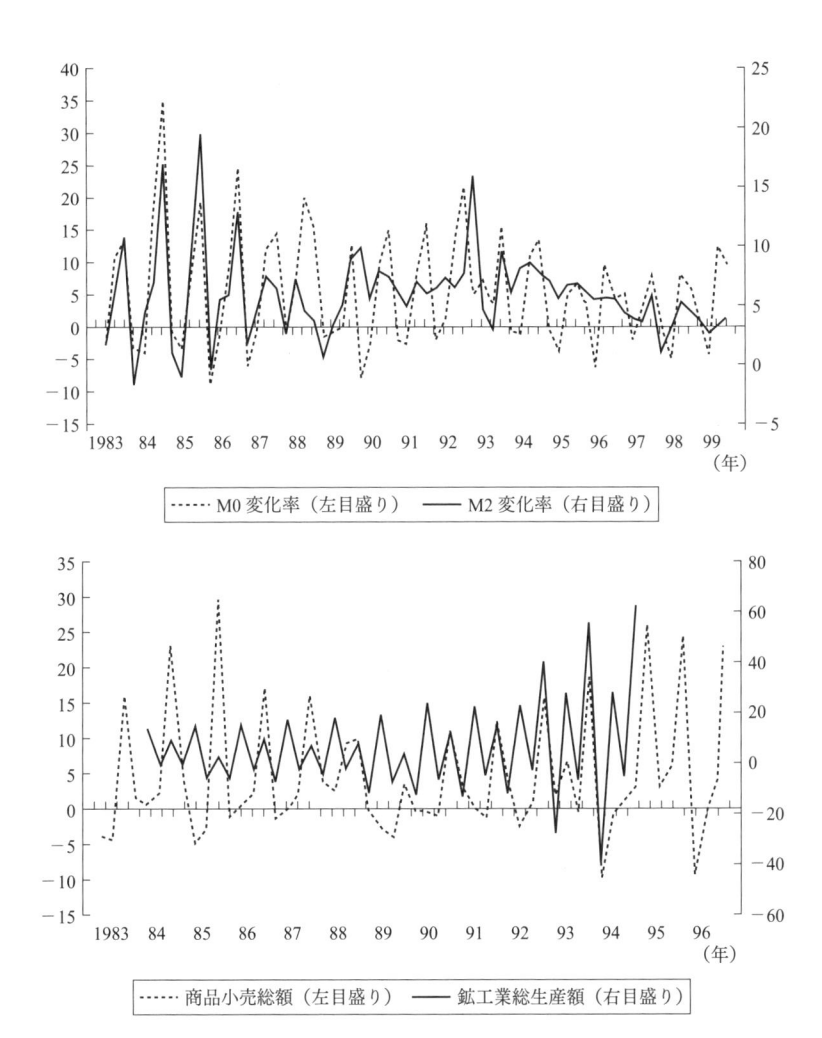

第 2 章　1980 年代の金融政策と地方政府——65

図 2-1　マネーおよび実物経済指標の季節変動

出所）中国人民銀行『中国金融』各月版，中国人民銀行調査統計司『中国人民銀行統計季報』各季版。
注1）各変数の変化率はいずれも対前期比，%。
　2）データ期間は，83年第2四半期から99年第4四半期まで。

表 2-1　経済変数の季節変動に関する回帰分析

従属変数	Q1	Q2	Q3	Q4	$\bar{R}^2$	D-W 比	期間（年，四半期）
現金通貨	−0.012 (−0.95)	−0.014 (−1.15)	0.096** (7.71)	0.144** (11.51)	0.625	1.691	1983.2−2000.4
M2	0.043** (5.29)	0.044** (5.57)	0.058** (7.34)	0.083** (10.37)	0.153	1.860	1983.2−2000.4
銀行貸出	0.008 (0.91)	0.032** (3.65)	0.050** (5.70)	0.101** (11.60)	0.450	1.916	1983.2−2000.4
商品小売り総額	−0.007 (−0.47)	−0.010 (−0.73)	0.014 (0.98)	0.170** (11.92)	0.603	2.210	1983.2−2000.4
鉱工業生産総額	−0.132** (−3.33)	0.204** (5.43)	−0.042 (−1.10)	0.206** (5.48)	0.579	2.418	1984.2−1994.4

出所）図 2-1 に同じ。
注 1 ）$\bar{R}^2$ は自由度修正済み決定係数。D-W 比は，ダービン・ワトソン比。また，カッコ内の数字は t 値を表す。
　　　** は 1％水準で，* は 5％水準で係数が 0 であるという帰無仮説が有意に棄却されることを示す。
　 2 ）Q1 は第 1 四半期を 1 とし他の期間を 0 とするダミー変数である（Q2−Q4 も同様）。

つづけていることがわかる[8]。

　また，それぞれの預金の季節変動に注目してみると（図 2-3），企業預金は，やはり 1988 年あたりまでは現金通貨と同じような変動を示しているが，それ以降はそのパターンが崩れている。一方，都市家計預金は基本的にこれとは異なり，1 年を通じて高い成長率を示している。1980 年代末以降における M2 の季節変動パターンの変化は，このような預金通貨に占める都市家計預金の比率の増加および企業預金の季節変動パターンの変化によって，一応は説明されるといってよい。

　しかし，このような企業預金の季節変動パターンの変化がなぜ市場化がある程度進んだ段階だと考えられる 1980 年代後半に起こってきたのか，という疑問点は依然として解消されないままである。これらの事実に対して整合的な説

---

[8] 唐（1998）は，特に 1990 年代における貯蓄率の上昇を説明する仮説として，「高度経済成長率仮説」と「市場経済移行仮説」の 2 つをあげ，前者は，90 年代に入って都市住民の実質所得成長率が低下したにもかかわらず貯蓄率は伸びる傾向にあることから説得力をもたないとし，後者の仮説を支持している。そして，都市住民の貯蓄率を上昇させた市場経済移行期に特有の要因として，① 旧社会主義福利制度の解体と市場型の社会保障制度の未確立，② 住宅制度改革による住宅需要の高まり，③ 予備貯蓄動機の増大，の 3 点をあげている。

図 2-2　国家銀行預金の構成

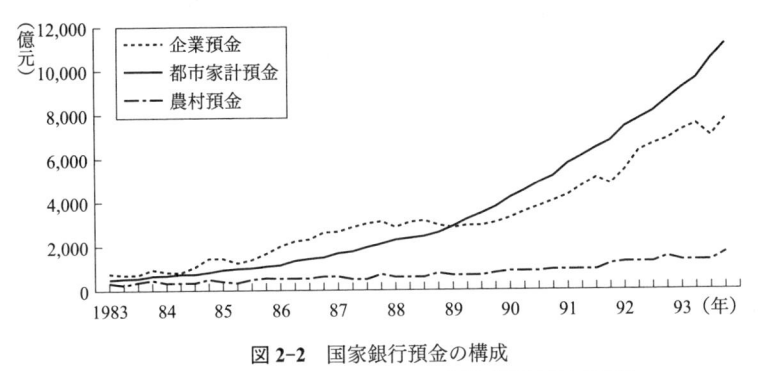

出所）中国金融学会編『中国金融年鑑』各年版，中国人民銀行『中国金融』各月版。
注）データ期間は，83 年第 1 四半期から 93 年第 4 四半期まで。

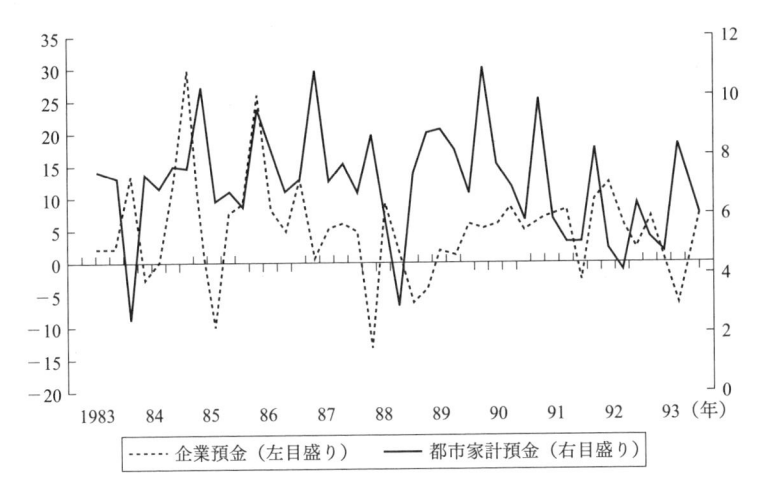

図 2-3　預金通貨の季節変動

出所）図 2-1 に同じ。
注 1 ）各変数の変化率はいずれも対前期比，％。
　 2 ）データ期間は，83 年第 2 四半期から 93 年第 4 四半期まで。

明を行うためには，改革開放以降生じてきた企業の取引形態の変化に注目する必要がある。

　計画経済時代の中国では，国有企業によって行われる工業生産の取引はほとんどすべて銀行口座を通じた振替決済（ソ連型決済システム）により行われて

いた[9]。これは，現金通貨よりも計画当局により管理が容易な預金通貨による決済を義務づけることで，企業による生産および取引の計画性をいっそう強めようとするものであり，決して多様な経済取引に対して柔軟に対応できるような金融システムの発達を伴うものではなかった。実際に，農業部門や個人部門の取引においては，一貫して現金決済が用いられてきた[10]。そして，国有部門間の取引に用いられる預金通貨の流通過程と，農業部門や個人部門の取引に用いられる現金通貨の流通過程は，それぞれ異なった系統の管理下におかれ，この2つの通貨の流通過程を自由に橋渡しするシステムは事実上存在していなかった。このように企業間の取引のほとんどが各企業の決済口座を通じて行われるため，実物経済の変動はほぼ預金通貨の動きに反映されていたと考えられる。

このような状況におかれていた金融システムが，改革開放による経済の急速な自由化に直面することにより，以下のような変化が生じたものと考えられる。

a. 都市化の進展による都市家計預金の増大
b. 金融システムの深化
c. 経済取引の多様化

このうち，市場化と不可分の現象である都市化＝都市人口の上昇は，家計による銀行預金の増大をもたらすと考えられる。しかし，それが企業の取引形態にどのような影響を与えるのかということは明らかでない。また，取引主体の多様化は，当局による管理を受けない民間レベルの取引が増大することを意味する。金融システムの整備が十分でない状況の下では，これは取引に伴うリスクの軽減や時間の節約といった観点から，むしろ現金取引を増大させる方向に働くことが考えられる。

企業の経済取引においても，銀行口座を通じた決済ではなく，その大部分が直接現金通貨により行われるような場合には，上記のような貸し付けと同時に預金が増加するようなメカニズムは働かない。したがって，銀行に集められた預金量を超えて貸し付けが行われるときには，中央銀行からの借り入れに頼ら

---

9) 以下の記述は，易 (1996)，南部 (1991) などを参考にしている。
10) 中国の農村部の金融取引の特徴については，徐他 (1994) が詳しい。

図 2-4　現金／預金比率の推移

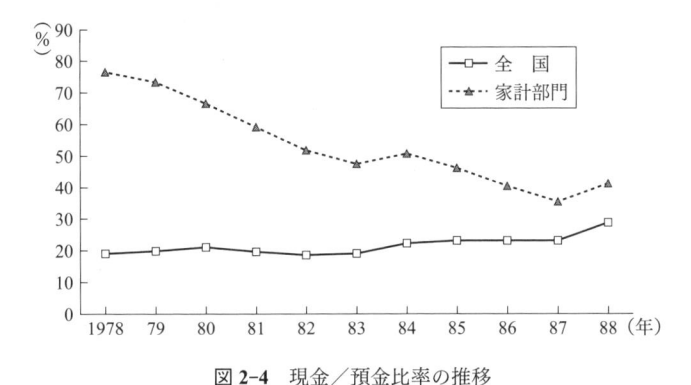

出所）国家統計局国民経済総合統計司編（2005），厲以寧主編（1992）。
注）「全国」の数字は現金通貨残高と金融機関預金残高の比率を，「家計部門」は農村・都市家計の保有する銀行預金と手持ち現金残高の比率をそれぞれ示している。

ざるを得ない。このような場合，実物経済の取引が増加したとき，それに伴ってベースマネーの供給量は増加するが，預金通貨の総量はそれほど変化しない。したがって，前述のように経済取引が現金通貨によって行われていると考えれば，1980年代後半からの中国経済において，預金通貨を含むマネーが実物経済の動きと乖離するようになったとしても不思議ではない。

改革開放後の中国においても，各専業銀行の設立と銀行店舗の拡大，また信用決済に対する法的整備の実施など，市場化に伴う経済取引の多様化に対応するべく金融システムの整備を目指すさまざまな処置がとられた。しかし，実効性の面からするとそれは極めて不十分なものであったといわざるをえない。このため，たとえば各地域間での振替決済機能の不備から，経済取引における信用決済の浸透は進まず，ますます現金取引への選好が強まる傾向にあったと思われる。

このことを直接的に示す統計は存在しないが，中国全体での現金／預金比率と，家計部門のそれとを比較することで企業部門に関する数字を推定することは可能である。図2-4によれば，家計保有資産における現金通貨の比率が大きく低下しているにもかかわらず，経済全体でのその比率は，それほど上昇せず，むしろ横ばい傾向にあることがわかる。これはすなわち，全体での金融資産か

ら家計の保有分を差し引いたうちの大部分を占める企業部門においては，むしろこの時期を通じて現金保有の割合が上昇傾向にあった，ということを示すものである。このことは，企業間取引において現金取引の比率が高まったことを示す，ひとつの大きな根拠となろう。

　以上の考察より，改革開放初期の中国の市場化の進展は，実際のところ厳密な意味での金融システムの深化をほとんど伴わないものであり，金融機関を通じた振替決済のシステムが自由で多様な経済取引の増大に対応できず，結果として現金取引の割合が増大していったものと結論付けてもよいであろう。

3. 地域間経済格差とインフレーションの発生

　前節で見たような，経済の貨幣化の過程で，すなわち現金通貨に対する取引需要が急速に拡大するという状況のもとで，しばしば過剰にベースマネーが供給されるという現象がもたらされた。たとえば，金融および実物経済指標の四半期ごとの変動を前年同月比でみた図2-5において，現金通貨の供給が経済の実態の変動を上回るような，非常に大きな変動を繰り返していることに注目すべきである。このような現金通貨供給の大きな変動は，政府の金融政策のスタンスの変化だけで捉えられる範囲を超えており，明らかに小売総額など実物経済における需要の拡大を追認する形で現金通貨の供給が行われたことを示唆している。このような現金通貨供給の変動の大きさは，すでに見たように特に企業間取引において現金が選好される度合いが高まっていることと密接な関係をもっていると考えられる。

　このような現金通貨の過剰な供給をもたらすメカニズムについて理解するためには，単に中央政府の金融政策のスタンスに注目するだけでは不十分である。前章で述べたように，この時期の中国では中国人民銀行の各省の支店がその地域における金融機関の信貸バランスの調節において大きな権限をもっていたと考えられ，このため金融政策のスタンスも地域によって異なっていたと考えられるからである。そこで以下ではこれまで見てきたような「経済取引の現金化」という現象が，地域間の金融発展状況のアンバランスとどのように結びつ

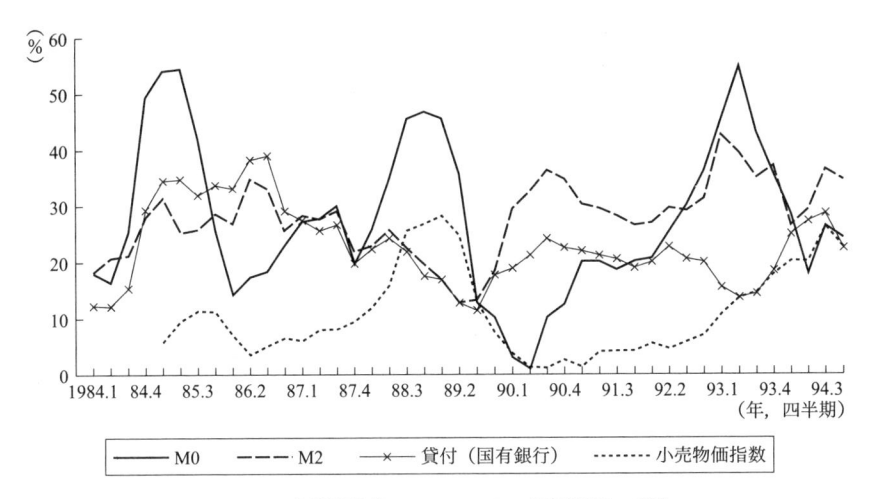

図 2-5　改革開放後におけるマクロ経済指標の変動

出所）中国金融学会編『中国金融年鑑』各年版，中国人民銀行『中国金融』各月版。
注）データ期間は，84年第1四半期から93年第4四半期まで。

いているかを考えてみよう[11]。

　経済取引の現金化が進むと，企業および金融機関は大量の現金準備を保有しておく必要が生じ，これらの部門は慢性的な流動性不足にさらされることになる。また，流動性不足の深刻さは，金融機関に集まる預金量の大小によっても左右される。この点では，経済が発達しており，貸出などの資金需要が多いと考えられる沿海部地域だけではなく，金融システムの整備が遅れており現金取引への選好が高く，また預金量自体も少ないと考えられる内陸部地域や農村部も，深刻な流動性不足に悩まされているものと考えられる。さらには，すでに述べたように1980年代は財政を通じた地域間の資金再分配が急速に縮小していった時期でもあった。このため，投資資金が不足し，国有企業の赤字に悩まされる地域は，財政資金の代わりに中央銀行からの借り入れに頼らざるを得なかったものと思われる。その結果，このような後進地域に対して，経済発展の進んだ地域に比べても決して劣らないほどの多くの現金通貨の供給が行われた

---

11) 地域間の現金通貨投入および流入/流出に関する分析に当たっては，Yi（1994）を参考にした。

としても不思議はない。

　以上のような点について検証を加える前に，現金通貨の「回収」および「投入」「流入」「流出」という概念について説明しておこう。現金通貨の「回収」とは，流通中の現金通貨が個人あるいは単位による預金の増加を通じて市場から銀行の口座へと移動することを指す[12]。

　また「投入」とは，「回収」とはちょうど逆の動きで，企業による賃金の支払い，政府による農産物の買い付け，個人による預金の引き出し，などにより銀行口座から現金通貨が引き出され，市場で流通することを指す[13]。ある地域において現金通貨が純「投入」となっている場合，中央銀行によりその地域への現金通貨の供給が行われたことを意味する。したがって，各省の数字を合計した中国全土の現金純「投入」額は，その年度の現金通貨供給増加額に等しくなる。また，現金通貨の「流入」「流出」とは，各省の現金通貨流通量の増加分と中央銀行を通じた毎年の現金通貨純「投入」量とを比較し，前者が後者を上回っている場合には現金通貨が他地域から「流入」している，また逆の場合は他地域に「流出」しているとするものである。

　図2-6は，全国の省を地域別にいくつかのグループに分けて，1979年から1986年までのその省への現金通貨の投入量，および他省との間の流出・流入の動きを見たものである。すると，それぞれのグループの間に，次のような現金の流れの上での明確なパターンの相違が見出されることがわかる。

a. 一貫して現金通貨の投入がマイナス，すなわち現金通貨の純「回収」を行っており，なおかつ他地域からの現金通貨の流入が見られる地域（回収－流入型）。

b. 一貫して現金通貨が投入され，またその額は経済過熱期に大きく増加す

---

12) 具体的には，商品販売収入，サービス事業収入，税収，農村信用社収入，郷鎮個体経営収入，貯蓄預金収入，外貨兌換収入，などのようなルートを通じて流通中の現金は国家銀行の管理化におかれるとされる（南部，1991，764ページ）。

13) より具体的には，賃金その他の個人向け支出，農副産物購入支出，農村信用社支出，郷鎮企業事業支出，都市・農村個体経営支出，行政管理費支出，鉱工業生産品購入支出，貯蓄預金支出，外貨兌換支出のようなルートを通じて現金通貨が市中に流通する。

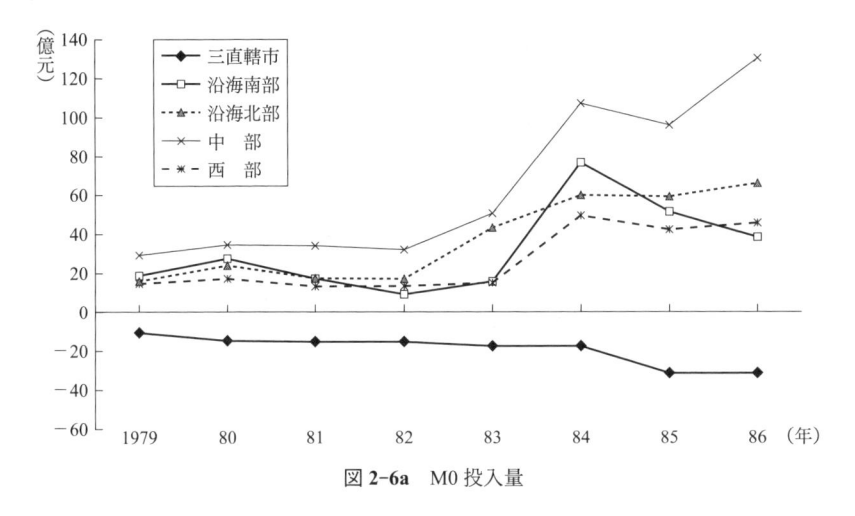

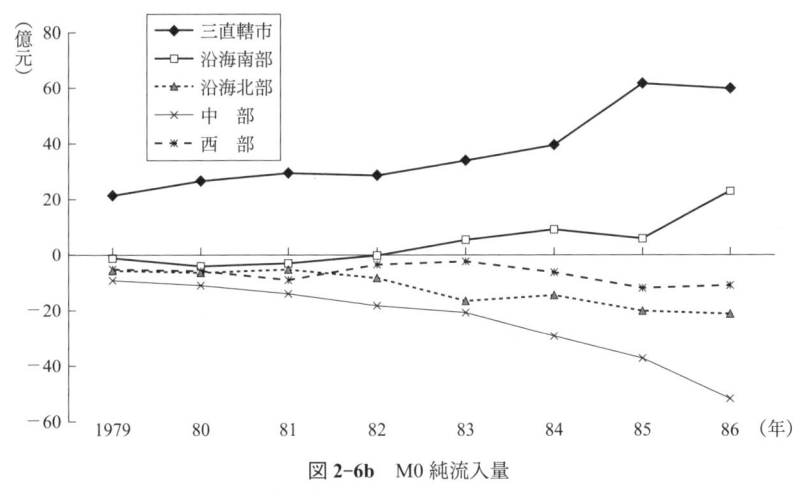

第 2 章　1980 年代の金融政策と地方政府——73

図 2-6a　M0 投入量

図 2-6b　M0 純流入量

出所）中国人民銀行総合計画司編（1988）。

るが，一方で他地域からの通貨の流入も存在する地域（投入－流入型）。
c. 現金通貨が投入され，なおかつ他地域への流出が見られる地域（投入－流出型）。

まず，a. の回収－流入型のパターンを示す地域は，北京・上海・天津のいわゆる三直轄市である。三直轄市は，管轄地域に農村部を含まないこと，改革開放初期の段階においても金融システムが比較的整備されていたことなどから，すでに述べたような流動性不足の状態とは最も縁遠い地域であったものと思われる。しかし，改革開放初期は，経済発展の重点は沿海南部の地域におかれたため，この地域への投資はむしろ抑制された状態にあったと考えられる。

また，c. の投入－流出型のパターンを示すのは，中部・西部地域のほとんどの省と，遼寧・河北・山東の沿海北部の省である。省の数が多いため，一口に投入－流出型といっても，その経済の発展状態や産業構造の違いによって通貨の投入・流出の額には大きなバラツキが見られる。ただ一般的にいえるのは，これらの地域が深刻な流動性不足の状態におかれていたために，経済の過熱現象に対しては中央銀行からの借り入れ，すなわち現金通貨の投入に頼らざるを得なかったこと，しかしこれらの地域における経済パフォーマンスは往々にしてあまり望ましいものではなく，そのために投入した現金通貨の他地域への流出が起こっていると思われること，である。

最後に，b. の投入－流入型に分類されるのは，江蘇・浙江・福建・広東など，経済特区の設置など，外国資本誘致の面でさまざまな優遇策を受け，改革開放後の経済発展の中心を担ってきた沿海南部地域である。これらの地域では，高い経済成長率を反映した資金需要の高まりが，流動性不足を引き起こすため，現金の投入が行われている。しかし，投入－流出型の地域とは異なり，資金の効率的な利用が行われ良好な経済パフォーマンスをあげているため，逆に他地域からの現金通貨の流入が生じているものと考えられる。

ただし，以上の分析は，データの制約から，1979年から1986年までのものとなっており，これだけの分析から何らかの結論を下すのには不十分であるといわざるをえない。1987年以降には，このような省別の現金通貨の流れを記

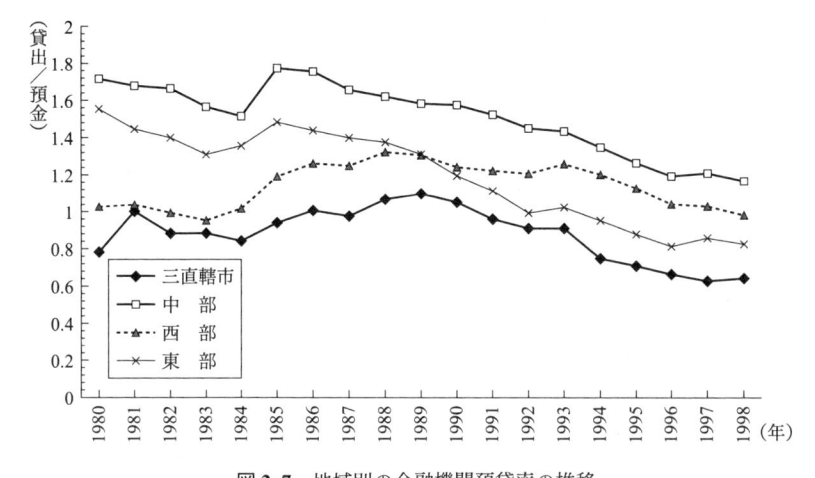

図 2-7 地域別の金融機関預貸率の推移

出所) 中国金融学会編『中国金融年鑑』各年版, 国家統計局国民経済総合統計司編 (2005)。
注)「東部」の数値は三直轄市を除いた沿海部各省の合計である。

した資料は存在しないが, 各省における国家銀行の預貸率から, 中央銀行による各地域への現金通貨投入をめぐる状況の, おおよその動向をつかむことはできる。

預貸率は銀行の資産である貸出金の, 負債である預金に対する比率を指す。預貸率が100％を超えるということは, 銀行の負債の部分がインターバンク市場からの借り入れや中央銀行からの借り入れなど他の要素により補われていることを意味する。しかし, 1980年代の中国ではインターバンク市場が発達しておらず, 4大国有銀行をはじめとした市中銀行は, 預金に対する貸出金の超過をほぼ中央銀行からの借り入れに頼っていたと考えられる。したがって, 預貸率の高い地域ほど, 中央銀行からの借り入れに多くを頼っている, すなわち現金通貨の供給を多く受けているものと推測される。

図2-7は, 中国における各地域別の預貸率の動向に関するデータを示したものである。ここで注意すべき点は, 1980年代までは三直轄市をのぞくすべての地域において預貸率が1を大きく超えていることである。より具体的には, 期間全体を通して中部の預貸率が他地域のそれを大きく上回っており, 当初は

東部がそれに続いていたが，1980年代後半より東部の預貸率は低下を続け，西部と逆転していることがわかる。中部に比べて西部の預貸率が低いのは，経済の発展水準が大きく遅れているため，資金需要がかなり限定されていたからだと思われる。また，三直轄市の預貸率が1を下回っていることは，前掲図2-6においてやはり三直轄市のみが資金を「回収」している地域だったことと対応していよう。

　全国的な金融市場が効率的に機能しているならば，投資効率の高い三直轄市や東部のほうが中西部よりも預貸率は高くなるはずである。にもかかわらず中西部において中央銀行からの借り入れの依存度が高いのは，以下のような理由からだと考えられる。すなわち第1に，地域をまたぐインターバンク市場がほとんど機能していない状況の下で，各地域は資金の過不足の調整を準備預金および再貸出を通じて中央銀行に依存せざるを得なかったこと。そして第2に，第1章においてすでに指摘したように，この時期に財政的な再分配機能が大きく低下していったことがあげられるだろう。言い換えると，財政的な再分配機能の低下する中で，内陸部への金融機関への貸越を通じたベースマネーの供給は，不足する資金を地域間で割り当てる，一種の再分配機能をもっていたと考えられるのである[14]。

　さて，現金通貨の発行額は，銀行など金融機関への貸出額の他にも，金融機関の準備金，外貨保有高，財政資金の貸出などの量によっても影響を受ける。特に朱鎔基のイニシアティヴのもとで一連の金融改革が行われた1990年代以降は，現金通貨供給に対する外貨供給の影響が無視できないものとなっている。以下では，1990年代以降におけるベースマネー発行メカニズムの変化をフォローしておこう。

　ここでは表2-2のような，通貨当局のバランスシートにおける各項目の，ベースマネーの成長率に対する寄与率の変化に注目する。ここでベースマネーの

---

14) これはとりもなおさず，各地方政府が中央とは独自にシニョリッジを追求し，全体としてマネーの過剰供給がもたらされる状況として解釈される。1950年代から50年間の中国経済における政府のシニョリッジの追求を分析した呉・崔（2006）は，1985年から1995年までの時期が最もシニョリッジ獲得が大きかった時期であると指摘している。

表 2-2 中央銀行によるベースマネー供給の源泉と寄与率

(単位：億元，%)

	信用貸与の源泉（億元）				寄与率（%）		
	対外資産	対政府債権	対銀行債権	総計	対外資産	対政府債権	対銀行債権
1985	111.9	−93.3	1,030.7	1,049.3	11.0	−9.0	98.0
1986	25.0	58.6	1,221.9	1,305.5	12.0	5.0	94.0
1987	169.0	208	1,576.2	1,953.2	8.7	10.6	80.7
1988	196.9	305.4	2,037.8	2,540.1	7.8	12.0	80.2
1989	317.5	246.6	2,392.2	2,956.3	10.7	8.3	80.9
1990	672.8	420.7	2,342.5	3,436	19.6	12.2	68.2
1991	1,305.4	582.0	2,150.5	4,037.9	32.3	14.4	53.3
1992	1,183.1	1,010.5	3,014.7	5,208.3	22.7	19.4	57.9
1993	1,549.5	1,109.3	4,320.1	6,978.9	22.2	15.9	61.9
1994	4,451.3	854.4	3,252.6	8,558.3	52.0	10.0	38.0
1995	6,669.5	609.4	2,019.4	9,298.3	71.7	6.6	21.7

出所）中国金融学会編『中国金融年鑑』各年版。

発行に対応する中央銀行の資産側の項目としては，対外純資産，対政府純債権，そして市中銀行に対する純債権（貸越）の3つのものを考えている。表2-2に示された「寄与率」とは，バランスシートにおける各項目の成長率にベースマネーに占めるシェアを乗じて求めた「寄与度」を，さらに百分比に直したものである[15]。

表2-2によれば，まず1980年代を通じて現金通貨の発行において対銀行債権の増加を通じたルートの寄与度が圧倒的に大きかったことがわかる。天安門事件後の経済引き締めが行われた1990年および91年には，金融機関の貸出が抑制されたことを反映して中央銀行によるネットの対銀行債権は減少しているが，その代わりネットの対外資産額が大きく上昇しており，その結果現金通貨の供給額が増加している。このように1990年代に入ると，ベースマネーの供給源泉として対外資産額の増加の寄与率が上昇し，それに伴い市中銀行への貸越を通じたベースマネー供給のウェイトは低下してきている。このことは，地方政府が国有銀行などの支店への働きかけを通じて地元企業への融資を引き出し，中国人民銀行の省分行が資金不足分の穴埋めを行う，という1980年代に

---

15) ベースマネーの成長率に対する「寄与度」「寄与率」の導出に当たっては，吉川編（1996）第7章を参考にした。

盛んに見られた現象が，1990年代に入ってからはかなり抑制されてきたということを示すものでもある。以上のことからも，本章で扱ったような度重なる経済過熱＝インフレーションの発生をもたらした構造的な要因が，1990年代以降には大きく変化したことがわかる。

小 括

　以上のような本章における分析から，経済発展の地域間アンバランスの存在と，インフレ圧力をもたらすマネーサプライの増大との関係が明らかになってくる。すなわち，経済発展の遅れた内陸部では，「経済取引の現金化」と預金量の少なさにより，信用乗数が極めて小さい状態にあったと考えられる。このような地域では経済が過熱し需要が拡大すると，金融機関は流動性不足に陥るため，中央銀行はそれを解消する手段として多量の現金通貨を供給せざるをえない。問題は，こういった中央銀行による地域ごとの信用割り当ては，財政的な補助金の分配と同じような政策的な性格をもち，予算制約がソフトな状態にあることである。そのため，そのような中央銀行からの資金割り当てに依存する地域では金融機関がモラル・ハザードに陥り，経済発展をサポートするための金融仲介機関としての役割を果たさず，生産性の低下を招きやすい。したがって，この地域に投入された現金通貨は地域内にとどまりえず，生産性の高い地域へと流出していったものと思われる。

　一方，沿海部の経済先進地域，特に三直轄市では，金融システムの整備が比較的進んでおり，預金量も豊富である，すなわち流動性不足の問題もそれほど深刻ではないと考えられることから，本来は政策当局による金融引き締めも比較的容易に行うことが可能であった。しかし，上に述べたように，生産性の低い地域に対し大量に供給された現金通貨が経済取引を通じて流入してくるため，結果として政策当局もこの地域に対する最終的なベースマネー供給を調節することが不可能になっていた。そして，この地域に流入してきた現金通貨は，預金として銀行に吸収され，マネーサプライと総需要の増加をもたらしたのである。

以上のような事情により，信用乗数が小さく流動性不足に悩む内陸部の後進地域では，低い生産効率がボトルネックの出現を招き，インフレーションのコスト・プッシュ要因をもたらしているのに対し，信用乗数が大きく経済パフォーマンスの好調な沿海部の先進地域では，総需要管理の困難さからディマンド・プル要因が働くことになる。このように，信用乗数が小さい地域に対して供給された現金通貨が信用乗数の大きな地域に流出する，という現象のため，マネーサプライの政策当局によるマクロコントロールを行うことが極めて困難になっているのが1990年代前半までの中国の金融市場をめぐる状況であった。ここに，度重なる経済過熱＝インフレーションの発生が生じた構造的な原因があったと考えられる。しかし，このようなメカニズムは1990年代に行われた一連の金融改革によって，大きく変化することになる。

第3章　1990年代以降の財政金融政策と人民元改革
───為替制度と国内経済政策との整合性

　第1章で見たように，1990年代には中央銀行のマクロコントロールを強め，金融市場のメカニズムを機能させるための一連の改革が行われた。このような1990年代以降の金融システムの下での金融政策の運用を1980年代のそれと比較した場合，最も大きな変化は，対外資産の増加が現金通貨発行のルートとして重要性を増してきたことに代表されるように，対外経済の変動が国内金融政策の運用に与える影響が飛躍的に増したことにある。そのような中国国内のマクロ経済政策と世界経済とのリンケージを象徴するのが，対ドル関係を中心とした外国為替制度の改革，いわゆる人民元改革である。

　本章では，近年の人民元改革の必要性およびその具体的方法をめぐる問題について，国際金融の専門家による英語論文での議論を中心にその論点を整理し，特に国内経済政策とのリンケージの観点から興味深い論点を提示しているブランシャール＝ジアバジの議論をやや詳しく紹介する。さらに，それらの議論が，改革開放後の中国の政治経済的な状況，なかんずく1990年代以降朱鎔基を中心に行われた財政金融改革との対比においてどのように評価されるべきかを検討する。そういった一連の作業によって，中央－地方間の綱引き関係という「地域的要因」が，マクロ経済政策に影響を与え続けているという中国の現状が，改めて浮き彫りにされるであろう[1]。

1. 人民元改革に関する論点の整理

中国（中華人民共和国）の通貨である元（人民元）[2]は，1994年の改革により二重為替レート制が解消されてからは，実質上ドルにペッグされてきたが，近年の急速な経済成長と対米を中心とした貿易黒字の急増から，切り上げを求める声が高まっていた。これを受けて，2005年7月に中国政府は対ドルレートを2％切り上げるとともに，それまでのドルへの単独ペッグ制を改めて他の通貨も含むバスケット・ペッグ制へと移行することを決定した。

その際，1日の為替変動幅についても基準値をもとに上下0.3％（2007年5月より0.5％に拡大）を限度として変動を許容するとされたものの，その後も中央銀行による介入が行われたため実際の為替の変動幅はそれよりもずっと小さい水準で推移した[3]。このような低めにペッグされた人民元の水準を反映して，外貨準備高は上昇を続け，2006年には1兆ドルに達し，日本を抜いて世界最高の水準になった（図3-1）。

このような元／ドルレートの極めて緩やかな調整のスピードについては，中国に対し大きな経常収支の赤字を記録している米国政府から，貿易不均衡を是正するには不十分なものだとして，現在に至るまで厳しい批判を受けている。一方で，国際収支を均衡させる水準以下に元が固定されることを通じてマネーの超過供給を招き，経済過熱を引き起こすという，中国の国内経済への影響から為替制度の硬直性を疑問視する声も高まっている。さらに，人民元改革の方

---

1) 本章の内容は，2007年に発表された2本の論考（梶谷，2007a，2007b）に基づいている。その後，2008年のリーマン・ショック後の世界金融危機の発生を受けて，人民元改革をめぐる議論の状況は大きく変化したが，問題の基本的な構図はほとんど変わっていないため，本章を執筆するにあたっての修正は最小限のものにとどめた。金融危機後の人民元改革をめぐる議論の動向に関しては，終章を参照のこと。
2) 中国の通貨の正式な名称は中国人民銀行幣（人民幣）であるが，ここでは日本での慣用的な表記に従い，「人民元」という表記を用いることにする。
3) 伊藤（2006），Ogawa=Sakane（2006）では，「バスケット・ペッグ制」採用後の中国の実効為替レートは実際には95％以上がドルに連動するものであることが指摘されている。

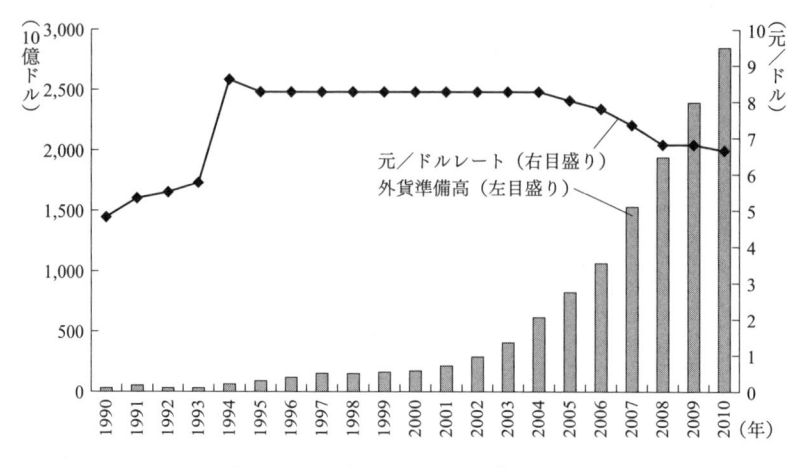

図 3-1 元／ドルレートと外貨準備額
出所）中国金融学会編『中国金融年鑑』各年版，中国人民銀行ウェブサイト（http://www.pbc.gov.cn/）

向性は米国の主流派経済学者の間でも高い関心を呼び，今後の国際通貨体制のあり方の問題も包括する形で活発な議論が展開されている。今後の東アジアの新しい経済秩序において中国が日本と並んで中心的な役割を果たすことが期待されていることから，その通貨制度の行方は世界の貿易・金融体制に対しても大きなインパクトを与えることが予想されるからである。

　以下では，近年人民元改革をめぐって書かれた政策・実証分析に関する既存研究について，a．「均衡為替レート」水準の検討，b．国内経済政策との関連性，c．改革の優先度に関する問題，d．東アジアの金融秩序に与えるインパクト，の4つの論点から整理しておきたい。

1）人民元の「均衡為替レート」水準をめぐって

　人民元の改革が世界的な注目を集めるようになった背景としては，2001年のWTO加盟以降中国の貿易黒字が急激に拡大し，その原因を人民元の過小評価に求める批判が米国や日本の政府を中心に高まってきたことがあげられる。ではどの程度人民元が「過小評価」されていたのかという点については，実は

はっきりとした合意は存在しない。たとえば黒田（2004）は，ドル・ペッグ制導入以後の中国において急激な生産性上昇による実質為替レートの上昇圧力，すなわちバラッサ＝サミュエルソン効果が働いていたとし，それにもかかわらず物価上昇率が低めに推移した（実質為替レートが変化していない）ことから，2004年当時には少なくとも30％ほどの為替レートの過小評価が生じていたはずだ，と論じている。しかし，このような大幅な為替レートの過小評価を主張する議論が実証的に支持されているとはいいがたい。

現行の為替レートが過小評価されているかどうかを評価するためには，何らかの「均衡為替レート」を推計してそこからの乖離を求める方法が一般的である。清水（2006）によれば，そのような均衡為替レートを推計するにあたっては，その国の国内均衡と対外均衡を決定する長期的な貯蓄－投資バランスが等しくなるような水準からそれを求める「マクロ均衡アプローチ」と，実際の実質為替レートの時系列的な推移から均衡レートを求める「誘導式モデルによるアプローチ」の2つの方法がある。このうち前者の方法を用いた推計に関しては，人民元が大幅に過小評価されている可能性を示したものもいくつか存在する。ただこの方法は，輸出入額の為替レートに対する弾力性に関する仮定を少し変更しただけで均衡レートの推計結果が大きく変化するなど，推計結果がかなり脆弱なものであることが指摘されている（Dunaway=Li, 2005）。

一方，誘導式モデルを用いた推計については，近年の人民元の水準について過小評価はあったとしてもそれほど大きなものではない，というほぼ共通した結果が得られている。清水自身も誘導式モデルによって人民元の均衡実質為替レートを推計し，1990年代後半以降の人民元には確かに過小評価の傾向が見られるものの，それはせいぜい数％のものにとどまることを指摘している[4]。

また白井（2004）は，改革開放後の中国では製造業の単純労働における賃金

---

4) その後，アジア開発銀行のチームにより，購買力平価ベースの中国のGDPが約40％程度過大に評価されていたとして，その修正値を発表した（Keidel, 2008）。このような購買力平価の修正がおこなわれる前のデータに基づいて行われた，人民元は30-40％過小評価されているという推計がもし正しかったとしても，その過小評価分は購買力平価の過小評価によってほぼ相殺されてしまうことになる。

率の上昇がほとんど見られず，一部の論者が主張するようなバラッサ＝サミュエルソン効果は存在しないこと，また実質為替レートの増価をもたらすような交易条件の改善も特に見られないことから，実質為替レートが大幅に過小評価されているという議論にはほぼ根拠がないと論じている[5]。このように，経済学者の間では現行の人民元の水準は必ずしも過小評価されているとはいえず，特に米中間の貿易不均衡の解消の手段としては人民元水準の上昇は有効な手段とはいえない，という認識がコンセンサスになりつつある。むしろ人民元改革を促すロジックとしては，以下に見るような，それが国内経済の過熱防止など，「中国にとっても利益になる」点を強調するものが多くなっているといってよい。

2）国内マクロ経済政策との関連性

通貨制度の選択や短期的な為替レートの動向は国内の経済政策の運営にも大きな影響を及ぼす。たとえば，開放マクロ経済に関する最も基本的な分析枠組みであるマンデル＝フレミングモデルを前提にすれば，固定相場制の下で為替レートが低めに推移すると，対外貿易収支の改善と国内金利の上昇を通じて[6]海外からの資金流入を促し，それが不胎化されない限り，ベースマネーの増加を通じて国内経済のインフレ圧力として働く。

2002年以降の中国では，中央のマクロコントロールを重視していた朱鎔基首相の退陣以降金融が緩和傾向に転じたこと，QFII（指定国外機関投資家）制度を通じて海外投資家の国内資本市場への人民元建てでの投資行動が部分的に認められたこと，さらに米国などで金融緩和政策がとられたことにより世界的に過剰流動性ともいうべき状況がもたらされたこと，などの要因から，海外からの大量の資本流入が見られるようになった。これによって生じた国際収支の

5）袁（2010）も，1952年から2000年までの中国経済について，労働市場の分断性が存在するためにバラッサ＝サミュエルソン効果が働かなかったことを指摘している（第4章）。

6）為替レートの減価により貿易収支が改善すると有効需要が上昇するためIS曲線は上方にシフトし，国内金利は上昇する。このような過程を通じ，海外からの資金流入が拡大すると考えられる。

多額の黒字は，ドル・ペッグ制を維持するための中国の政府当局による大量のドル買い・元売りを促し，既述のように，これによって中国の外貨準備は2006年段階で日本を抜いて世界最高の水準に達するまでになった。

このような外貨準備の急増は，国内に大きなインフレ圧力をもたらすなど国内の経済政策運用にも望ましくない影響を与えており，為替レートの柔軟化とともに国内の高い貯蓄率を引き下げるような何らかの政策的対応をすることが望ましい，という見解が特に米国の経済学者を中心に盛んに唱えられている[7]。その代表的な議論であるブランシャール＝ジアバジの所説については，次節で詳しく検討する。

3）改革の優先度の問題

為替制度の問題が国内経済政策の運用と深く結びついている以上，それは必然的に為替自由化を優先させるべきか，金融システムの整備を優先させるべきか，という改革の順序をめぐる議論を生じさせる。

為替自由化の優先を主張する代表的な論考として，グッドフレンドとプラサド（Goodfriend=Prasad, 2006）の議論をあげておこう。彼らは中国が今後より適切なマクロ金融政策のもとで安定的な経済成長を実現していくために，中国人民銀行が政治からの独立性を高め，市中銀行のバランスシート管理を強化すると同時に，従来採用されてきたドル・ペッグ政策に代わって，インフレ・ターゲット政策などの透明性の高い金融政策を新たな名目アンカーとして採用することを主張しており，同時により柔軟な為替制度への改革が早急に望まれるとしている。

これに対し，変動相場制に懐疑的な見解をとるマッキノン（McKinnon, 2005b）は，為替レートの自由化や資本市場の対外開放よりもむしろ国内の金融システムの整備を優先させるべきだという立場から，ドル・ペッグ制を維持する中で内需の拡大，投機的資金の流入を制限するなど，資本市場や投資－貯

7）バーナンキ米FRB議長は，2006年12月に北京で行われた「米中経済戦略対話」において中国がより柔軟な為替制度をより早期に実現するよう要望する発言を行った（Bernanke, 2006）。

蓄のバランスを管理することによって国際収支の不均衡の是正を図ることを主張している。またドブソンとカシャップ（Dobson=Kashap, 2006）も，中国の金融資産の大半を保有する4大国有商業銀行がその貸付行動において政策的な介入の影響を強く受けていることを指摘し，「銀行の産業化」と「社会の安定化」という2つの政策目標が深刻な矛盾に陥るのを回避するためにも，まず国内金融システムの整備を図るべきだとしている。このほか周小川・中国人民銀行行長もこのような漸進的な改革の立場を支持することを表明している（｢"人民元先生"」『財経』第169期，2004年）。

この中間に位置する主張を行っているのがアイケングリーン（Eichengreen, 2006）である。彼は，投機的な海外資金の流入を抑えるために資本勘定の自由化に先んじて外国為替制度が柔軟性を高めていくことの必要性を説きながらも，その際頻繁な為替制度（レジーム）変更を行って金融政策および通貨への「信認」を低下させてしまうことは望ましくなく，変動相場制とペッグ制の中間に当たる柔軟なバスケット・ペッグ制の下で徐々に変動幅を拡大するという方法をとるべきだとしている。

4）国際金融秩序の中での人民元

近年，貿易などでの相互依存性を高めつつある東アジア域内において，何らかの共通通貨単位を導入すべきだという検討が，いわゆる「東アジア共同体」をめぐる議論の高まりの中で盛んに行われている。持続不可能なほどの米国の経常収支赤字は将来のドル水準の大幅な下落をもたらす可能性があるという認識のもと，それが「事実上のドル・ペッグ制」を採用している東アジア諸国に対しておよぼすであろうリスクを軽減するために，まず中国を含む東アジア域内で共通の通貨バスケットを採用し，さらには共通通貨の採用を検討すべきだ，というのがその基本的なロジックである（吉冨，2005）。

このような共通の通貨バスケットを採用し，域内諸国が直面する為替変動のリスクを軽減することによって，域内の債権債務関係がドル建てで行われるという「通貨のミスマッチ」ともいうべき状況から脱却し，域内の為替・金融市場の安定化と高成長の持続をもたらすことが期待されているのである。その中

で，渡辺・小倉（2006）など，アジアにおける共通通貨単位の導入可能性を具体的に検証する試みも盛んに行われているが，今後の中国の為替制度の動向はそういった議論にも大きな影響を与えるものと予想される。

　以上見てきたように，人民元改革をめぐる議論は論点が多岐にわたっているだけでなく，それぞれの論点においても非常に多様な議論が展開されているといってよい。以下では，為替制度改革と国内経済政策の整合性，という点に関して興味深い提言を行っている，ブランシャールとジアバジによる議論を紹介し，その実行可能性について検討を加えたい。

2.　為替制度と国内経済政策との整合性

　前節でも述べたように，通貨制度の選択や為替レートの動向は国内の金融政策の運営にも大きな影響を及ぼす。まず，対外貿易黒字と海外投資の増加はそれが不胎化されない限り，ベースマネーの増加を通じてインフレ圧力として働く。近年の中国において，対外資金の流入がどの程度インフレ圧力として働いてきたのかということを，吉川編（1996）第7章における手法を参考にして確認しておこう。

　まず，通貨当局のバランスシートは図3-2のように表される。

　このうち，負債側の現金通貨と準備通貨（預金準備金）を合わせたものがベースマネー（図の網掛けの部分）であるから，その増加分は資産および負債の各項目の増加と対応しているはずである。中央銀行のバランスシートのうち主な項目を取り出し，それぞれがベースマネーの増加にどれだけ寄与したのかを寄与度として表したのが図3-3である。この図は，中央銀行のバランスシートに基づき，ベースマネーの増加率ならびに通貨当局のバランスシート各項目のそれに対する寄与度を示したものである。

図3-2　通貨当局のバランスシート

資　産	負　債
対政府債権	政府預金
	中央銀行債券
対金融機関債権	現金通貨
対外資産（純）	準備通貨
その他資産（純）	

出所）吉川編（1996）を参考に筆者作成。

寄与度は，各年度の各項目の成長率に，前年度におけるベースマネーに対するその項目の比率を乗じて求めている。したがって，すべての項目についての寄与度を足し合わせた合計はベースマネーの成長率に等しくなる。その際，負債項目の成長はマイナスとしてカウントされる。

図3-3より，1990年代前半まではベースマネー増加の寄与度において「対金融機関債権」が主要な位置を占めていたことがわかる。これは，主に第2章で見たように，国有銀行を中心にした金融機関が資金不足を中央銀行からの借り入れに大きく依存するという状況を反映したものである。しかし，その後，この項目の寄与度は大きく低下し，代わって対外資産（外貨準備）の増加が大きなウェイトを占める状況が続いていることがわかる。また2004年ごろから大きな負の寄与度を示している「人民銀行債」という項目の存在は，中国人民銀行が債券の発行によって積極的に市中からの資金回収，すなわち不胎化を行っていたことを示している[8]。

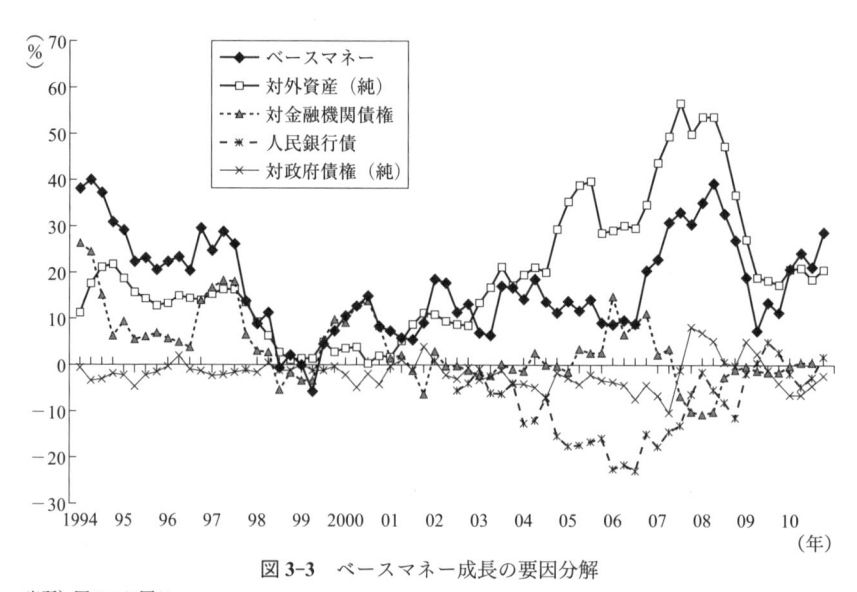

図3-3 ベースマネー成長の要因分解

出所）図3-1に同じ。
注1）「対政府債権（純）」は，図3-2における資産項目の「対政府債権」から負債項目の「政府預金」を減じたもの。
　2）データ期間は，1994年第1四半期から2010年第4四半期まで。

しかしながら，1年ほどの短期債が中心であるため，償還期限が来るたびに次々と新規債を発行しなければならないこと，市場がまだ成熟しておらず，一部の債権の消化は市中銀行への強制割り当てに頼っていること，などを考えれば，その効果には限界があることもまた明らかである[9]。中央銀行の対外純資産の増加がベースマネー増加の主要な要因になっており，しかもそれに対する不胎化が十分ではないという状況を考えれば，元の対ドル過小評価が国内経済過熱の要因として働く恐れがある，という見方には十分説得力があるといえよう。

このような為替制度改革と国内金融政策の整合性について興味深い議論を展開したのが，ブランシャールとジアバジ（Blanchard=Giavazzi, 2005）である。彼らの議論が注目に値するのは，為替レート政策と国内経済政策とのリンケージを論じる際に，地域格差問題への対応を明示的に取り入れている点にある。というのも，現在の中国のマクロ経済政策の運営を考える際に，地域間経済格差の問題は無視することができない最重要の課題のひとつであると考えられるからである。以下，彼らの議論をやや詳しく検討していくことにしたい。

ブランシャールらは，今後中国が安定的なマクロ経済環境のもとでの高成長と，対外貿易不均衡の是正という2つの政策目的を両立させるためには，以下の3つの政策を組み合わせることが必要だと主張している。

① 国内貯蓄率の引き下げ
② 財政支出による社会保障費の増大
③ （為替制度の柔軟化を通じた）人民元の切り上げ

---

8) なお，図には現れていないが，現実には期間中を通じ，ベースマネーの増加はほとんど準備預金の増加に吸収されている。このことは，中国では現在においてもなお，金利調整や公開市場操作以上に，預金準備率操作が中央銀行の政策手段として重要であることを示している。
9) Ouyang=Rajan=Willett（2010）は，外貨準備の急増に対する中央銀行による不胎化が，2007年の初めまではほぼ完全に行われていたのに対し，それ以降は約7割しか不胎化されていないことを指摘しているが，これは図3-3におけるベースマネーの伸びと人民銀行債の寄与度のグラフからも確かめられる。

まず，現在の中国の貯蓄率が非常に高い水準にあることは広く認識された事実である。近年，貯蓄率は一貫して国内の投資率を上回ってきたが，このような貯蓄と投資のギャップは，当然のことながら持続的な経常収支の黒字をもたらすことになる。

　ブランシャールらは，モディリアーニとツァオ（Modigliani=Cao, 2004）による分析結果を援用しつつ，このような高い貯蓄率の要因として，特に農村部における社会保障制度が不十分なため，家計が将来のリスクに対する保険として貯蓄に頼らざるを得ない状況をあげている。

　そして彼らは，政府による財政支出の重点を工業部門から社会サービス部門，特に社会保障制度の遅れた農村部への投資に振り向けることで，家計の将来への不安を取り除くとともに，また貯蓄率を引き下げ，貿易不均衡を是正することも可能になると主張している。

　ただし，こういった社会サービス部門への支出拡大による貯蓄率の引き下げをねらった政策は，家計消費の急激な拡大が経済過熱とインフレをもたらす可能性がある。そこでこのような経済過熱を抑えるために，現在のような元がドルに対して過小評価されたままペッグされている状態は早期に改善されるべきであり，より柔軟な為替制度へと改革を行ったうえで，対ドルレートを高めに誘導していく必要がある，というのが彼らの認識である。

　一方で，このような為替レートの上昇は輸入品の価格低下をもたらすため，比較劣位産業である農業には打撃を与えると考えられる。上述したような財政支出を通じた農村部の社会サービス部門への投資拡大は，このような為替制度の柔軟化がもたらす都市－農村，あるいは沿海部－内陸部における国内経済格差に対する財政を通じた再分配政策という意味ももっているのである。

　以上の議論からわかるように，彼らの示す政策パッケージは，①安定的な経済成長，②対外貿易不均衡の是正，③国内経済格差の是正，という3つの政策目標を同時に実現しようとする，極めて包括的なものであることが理解できよう。また，そこでは為替レートの自由な変動が，国内経済の過熱防止に対しても重要な役割を果たすことが前提とされているという点で，前述の「為替レートの自由化か，金融システムの整備か」という改革の順序をめぐる論争に

おいて，前者に軍配をあげるものといえるであろう。

　彼らの議論は，国内の経済格差がその政策運営において大きな影響力をもつことを前提とした上でなお，柔軟な為替制度の採用を急ぐことが今後の中国経済にとって望ましい方向性を与え得るということを示した点で画期的なものといえよう。次節では，1990年代の中国において採用された政策との対比を通じて，彼らの政策提言の妥当性を詳しく検証する。

3. アジア通貨危機後における財政金融政策

　前節で検討したブランシャール＝ジアバジの政策パッケージの有効性を考える上で重要なのは，彼らが主張しているような拡張的な財政政策と緊縮的な金融政策のポリシーミックスに極めて近い政策スタンスが，1990年代後半において朱鎔基前首相の強いイニシアティヴの下ですでに採用されていたと考えられることである。

　朱鎔基の政策スタンスは，高原明生の表現を借りれば（高原 1996），「財政金融重視型改革派（フィナンシャリスト）」としての立場を一貫して代表するものであった。まず財政面では，すでに述べたとおり1993年の副首相時代，懸案であった分税制の導入を地方の反対を押し切る形で決定し，それまでの請負制のもとで弱体化していた中央財政の再建を図った。金融面では，同時期兼任していた人民銀行行長として二重為替レート制の一本化を行うとともに，ドル・ペッグ制を名目アンカーとした金融政策運営を行った。また1998年の首相就任後は，金融政策の決定において，党中央金融工作委員会の設立および人民銀行の一級地方分行（省分行）の廃止，そしてより広範囲の金融政策を統括する行政区を越えた九大区分行の設置を通じて，金融政策への地方政府の介入を排し，政策運営における中央集権化（党が主導するレーニン型の手法）を徹底させた（Heilmann, 2005）。

　ここでは，特に1997年のアジア通貨危機以降の政策スタンスを検討しておきたい。高原（1999）によれば，97年のアジア通貨危機発生当時の中国では，鄧小平の死去後の権力の空白の中で，財政金融政策の引き締め路線の継続・緩

和をめぐって論争が生じていた。通貨危機が深刻化を極め，その影響が中国に伝播することが懸念されるようになった状況にあっても，中国政府内部ではむしろそれまでの財政と金融の引き締め路線を持続すべきだという意見が主流を占めていたのである[10]。

しかし，当時すでに銀行貸出や固定資産投資は落ち込み始めており，さらに国有企業改革が本格化したことにより，そのリストラにより生じる一時帰休者の増加も社会問題となっていた。そこにアジア通貨危機による影響が重なったわけであり，政府内部でも景気拡大政策への転換を求める声が次第に優勢になった。

そのような声に押し切られる形で，まず1997年10月に預金・貸出金利の引き下げが行われた。ついで98年にはそれまでの「適度な引き締め政策」が転換されることが表明され，法定預金準備率が13％から8％に引き下げられた。さらに3度（3月，7月，12月）にわたって金利の引き下げが行われるなど，明確な金融緩和路線がとられはじめたかに見えた（図3-4）。また，出動が遅れていた財政も，1998年10月には「積極的財政政策」への転換が正式に表明され，1,000億元の国債が増発され，インフラ建設などにあてられることになった。

だが，この時期に行われた金融政策の転換が，真に「金融緩和」の名に値するものであったかどうかは検討を要する。たとえば，1998年のM2の成長率は年平均15.3％であり，一見高い伸びのように見えるが，この伸び率の水準は実は80年代以降現在に至るまでのM2の成長率のトレンドを見れば決して高くはなく，貨幣需要の旺盛な伸びを考慮に入れれば，むしろその伸びは経済のデフレ基調を脱却するには不十分なものであったと考えられる[11]。

---

10) 易（2004）など参照。また田中（2007, 460ページ）は，この時期政府にとって積極的な財政金融政策への転換が容易ではなかった原因として，その策定から実施までに約2年の時間を要する中長期の政策目標である五カ年計画の硬直性が足かせとなっていたと指摘している。

11) 改革開放後の中国では，特に家計貯蓄の急速な伸びを反映して，GDPとマネーサプライとの比率（いわゆるマーシャルのk）が一貫して伸び続けており，貨幣需要がGDPの成長率を上回る伸びを続けていたと考えられる。Xie（2004）によれば，1998年の中央銀行のM2の伸びの目標値は16-18％であった。

現に，ベースマネーの対前年度成長率は1997年後半から急速に減少し，1998年の第3四半期から1999年の第2四半期まではほぼ0％ないしはマイナスを記録している。1990年代前半にはベースマネーの伸びは平均して30％前後であったことを考えると，この落ち込みが企業や消費者に急激なデフレ期待を形成したことは想像に難くない[12]。この時期における金融指標の対前年伸び率を示した図3-5を見ても，1998年以降，ベースマネーの伸びが大きく落ち込んでいることが見てとれよう。

この時期の中央銀行が再三金利を引き下げた一方で，マネーサプライ，なかんずくベースマネーの伸びが十分なものでなかったのはなぜか。第1の原因として，高めの水準でのドル・ペッグ制が名目アンカーとして働き，ベースマネーの供給縮小を通じて国内経済への引き締め効果をもたらしたことがあげられる。そして第2に，公開市場操作などの政策手段がまだ十分に発達していない

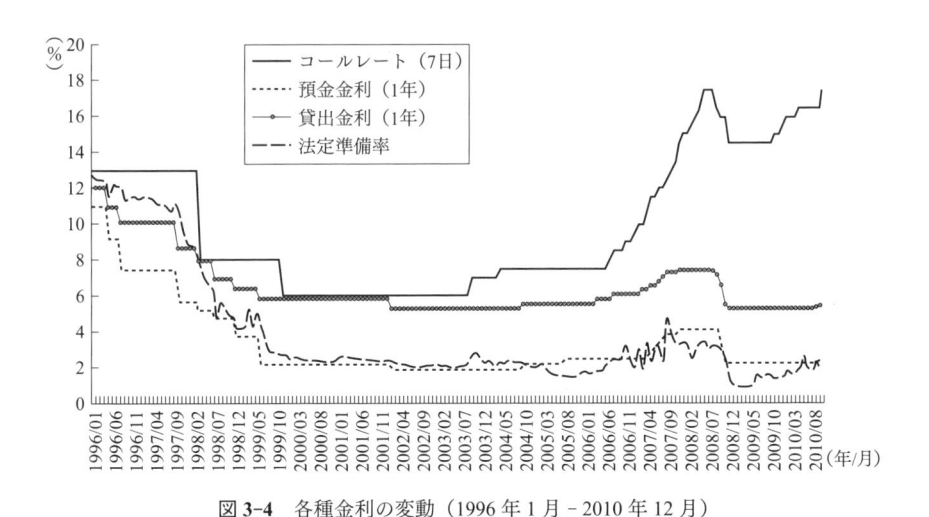

図3-4　各種金利の変動（1996年1月-2010年12月）
出所）中国人民銀行調査統計司『中国人民銀行統計季報』各季版，中国人民銀行ウェブサイト（http://www.pbc.gov.cn/）。

---

12) ただし上述のように，この時期の預金通貨の伸びは年平均10％台で推移している。これは法定預金準備率が13％から6％へと大きく引き下げられ，その結果貨幣乗数が大きく上昇したためと考えられる。

状況のもとで，海外からの資金流入の減少を埋め合わせるような流動性の供給が十分に行われなかったことも重要である。それまでの伝統的な金融緩和の方法は，前章で見たように中国人民銀行の地方分行の再貸出の拡大を通じてマネーサプライを増加させるというものであったが，1980年代に過剰なマネーサプライ拡大の温床となったその手法に依拠することは，それまで金融政策の集権化を進めてきた中央政府としては容認できないことであった[13]。ここに「地域的要因」の影響により，適切なマクロ金融政策が行われないというこの時期の中国政府のジレンマの残存を見ることができよう[14]。

さて，上述のドル・ペッグ制の名目アンカー効果とは，為替レートが経済の実力に比べ高めの水準で固定されていたため，海外からの需要が減少したほか，元に対する切り下げ期待が働いて海外からの資金流入が減少し，国内のベースマネーの供給が抑制される，というメカニズムが働いたことを指す[15]。たとえ

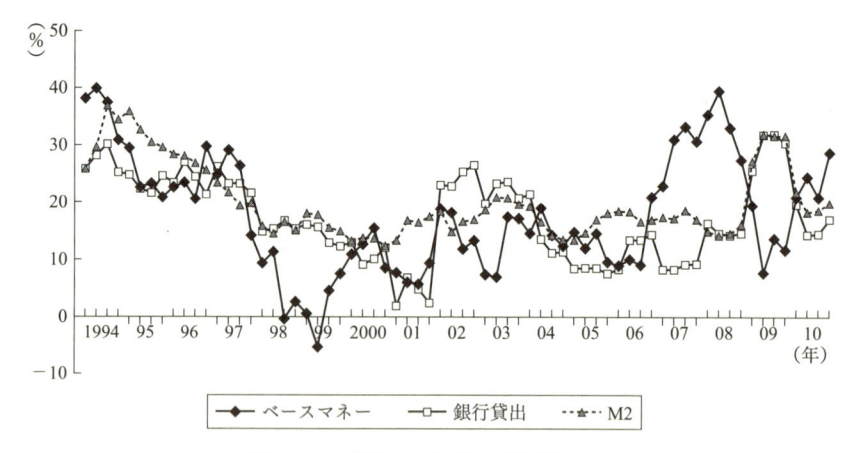

図3-5　金融指標の成長率（対前年比）

出所）中国金融学会編『中国金融年鑑』各年版。
注）データ期間は，1994年第1四半期から2010年第4四半期まで。

---

13) 中央政府は，1998年から政府が本格的に不良債権問題の処理に乗り出し，それまでの銀行貸出に関する総量規制を通じたコントロールの仕組み（信貸管理政策）を廃止し，資産負債管理を導入し，金融機関の貸出抑制を図った。
14) この他，1998年には穀物流通制度の改革が行われ，農産物の政府買い上げに伴う中央銀行の貸付が減少したこともデフレの要因として指摘されている。戴主編（1999）参照。

ば，国際収支勘定における「証券収支」は 1997 年が 69.4 億ドルの黒字であったのが，1998 年には 37.33 億ドルの赤字に転じている。また「その他投資収支」は 1996 年にはわずかな黒字であったものの，1997 年には 275.8 億ドル，1998 年には 436.6 億ドルという大きな赤字を記録しており，結果として外貨準備も若干減少した。これらは中国が国際収支の資本勘定に対して厳しい制限を加えていたという常識からすればやや驚くべき数字であるが，むしろ非公式なルートでの資本逃避が大きかったことを証明するものとして理解すべきだろう。このような非公式な資本逃避としては，たとえば実需証明が可能な貿易会社などが虚偽申告をすることによって手元に外貨などを溜め込み，投機的な市場での運用を行うケースなどが考えられる。

　この点を，この時期の国際収支の動向から確認しておこう（図3-6）。このうち，ネットの直接投資額は 1990 年代半ば以降ほとんど変化していない。また貿易収支などの経常収支も，年によって若干の変動があるものの黒字傾向は一貫して変わっていない。変動が激しいのはネット証券投資・その他の財務勘定・誤差漏洩の 3 項目であり，これらはいわゆる資本収支に当たるものであると考えられる。特にアジア通貨危機が起こった 1997 年からの数年間はその他の財務勘定と誤差漏洩が大きなマイナスを示しており，資本逃避が激しかったことを示している。そして 2002 年以降はまたこれらの項目が大きくプラスに転じるようになっている。

　ロバート・マンデルが唱えた「国際金融のトリレンマ」の議論によれば，一国の政府は，安定した為替レート・自由な資本移動・自由な金融政策という 3 つの政策目標を同時に追求することはできない。一般に，中国は資本移動に制限を加えることによって固定相場制の元で金融政策の自由度を確保していると考えられてきたが，実際には 1990 年代の半ばからさまざまなルートによる資

---

15) Guerineau=Guillaumont-Jeanney（2005）は，1986 年から 2002 年までの中国経済のマクロデータを用いて，各年のインフレ率を被説明変数とした回帰分析を行い，その結果をもとに各要素の寄与度の分析を行った。その結果，インフレ率は主に過去のインフレ率，為替レート政策，生産性の上昇などによって説明できることを明らかにした。このことは，94 年以降に採用された事実上のドル・ペッグ制での名目対ドルレートが，アジア通貨危機後の数年において価格アンカーとしての役割を果たしたことを意味する。

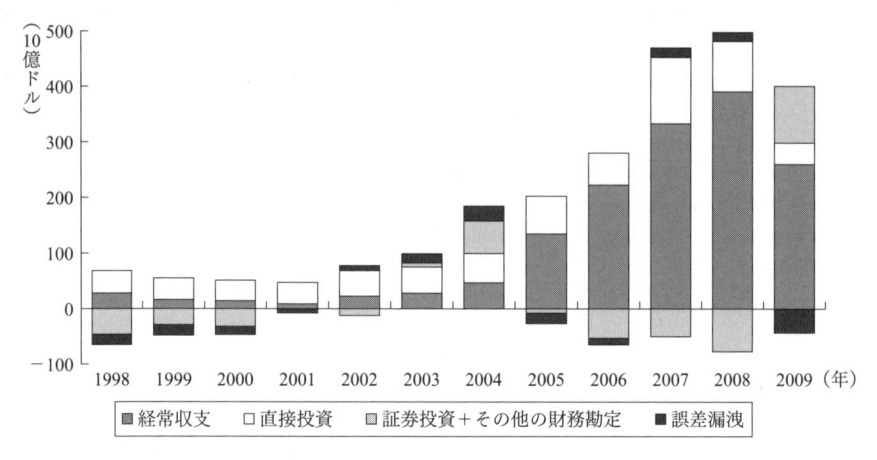

図 3-6　中国の国際収支の推移

出所) International Monetary Fond, *International Financial Statistic*s 各号。

凡例: ■経常収支　□直接投資　■証券投資＋その他の財務勘定　■誤差漏洩

本の流入・流出の影響を受けるようになっており，固定相場制を維持することにより金融政策がかなり制限されるという，マンデル＝フレミングモデルにおける「開放小国」のケースにより近い状態になっていったものと考えられる。

いずれにせよ，90 年代以降には外貨準備の増加がベースマネー増加の最大の要因であったから，これが減少することはベースマネー増加率の大きな低下をもたらした。またこのようなベースマネーの伸びの落ち込みはインフレ期待を大きく引き下げ，同時期に行われた名目金利の引き下げを相殺してしまったものと考えられる[16]。

結局，この時期における成長を下支えしたのは，むしろ国債の大量増発という「積極財政」による公共事業の拡大であった。前掲図 1-2 を見ればわかるように，財政赤字の対 GDP 比率は 1998 年以降急速に拡大している。これは，上述のような緊縮的な金融政策と，1997 年のアジア通貨危機のショックによるデフレ効果を相殺するために，「積極的な財政政策」が採用されたこと，そし

[16)]「フィッシャー方程式」により，実質金利は名目金利にインフレ期待を加えたものとして定義されるため，名目金利が下がってもインフレ期待の減少幅の方が大きければ，実質金利はむしろ上昇してしまう。

て資金不足に悩む内陸部地域に重点的なインフラ資金が投入されることになった（いわゆる「西部大開発」にはじまる内陸開発政策）こと，を反映したものである。

このように財政出動に過度の負担がかかったために，当初は緊縮財政論者であったはずの朱鎔基の在任中に財政赤字は拡大を続け，前任者の李鵬からその赤字財政を揶揄されるという皮肉な結果をもたらした（李，2006）。しかし，このような積極的な政府投資による内需拡大政策は確かに全体の成長を下支えしたものの，地域間格差の縮小にどれほど有効に働いたか，という点に関しては，後述するように少なくとも現時点では疑問がある。 以上見てきたように，ブランシャールらの唱えるような，引き締め気味の金融政策と内陸部への資源再配分を含む積極的な財政政策，というパッケージに極めて近い政策スタンスは，実は1990年代後半の朱鎔基内閣の下ですでに採用されていたと考えられる。そして，それが一定の限界に突き当たり，朱鎔基の首相退陣後ほどなくして金融政策が緩和に転じ，不動産バブルを中心とした経済過熱が生じたことに注意しておく必要がある。

4. 中国の財政金融政策と地域的要因

本節では，海外市場へのリンケージによって国内の経済政策が大きく影響を受けるようになったにもかかわらず，依然として財政金融政策の実施にあたっては国内における「地域的要因」に引きずられざるを得ない，中国の政策当局の一種のジレンマと，その背景についてまとめておきたい。

まず，金融政策の有効性を判断する上では，改革開放期を通じて，市場メカニズムを通じた地域間の資金移動が極めて限定的であったことを指摘しておかなければならない。たとえば次章で見るように，省間の資金移動を通じた消費平準化効果についての実証研究において，1978年から90年代前半までは地域間の貯蓄の変動（資金移動）を通じた消費平準化効果が見られたのに，90年代前半から2000年代前半にかけてはそれがなくなるという結果が得られている。

この結果は，1980年代には市場を通じた地域間の資金移動が活発に行われ

ていたのに，1990年代になるとそれが収縮した，ということを必ずしも意味しているわけではない．むしろ市場メカニズムを通じた地域間の資金移動は一貫してそれほど活発ではなかったのであり，その中で80年代には財政支出や中央銀行の再貸出を通じた地域間の資金再分配が盛んに行われていたのが，90年代の財政金融改革によりそのような政策的な色彩の強い資金移動が大きく縮小したものと解釈すべきである．このことは，80年代には相対的に発展の遅れた西部地区の投資率と貯蓄率の差（ISギャップ）が大きなマイナスを記録し，他地域からの大量の資金流入があったと考えられるのに対し，90年代に入ると急速にそのISギャップが縮小していったことからも明らかである．

このような「金融市場の地域間分断性」ともいうべき状況には，いくつかの背景が考えられる．ひとつは，全国的な金融市場の形成がいまだ不十分だという点である．全国レベルのコール市場こそ1996年に成立したものの，商業手形の発行・流通は十分に制度化されているとはいえ，市場規模も限定的なものにとどまっている．たとえば中国の企業間取引において実際に用いられている手形の多くは，発行に当たって銀行が現金化を保証する銀行引受保証手形である．これは性質としてはむしろ現金決済に近く，真の意味での信用取引を支えるものではない．また長期の債券市場・社債市場などはほとんど発展しておらず，しかもその発展は地域によって大きな偏りが見られるほか，国債についても発行額は増加しているものの，償還まで保有するケースが多く，市場流通が進んでいないことが指摘されている（白井，2004，208ページ）．

次に，国有企業の融資において大きなウェイトを占める銀行融資が「属地性」の強いものであった点があげられる[17]．1980年代の中国においては，地方政府が金融機関の支店に対して圧力をかけることで融資を引き出してきた．1990年代はそのような政治的な圧力による融資拡大のルートは厳しく制限されたものの，後述のようにこのような「属地性」の強い貸出自体は持続していると推測される．

第3に，多くの中小企業，なかんずく成長が著しい私営企業は，国有企業の

---

[17] 銀行経営を含めた財政金融システムの「属地性」については，田島（2000）を参照．田島によれば，この「属地性」は基本的に計画経済時代にその基盤が築かれた．

ように融資が受けられず，大部分を自己資金に頼っていた。国際協力銀行開発金融研究所が国務院発展研究センターに委託したアンケート調査によれば，調査の対象となった中小企業のうち6割以上の企業は設備投資の80％を自己資金でまかなっており，3分の2の企業はまったく銀行融資を利用していない。私営企業の場合は銀行融資を利用しない比率はさらに高くなっている（林・林，2001）。経済に占める私営企業のウェイトが高まっても，それらがあくまでも自己資金での投資を行う限り，地域を越えた資金移動は拡大しないはずである。

第4には金利体系の歪みがあげられる。金利が制限されており，融資にリスクを正確に反映させる手段がないため，各銀行は収益率よりも地元企業の支援など「属地主義的」な基準に基づいて融資を行うものと考えられる[18]。

このような分断化された金融市場の下では，金利操作を通じた金融政策の実行は困難になるため，その実施にあたっては個別的かつ行政的な直接規制に頼らざるを得ない。だがそのような直接規制の実施は，その効果が地域的な「非対称性」をもつものになりやすい。たとえば，1990年代後半に行われた中央によるマクロコントロールの強化に際して，外資の流入が限られており，1980年代を通じてより多くの政策的割当の恩恵を受けてきた中西部地域の方が，東部地域に比べ金融引き締めの効果をより深刻にこうむったものと考えられる。また逆に金融緩和が行われる際も，地方政府が国有商業銀行の地方支店を中心として地元企業や開発への融資を呼びかけるといった「属地主義的」な方法に頼りがちであり，ともすれば局所的な経済過熱の発生をもたらしかねないという問題を抱えている[19]。

一方で，1998年以降の「積極財政」の下で拡大した内陸地域への財政資金

---

18) Podpiera（2006）は，1997年から2004年までの各省の集計されたデータを用いて，金融機関貸出額の成長率を被説明変数としていくつかの説明変数に回帰しているが，その結果，4大国有銀行の貸出額成長率については省内における預金の成長率の説明力が最も高く，貸出の収益率（分配法で示された各地域GDPの項目のうち「営業余剰」のデータを代替変数として使用）は，多くの場合貸出の成長率と負の相関をもつことを示した。ここから，1990年代後半以降も，国有商業銀行の企業への貸付は純粋な収益性に基づいているというより，地元の国有企業を支援するためという「属地主義的」な動機によって行われていることが窺える。

の投入は，結局のところ国有企業を通じた全国的な重複投資と過剰生産をもたらし，必ずしも効率的に使われなかったと考えられる（白井，2004，第4章）。ブランシャールらも指摘しているように，鉄鋼やセメントなどといった，1990年代末以降各地方で投資が集中した産業への投資はその効率性の点で問題があり，本来は社会保障など社会サービスの分野により多くの財政資金が振り分けられるべきである。しかし，全国的な社会保障制度の整備が十分ではない状況の下で，地方政府に割り当てられた補助金は，雇用の確保などを優先させる意味からも上記のような産業への設備投資に向けられざるを得なかった。

　こうして見ると，ブランシャールらの議論は，マクロ経済政策の運営において地域格差の問題が重要な要因であることを認識している点で評価できるものの，そこで前提とされていたのは全国レベルで統合化された金融市場であり，また中央政府の意向に沿って補助金が効率的に分配されるような地方財政のシステムであったことを指摘する必要がある。しかしながら，現実の中国では金融市場は地域間で統合されているとはいえ，財政資金の地方への配分はゆがみが生じやすい。このような「地域的要因」が存在する限り，今後とも中国のマクロ経済政策運営は一定の困難を抱えていかざるを得ないと考えられる。

　たとえば，王・長井（2007）は，現在中国政府が採用している金融政策レジームとは，（対ドル）為替レートの上昇圧力を緩和するために低金利を維持し，過熱の懸念がある国内の引き締めには主に窓口規制などの数量コントロールによって対応するという「政策割り当て」であることを指摘している。王・長井はこのような窓口規制を通じた引き締めでは，銀行貸出を通じたマネーサプライの上昇や設備投資の拡大はある程度抑えられるが，現在生じているような家計の旺盛な投資欲による株式市場の過熱を冷ますことはできず，政府の恣意的な介入を通じて資本市場全体の効率的な配分がゆがめられる点を指摘している。

　王・長井は，このような問題の多い政策割り当てが行われる元凶は実質上の固定相場制の採用にあり，中国政府としては今後為替相場の柔軟化を進めてい

---

19) このような現象が顕著に見られたのが，2008年の世界的な金融緩和を受けて行われた大規模な景気拡大策の後の一部の地域での急激な銀行信用の拡大とそれを用いた開発プロジェクトの加熱である。「地方政府融資的狂歓」（『財経』2009年第12期）参照。

くことを通じて，より「健全な」金融政策が採用できるようになることを目指すことを主張している。しかし，本章のこれまでの議論からすれば，むしろ中国がその政策の実施にあたって常に「地域的要因」を重視しなければならないという事情にこそ，いつまでもそのような窓口規制に頼らざるを得ない状況が続いているひとつの大きな原因があると考えられるのである。

小　括

　本章では，人民元の改革に関する議論のうち，中国国内の経済政策の運営との整合性について注目し，特に地域間経済格差との関連で興味深い視点を提示しているブランシャール＝ジアバジの論説を詳しく検討した。そして「為替レート改革を過熱経済の引き締め」に対する対策として割り当て，消費刺激と地域間経済格差の緩和のために財政政策を割り当てるというその基本スタンスは，実は90年代の朱鎔基による財政金融政策によって先取りされていたことを示した。さらにそのような財政金融の組み合わせがこれまで必ずしも地域間格差を解消せず，むしろ拡大させてきた背景には，地域間の金融市場の分断性や直接規制に頼らざるを得ない金融政策の問題，および地方財政の構造上の問題があることを指摘した。

　以上の考察は，1990年代以降，世界経済とのリンケージが深まる中国経済においては，1980年代のように地域間の資源配分に金融システムが動員されるということこそ見られなくなったものの，なお中央－地方間の綱引き関係という「地域的要因」が，マクロ経済政策の実行に大きな影響を与え続けていることを示唆するものといえよう。

第4章　地域間資金移動とリスクシェアリング
　　——市場分断性と財政改革の問題点

　本章および次の第5章では，金融と並んで地域間の資金移動に関するもうひとつの重要なチャネルである，財政を通じた再分配システムの変化に注目し，それが金融システムの変化とどのように関係しながら，中央‐地方関係に影響を及ぼしてきたのかを考察する。

　改革開放以降，1980年代に導入された地方財政請負制度は，確かに一部の地方政府のインセンティヴを高め地域経済を活性化させたものの，一方で国家財政に占める中央財政の比重の相対的低下，地方政府の自主財源（予算外資金）の増加などの現象を通じて，中央政府による地域間の再分配機能の著しい低下という事態を招いた。また，地方政府間の多層構造[1]のなかで，各種公共サービスの負担についての規範化がなされておらず，十分な財源を得られない地方政府は業務をより下級の政府に「下放」する傾向が見られたため，特に県レベル以下の地方政府において，豊かな地域と貧しい地域の間に財源・負担のバランス上の大きな格差が生じることになった[2]。

　1994年以降には，このような状況を打開し，中央政府の財政的な調整力を

---

1) 中国の行政区画は中央—省レベル—地区レベル—県レベル—郷鎮レベルの5つの階層に分かれている。このうち，省レベルの行政区には直轄市（北京・上海・天津・重慶の4都市）や民族自治区が，地区レベルには地区，市，民族自治州などが，また県レベルには県級市や市轄区などが含まれるなど，同じレベルの行政区でもいくつかのバリエーションがある。
2) 改革開放後の財政改革の経緯やその帰結については，黄・迪編（2003），津上（2004）などに詳しい。

高める目的で分税制が導入された。しかしこの制度は，財政的な再分配機能の規範化という面について見れば，次のような問題点を抱えていた。

まず，中央財政の収入は大きく増加したものの，増値税および消費税の地方収入分について，1993年の実績を基数にし，そこからの増加分の一定割合を毎年各省に移転するという税収返還制度により，実際は比較的豊かな省のそれまでの既得権がそのまま温存されることになった。また，中央と各省の間でこそ一定のルールに基づく財源の分配が行われることになったものの，省以下の政府間関係においては，かならずしもそのような明確な規定に基づいて財源を分配するのではなく，旧来の請負制に近い制度が存続していたことが各種の報告から明らかになっている（第5章参照）。

以下では，1980年代以降の中国において，地域（省）間の資金再分配やリスクシェアリングのメカニズムがどのように変化してきたか，またその中で財政金融システムを通じた地域間の資金移転はどのような役割を果たしていたのか，といった点を，各地域の財政金融データを用いた計量分析の手法によって検討していく。

1. 財政を通じた省間の所得再分配

まず，地方の財政データを用いて分税制導入後の省間の財政資金の再分配の動向を追ってみよう。表4-1は，1人当たり財政収入のデータに各種補助金を加えたものについて省間の変動係数をとり，財政収入・支出の変動係数の値とそれぞれ比較してみたものである。ただし，省財政全体での補助金総額のデータが得られないため，データとしては各省の地区級財政以下のものを用いている。

この表4-1は非常に興味深い結果を示しているといえるだろう。まず目に付くのが，期間中，財政収入および財政支出ともに省間の格差が拡大を続けていること，特に2002年の段階で財政収入の格差がかなり大きなものになっていることである。財政収入の省間格差がこのように拡大したことについては，後述するように，地域の発展段階に大きく左右される増値税（付加価値税），営業

表 4-1 財政収支（1 人当たり）の省間格差（変動係数）

	1996	1998	2000	2002
財政収入	0.686	0.684	0.797	0.927
財政支出	0.580	0.629	0.661	0.671
財政収入＋税収返還	0.649	0.659	0.771	0.968
財政収入＋特定補助金	0.688	0.697	0.678	0.791
財政収入＋移転支出補助	—	—	—	0.721

出所）財政部予算司編『全国地市県財政統計資料』各年版。
注1）移転支出補助＝過渡期移転支出補助＋民族地区移転支出＋中小学教師移転支出＋増発国債補助＋賃金補助＋貧困・辺境地区特別補助。
　2）データは，各省の地方財政収支および人口のうち，地区級以下のものを合計したものを用いた。
　3）1997 年以降の重慶市のデータは，四川省に統合して計算を行っている。

税，企業所得税などが地方の財政収入において大きなウェートを占めていることが最大の原因であると考えられる。

また，1 人当たり財政収入に税収返還額を加えた値の変動係数は，財政収入だけの変動係数と比べてほとんど差がないか，場合によってはそれを上回っていることがわかる。これは，税収返還がもともと豊かな省の既得権を守るために導入された制度であることを考えれば，むしろ当然だといえる。より注目すべきなのは，中央財政からの特定補助金が 1998 年までは地域間の恒常的な格差の縮小にはほとんど貢献しておらず，むしろ格差を拡大させる傾向をもっていた，という点である[3]。このことは，分税制が導入されて以降も，1990 年代末に内陸部への重点的な公共投資が本格化し，また各地方への「移転支払い」（第 5 章で詳述）を通じた財政的再分配が制度化されるまでは，補助金を通じた省間の再分配システムが極めて不十分であったことを示している[4]。

次に，単純な回帰分析を用いて分税制前後の所得再分配機能の変化を計量的に検証してみよう。すなわち，各省の政府間の財政移転後の 1 人当たり実質所得の対数値を被説明変数にとり，財政移転前の 1 人当たり実質所得の対数値を

---

[3] このような結果が生じた理由のひとつとして，大都市に対して重点的に配分される価格補助金が，特定補助金の中で一貫して大きな比重を占めていた，ということが考えられる。

説明変数として,クロスセクションの単一方程式による回帰を行ってみるのである[5]。

ここで各省の「財政移転前所得(BPI)」および「財政移転後所得(API)」は,それぞれ「各省 GDP －固定資本減耗」,「各省 GDP －固定資本減耗－間接税－中央から各省への純資金移転」と定義する[6]。ただし,後者に含まれる中央財政から各省への純資金移転(各種補助金から中央への上納金などを差し引いたもの)については,直接省ごとのデータが得られないため,その省の財政収支(財政収入－財政支出)を中央政府による財政移転額の近似値として用いる。このような近似が有効であると考える理由は,中国の地方財政においては地方債の発行が認められていないため,各省の財政収支の不足額は基本的に上級政府からのネットの補助金にほぼ等しくなるからである。

このような回帰を行うと,財政資金による再分配が,「豊かな省から貧しい省へ」行われている限り,回帰式の傾き(X の係数)は 1 より小さくなるはずである。さらに,それが 0 に近づくほど,財政を通じた地域間の再分配機能が強いことを意味する。

分税制の導入前後における財政的再分配効果の変化を見るために,推計は 1980-93 年,1994-2003 年の 2 期間について行った。また,変数はそれぞれの期間における平均値を用い,各省の数値を全国平均の数字で除して標準化している。

推定結果は,以下の通りであった。

---

4) 津上(2004)は,2000 年以降に過渡期移転支出をはじめとする地域間の恒常的な所得再分配機能をもつ財政移転支出が急激に伸びていることをもって,同時期の財政システムとそれまでの財政システムとの非連続性を強調し,前者を「後期分税制」と呼ぶべきであると主張している。
5) 以下の回帰分析の基本的なアイディアは Byoumi=Masson(1995)および土居(2000)による。
6) 本来ならば,国民(地域居住民)所得概念に基づく BPI と API はそれぞれ「各省 GNP －固定資本減耗」,「各省 GNP －固定資本減耗－間接税－中央から各省への純資金移転」というように,GNP 概念を用いて定義されるべきである。しかし,中国では各省の GNP の連続した統計が得られないために,便宜上 GNP＝GDP であると仮定して,本文のような定義により BPI,API の値を求めている。

1980-93 年： $Y = 0.832 X + 0.038 \ (\overline{R}^2 = 0.97)$
　　　　　　　　(27.98)　　(2.23)

1994-2003 年： $Y = 0.930 X + 0.016 \ (\overline{R}^2 = 0.98)$
　　　　　　　　　(33.46)　　(0.93)

(注1) Y は各省の財政移転後の1人当たり実質所得, X は各省の財政移転前の1人当たり実質所得についてそれぞれ対数をとり, 全国平均値を引いて標準化したものである。
(注2) サンプルサイズはいずれも28。カッコ内は t 値, $\overline{R}^2$ は自由度修正済み決定係数。

1994-2003年の式では1980-93年の式に比べて説明変数の係数が大きくなっており，このような回帰分析の結果によっても，分税制導入以降には財政資金を通じた恒常的な再分配効果が低下していることが明らかになったといってよい。

2. ホーム・バイアスと地域間市場分断性

1) 中国の省間におけるホーム・バイアス

前節において，分税制導入後も地域間の恒常的な財政資金再分配が縮小したことを見てきた。では，財政的なルート以外の地域間の資金移動をめぐる状況はどうだったのだろうか。この点に関連するのが，地域間の資本移動の不完全性の問題に関する，いわゆる「ホーム・バイアス」をめぐる一連の議論である。

「ホーム・バイアス」とは，フェルドスタイン＝ホリオカの有名な論文（Feldstein=Horioka, 1980）により提起されたもので，彼らの名前をとって「フェルドスタイン＝ホリオカのパズル」と呼ばれる場合もある。これは，国際間の資金移動が自由であれば投資家は各国に資金を分散して投資した方がより高い期待効用をあげられるにもかかわらず，実際には自国資産への投資に対する強い偏りが見られることを一種の「パズル」として認識し，それに経済学的な説明を与えようとするものである。このことからも分かるように，これはもともと国際間の資金移動に関する議論だが，中国においては，国内の地域（省）間の資金移動に関してもこのような「パズル」が存在することが指摘されてきた。

ボワロ・ドゥブレー＝ウェイは，国レベルや地域の経済変動の効果を除去したうえで，各省の貯蓄率を投資率に回帰し，ホーム・バイアスがどの程度存在するか，という点についての検証を行った。その結果，改革開放前期（1980年

代）には計画経済時代に比べ地域の貯蓄と投資の相関が低くなり，地域間の資本流動性が高まったものの，1990年代に入ると，再び貯蓄と投資の相関が高まり，ホーム・バイアスがむしろ強まる傾向があること，を見出した[7]。

通常，国際間の資金移動におけるホーム・バイアスの説明においては，為替リスクによる自国通貨保有の動機や，投資主体と投資対象との情報の非対称の問題が重視される。本来，これらの問題が生じない一国内では，国際間の資金移動に比べてホーム・バイアスはずっと少ないはずである。たとえば日本の都道府県別およびOECD諸国のデータを用いそれぞれの金融・資本市場の統合度を比較した岩本康志らの研究でも，そのような結論が得られている（Iwamoto and Wincoop, 2000）。しかし，ボワロ・ドゥブレーらの分析によれば，市場化が進んだはずの1990年代以降における中国国内の金融・資本市場の統合の度合いは，同時期のOECD諸国を対象としたものよりもさらに低くなっている点が目を引く。

1990年代の中国では，すでに述べたように財政を通じた地域間の再分配機能が継続的に低下し，またそれをある程度補完していた中央銀行の信用割当を通じた資金移動も，一連の金融改革により大きく制限された。このため，経済格差の緩和などを目標とした省間の政策的な要因による資金移動は，大きく縮小する傾向にあったと考えられる。このような政策的な資金移動の縮小がそのまま「ホーム・バイアス」の強化をもたらしたということは，改革開放後の中国において市場メカニズムを通じた地域間の資金移動が一貫して極めて不十分な水準にあったことを示している[8]。

---

7) Boyreau-Debray=Wei（2005）。省間の資金移動に関するホーム・バイアスについての実証研究は他にも行われており，今井＝渡邊（2006）第5章にその主なものが紹介されている。
8) Hashiguchi=Hamori（2009）は，フェルドシュタイン＝ホリオカのモデルをベースに中国各省における投資率と貯蓄率について，1980年代，90年代，2000年代の3期間について，各年のクロスセクションの回帰式からなる方程式システムをSUR, GMMによって推計している。彼らによると地域の投資率と貯蓄率の相関（貯蓄の滞留率）は1980年代に低く，90年代に大きく上昇するが，2000年代にまた大きく低下する。これは，2000年代に入って地域間の市場を通じた資金移動が活発化したというより，財政を通じた内陸部への固定資本投資が盛んに行われるようになったからだと考えられる。

2）中国の市場分断性をめぐる議論

　ここで，金融市場を含めた中国の「地域間の市場分断性」の問題についても触れておこう。改革開放期以降の中国の地域間市場分断性に関しては，これまでも活発な議論が行われてきた。ここではそれらの議論を日置（2003）によるまとめに従って，以下のように類型化しておこう。

1. 「カイコ大戦」「石炭大戦」など[9]，実際に生じた市場封鎖の事例を扱うもの。
2. 中国の地域間の産業構造とその時間的変化を数量的に分析し，その結果を市場分断の議論と結びつけるもの。世界銀行などが行った，地域構造差係数を用いた研究がその代表的なものである（World Bank, 1994）。
3. 鉄道OD表や地域間産業連関表の移出入データなどを用いて直接国内の市場統合の水準を数量的に把握しようとするもの。

　いずれにせよ，1980年代に市場分断性が広く存在したことに関しては，論者の意見はほぼ一致する。しかし，1990年代以降の状況についての見解は専門家の間でも大きく分かれている。ノートン（Naughton, 2000）のように，1990年代に入って市場の統合化が進み，以前のような保護主義的な傾向は見られなくなったという見解が一般的であるものの，一方ではむしろ市場の分断化が90年代に入っていっそう進んだ，ということを実証研究に基づいて主張する論者も存在するからである。

　後者のような，1990年代以降も市場分断性は深刻化している，という議論の口火を切ったのがヤング（Young, 2000）の論文である。ヤングは，省の産業データあるいは農産物の価格指標のデータを詳細に検討した結果，

1. 地域間の産業集中度を示す指数が趨勢的に低下していること。
2. 農産物や工業原材料価格の変動が地域間で収斂する傾向を見せず，むしろ分散化していること。
3. 地域間の産業構造が，比較優位に基づいて変化していないこと[10]。
4. 天候面からは農産物の生産に適した地域でむしろ工業の生産が増加して

9）「カイコ大戦」「石炭大戦」はいずれも，1980年代に生じた地方政府による工業原材料の囲い込み合戦を表す言葉。加藤（2003）106-107ページ参照。

おり，比較優位に基づいた生産がなされていないと考えられること。

　などの点において，1990年代の中国では，1980年代に比べてむしろ市場の分断性が強まっている傾向が見られることを指摘した。ヤングは，これらの現象を，地方分権化により利益追求的になった地方政府が，比較優位の原則を無視し，第2次産業への傾斜的な投資を中心とした保護主義的な行動を推し進めた結果であるとして，これを市場化の「諸刃の剣（Razor Edge）」であると結論付けている。

　またポンセ（Poncet, 2003）は，1987・1992・1997年の地域間投入産出表のデータを用いて，中国の省内・国内省際・対外貿易の動向と，国と国，および省と省の境界の存在がどの程度貿易の障害となっているか（「境界効果」）を計測し，対外貿易面での境界効果が時間を追うごとに減少しているのに対し，国内省際間の境界効果はあとの時代ほど増加していることから，1980年代後半から90年代後半にかけて，中国の国内市場統合はむしろ後退した（市場分断化が深刻化した）という，ヤングと同じような結論に達している。

　しかしながら，ヤング説にはデータの解釈をめぐって批判も行われている。最も包括的な批判を行っているのがホルツ（Holz, 2006）であろう。ホルツは，ヤングが指摘した4つの現象について，それが，地方政府の「保護主義」の強化による「市場分断化」が生じていることの証拠とはならないことを詳細に論じている。

　たとえばヤングが「市場分断化」を示す2番目の論点として挙げている地域間の価格変動については，いくつかの「外れ値」をのぞくことによって結果が大きく変わること，また仮に1990年代に入っていくつかの財の価格において

10）ヤングは1978年と1997年における①1次産業／2次産業比率の自然対数，②1次産業／2次産業の1人当たり労働生産性比の自然対数，③1次産業／2次産業の労働力配分率，の省間分散および，④②と③の省間共分散，をそれぞれ計算して比較した結果，①は90年代に入って低下したのに対し，②，③はそれぞれ増加，④はプラスからマイナスに変化したという結果を得ている。すなわち，この時期には各地で2次産業化が進み，産業構造の類似化が進んだが，それは労働生産性及び労働力配分の格差縮小を伴わないものであり，比較優位原則に基づいたというよりも，各地方政府の保護主義的な投資行動によって生じたものだと結論付けている。

地域間の分散化が見られたとしても，価格統制の廃止という制度的な要因でかなりの部分が説明できること，などを指摘している。また，ヤングの3番目の論点である労働生産性の地域間格差が拡大したのは，政府の再分配政策により，労働力が不足している地域に重点的に固定資本投資が行われたことによるものであり，地域間の「市場分断化」により生じたとする根拠は存在しない，とホルツは主張している。

また地域間の特定産業への集中度を示すフーバー係数[11]を用いて各産業の地域集中度の趨勢を推計したパイ他（Bai et al., 2004）は，ヤングらの発見とは異なり，1990年代に入って多くの産業では地域への集中化が進んでいることを示した。また彼らによれば，利潤率が高い国有企業の比率が高い産業ほど，地域間の分散化が進んでおり，地方政府による保護主義の対象になっている。すなわち，産業・地域間における資源配分の非効率性は見られるものの，それはむしろ計画経済時代における国有企業保護の名残であり，市場改革や企業の民営化が進行するにつれ，そのような非効率な配分は縮小していくはずだ，というのが彼らの結論である。

このように，地域間の市場分断性について現在でも活発な議論が行われており，まだ結論を見ていない。しかしたとえ産業立地や，市場封鎖などの面では保護主義的な動きは縮小しているにしても，中国の金融市場が資源の効率的な配分という点で問題を抱えており，その結果として，資金の配分が地域的な偏りをもっていることは，すでに述べたホーム・バイアスの存在に鑑みても，否定できない事実だと考えられる[12]。

この点に関して，たとえばパーク＝サート（Park=Sehrt, 2001）は，1991年から97年までの国有銀行貸出／GDPで表される各省の「金融仲介度」の指数が，

---

11) J地域のi産業についてのフーバー係数 L_{ij} は，以下の式で定義される。

$L_{ij} = \dfrac{OUTPUT_{ij}/OUTPUT_i}{OUTPUT_j/OUTPUT}$ 分子はi産業の産出量に占めるj地域のシェアを，分母は総産出量に占めるj地域のシェアをそれぞれ表す。パイらは，特定の産業についてのフーバー係数の地域間のバラツキをジニ係数のアナロジーによって算出したものを「地域特化フーバー係数」として定義し，その産業間における平均値を中国全体における産業集中度の指標として用いている。

1人当たりGDPの水準に対して負の相関をもつことを示している。この結果は，1990年代においても国有銀行の融資が必ずしも経済的効率性に基づいて行われていないことを端的に示しているといえよう。後述するように，金融市場において大きな位置を占める国有銀行ローンがこのような状態におかれてきたことは，地域間の効率的な資金移動を大きく制限してきたと考えられるのである。

　次節では，地域間において消費の平準化がどのように行われているかという，いわゆるリスクシェアリングの観点から，この問題を検討してみよう。

3. 地域間リスクシェアリングについて

　一般に，地域間の経済格差の緩和を目的として行われる資金移転は，それが恒常的なものであれば，資金の受け手となる地域に「ソフトな予算制約」をもたらし，「効率性」の観点からは望ましくない影響を与えると考えられる。だが，地域間の資金移動には，必ずしも効率性を阻害しないと考えられるものも含まれている。その代表的なものがいわゆる地域間の「リスクシェアリング」を通じた資金移動である。地域間のリスクシェアリングは，家計の動学的な効用最適化を通じたリスクシェアリング＝消費平準化のメカニズムを，地域間・あるいは国際間の資金移動に応用する形で提起されてきた。

　たとえば，ある地域が一時的に所得ショックに見舞われたとき，地域間の資金移動が完全であれば，借り入れを行うなどして消費水準の落ち込みを防ぐことが，動学的に最適な資源配分をもたらす。このような消費水準の平準化が完

---

12) 金融市場の効率性の問題から生じる資源配分のゆがみの問題は，地域間だけではなく，部門間においても生じていると考えられる。たとえば袁（2002）は総生産関数で推定したTFPと，部門別の生産関数に基づいて推定した部門ごとのTFPの加重平均との差によって「資源分配効果（部門間の資源移動によって全体の生産性をどの程度引き上げることができるか）」を推定し，部門間における限界生産性の格差は大きく，資本の非効率な配分が見られるという結果を得ている。その理由として袁は，①中国政府による重工業重視政策（化学・金属など）が持続しているため，本来資本の限界生産性が低いこれらの部門への投資が過剰に行われていること，②商業銀行の金融仲介が十分に機能していないこと，の2つをあげている。

全に行われるならば，ある地域に生じる所得の変動はその地域の消費水準にまったく影響を与えないことになる。逆にいえば，消費の変動に所得の変動が影響を及ぼしているとすれば，何らかの原因によりそのようなリスクシェアリングが完全には行われていないということを意味する。

また国内のケースにおいては，以上のような資本市場における資金移動だけでなく，財政政策を通じてもそのような消費平準化効果が期待できる。たとえば，日本や米国などの地域間のデータを用いた分析を行った既存研究（Iwamoto=Wincoop, 2000；土居, 2000）でも，そのような財政を通じた地域間のリスクシェアリング効果の存在が指摘されている。

いずれにせよ，このようなリスクシェアリングをもたらすような資金移動は地域間の効率的な配分の点から見ても基本的に望ましく，地方政府のインセンティヴの問題とも両立可能であると考えられる。はたして，中国においてこのようなリスクシェアリング効果はどのように変化してきたのだろうか。

図4-1は改革開放以降における各省間の実質1人当たりGDPおよび消費の変動係数の推移を示したものである。これを見れば，一貫して後者が前者よりもかなり低い水準で推移しており，改革開放以降の中国においても，GDPに比べ消費のレベルでは，地域間で一定の格差の平準化が行われてきたことがわかる。ただし図4-1に示された「消費平準化」には前節で扱ったような，豊かな地域から貧しい地域への財政資金の移転，という恒常的な地域間再分配の効果によるものも含まれており，一時的な所得水準の変動を地域間で平準化するメカニズムがどの程度働いていたのかどうかは，これだけからはわからない。

一方，前述のボワロ・ドゥブレー＝ウェイは，1952年以降の年次データを用いて，被説明変数である各省の消費額の変化率を一期前の消費変化率および省内における利用可能な資金額（GDP－投資―政府支出，により定義）の変化率に回帰させることによって，省間のリスクシェアリング効果を明らかにする試みを行っている。省間の完全なリスクシェアリングが行われていれば，省内における利用可能な資金額（LRL）の変化は各省の消費水準の変化に対し影響を及ぼさないはずだからである。

その結果，表4-2が示すように，1980年代におけるLRLの係数は計画経済

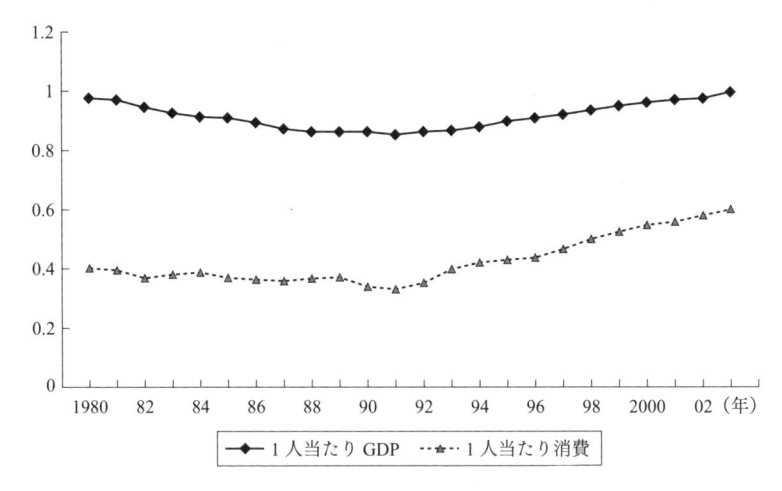

図 4-1　1 人当たり GDP と消費の省間格差
出所) 加藤・陳 (2002), 国家統計局国民経済総合統計司編 (2005)。
注) データは経済センサスによる改定前の数値 (旧 SNA に基づく値) を用いている。

期に比べて大きく低下しているものの,1990 年代になると再び上昇しており,LRL の変化が各省の消費水準の変化に与える影響が強まっていることを示している。これは,省間のリスクシェアリング効果は 90 年代以降むしろ弱まっていることを示唆する結果となっている。

ボワロ・ドゥブレー＝ウェイの研究は,計画経済期を含めた長期にわたるリスクシェアリングの効果を分析した点に最大の貢献があるが,地域間の資金移動の内訳について分類を行っていないので,異なる時期において,どのチャネルを通じた資金移転が地域間の消費平準化にとって重要な役割を果たしたかどうかは明らかにされていない。

そこで以下では,このような地域間のリスクシェアリング効果を,政府の財政政策を通じたもの,貯蓄を通じたものなどに分解するため,以下のようなアスドルバリ他 (Asdrubali=Sørensen=Yosha, 1996) で用いられているモデルをもとにした分析を行うことにする[13]。

まず各地域の 1 人当たり GDP について,以下の恒等式が成り立つ。

表 4-2 中国における省間リスクシェアリング効果の変遷

期　間	1952-77	1978-2001	1978-89	1990-2001
dln (Cit)	0.722**	0.867**	0.878**	0.672*
	(0.070)	(0.051)	(0.051)	(0.219)
dln (LRLit)	0.277**	0.033**	0.056**	0.140*
	(0.055)	(0.0186)	(0.012)	(0.019)
$\overline{R}^2$	0.92	0.29	0.49	0.12
サンプルサイズ	597	665	330	335

出所）Boyreau-Debray=Wei（2005），Table 6.
注1）従属変数は dln (Cit)（省 i における実質 1 人当たり消費変化率）。また Cit は i 以外の省における実質 1 人当たり消費，LRLit は省 i における利用可能な資金額（GDP －投資－政府支出）をそれぞれ表す。
　2）カッコ内は標準偏差。$\overline{R}^2$ は自由度修正済み決定係数。** は 1％水準で，* は 5％水準で係数が 0 であるという帰無仮説が有意に棄却されることを示す。

$$GDP \equiv \frac{GDP_i}{BPI_i} \frac{BPI_i}{API_i} \frac{API_i}{C_i} C_i \tag{1}$$

ただし，

BPI：1 人当たり課税前域内住民所得

API：1 人当たり課税後域内住民所得

C：1 人当たり消費

である。これらの変数の間には以下の関係が成り立っている。

BPI＝GNP（＝ GDP －域外からの要素所得移転）－固定資本減耗

API＝BPI －地域間財政移転等

13）土居（2000）では，域外からの雇用所得および営業余剰の移転の効果を考慮し，次のような恒等式をもとにしてモデルの特定を行っている。

$$GDP \equiv \frac{GDP_i}{(GNP-NCI)_i} \frac{(GNP-NCI)_i}{GNP_i} \frac{GNP_i}{BPI_i} \frac{BPI_i}{API_i} \frac{API_i}{C_i} C_i$$

ただし，NCI とは域外からの営業余剰の純受取を指す。本章においては，域外からの雇用所得および営業余剰の移転など，GNP 概念に基づいた各省の統計数字が得られないため，上記のような恒等式は用いない。すなわち，域内 GDP ＝域内 GNP と仮定している。このような仮定は，地域間の資本および労働力の地域間移動あるいは海外からの資本流入が限定的なものであった改革開放初期においてはそれほど非現実的なものではないと考えられるが，1990 年代以降外資系企業の中国進出が本格化し，国内でも地域を越えた生産要素の移動が活発化するようになると，無視できないものになる可能性がある。

C＝API－純貯蓄

　(1)式について対数・階差をとり，さらにその分散を求める（両辺から平均を引いて期待値を求める）と，

$$\begin{aligned}VAR[\Delta\ln GDP] &\equiv [\Delta\ln GDP,\ \Delta\ln GDP-\Delta\ln BPI]\\ &+\mathrm{cov}[\Delta\ln GDP,\ \Delta\ln BPI-\Delta\ln API]\\ &+\mathrm{cov}[\Delta\ln GDP,\ \Delta\ln API-\Delta\ln C]\\ &+\mathrm{cov}[\Delta\ln GDP,\ \Delta\ln C]\end{aligned} \quad (2)$$

となる。この両辺を $VAR[\Delta\ln GDP]$ で除すれば，

$$1 \equiv \beta_D + \beta_T + \beta_S + \beta_U \quad (3)$$

となる。ただし，$\beta_x\ (x=D,\ T,\ S,\ U)$ は次のような回帰式の説明変数の係数である。

$$\begin{aligned}\Delta\ln GDP_{i,t}-\Delta\ln BPI_{i,t} &= \nu_{D,t}+\alpha_{D,t}+\beta_D\Delta\ln GDP_{i,t}+\varepsilon_{D,t}\\ \Delta\ln BPI_{i,t}-\Delta\ln API_{i,t} &= \nu_{T,t}+\alpha_{T,t}+\beta_T\Delta\ln GDP_{i,t}+\varepsilon_{T,t}\\ \Delta\ln API_{i,t}-\Delta\ln C_{i,t} &= \nu_{S,t}+\alpha_{S,t}+\beta_S\Delta\ln GDP_{i,t}+\varepsilon_{S,t}\\ \Delta\ln C_{i,t} &= \nu_{U,t}+\alpha_{U,t}+\beta_U\Delta\ln GDP_{i,t}+\varepsilon_{U,t}\end{aligned} \quad (4)$$

ただし，$\nu_{x,t}\ (x=D,\ T,\ S,\ U)$ は年度ダミー，$\alpha_{x,t}$ は地域ダミーである。

　これらの回帰式を最小二乗法で推定した結果，たとえば $\beta_U=0$ となれば，各地域の消費の実質変化率は自地域の所得の実質変化率と無相関であるということになり，地域間で消費の平準化が完全に行われていることを意味すると考えられる。このことから，β_U の値は地域間における消費水準の「非平準化」の度合いを表すといえる。以下同様にして，β_D は固定資本減耗を通じた消費水準の平準化[14]，さらに β_T は地域間の財政移転を通じた平準化，β_S は貯蓄を通じた平準化の度合いを示すものとする[15]。また，(3)式より各係数の合計は1になるので，$\beta_D,\ \beta_T,\ \beta_S$ の各係数の値はそれぞれの消費平準化効果の全体に対

する寄与度を示しているはずである。次節では，この方程式群で表されたモデルを実際の中国の各省のデータを用いて実証分析を行う。

4. 分析結果とインプリケーション

前節で導出した同時方程式体系（4）を，1980年から2003年までの省ごとのパネルデータを用いて推定する。

ただし，財政制度などの改革の効果を明らかにするため，実際の推定は1980-2003年，1980-93年，1994-2003年の3つの期間について行う。1993年の前後で期間を区切るのは，いうまでもなくこの時期に導入された分税制の導入をはじめとした一連の財政金融改革の効果を見るためである。また，2004年に行われた第1次経済センサスにより，各省のGDPおよびその分配面における指標も大幅な改定が行われたが（第8章参照），ここでは比較的長い時間にわたって連続性のある分析を行うため，経済センサスによる改定前のデータ系列のみを分析対象とすることにした。

GDP，BPI，APIの各変数については各年の名目・実質GDPの値から各年のGDPデフレータを計算し，1980年基準での実質化を行っている。ただし，

BPI＝GDP－固定資本減耗

API＝GDP－固定資本減耗－純間接税＋中央から各省へのネット補助金

である。ただし消費については小売物価指数を用いて実質化を行っている。固定資本減耗，純間接税（生産税）の値については，国家統計局国民経済核算司編（1996）『中国国内生産総値核算歴史資料 1952-1995』および同（2003）『中国国内生産総値核算歴史資料 1996-2002』などに記載されている数値を用いて

---

14) より厳密には，固定資本減耗，域外からの労働所得の移転，営業余剰などの資本所得移転，という3つのチャネルによる平準化効果を合計したものということになる。

15) たとえば，地域間の財政移転により一時的なGDPの変化が平準化されていた場合，(4)の第2式の左辺 $\Delta \ln BPI - \Delta \ln API$ は，GDPの変化率と同調して動くはずである。このとき，$\Delta \ln GDP$ の係数である β_T は正で有意な値をとる。また，財政移転による平準化の効果が完全に近づくほど，β_T はより1に近い値をとるはずである。

いる。その他のデータについては1998年までは加藤・陳（2002）の数値を用い，それ以降については国家統計局国民経済総合統計司編（2005）『新中国五十五年統計資料彙編』の数値を用いている[16]。

また，中央から各省へのネットの補助金（資金移転）については，直接のデータが得られないため，各省の財政収支差額（財政収入－財政支出）をその代理変数とする。中国の地方財政においては地方債の自由な発行が認められていないため，各省の財政収支は基本的に上級政府からのネットの補助金受け取りにほぼ等しくなると考えられるからである[17]。

推計に当たっては，パネルデータに年度ダミーを加えた上で，4本の方程式を見かけ上無相関の回帰（SUR）による同時方程式システムとして推定した。ただし，推定結果が頑強なものであるかテストするために，4本の方程式について個別にパネル分析（固定効果モデル）による推定も行っている。表4-3を見れば明らかなように，両者の推定結果に大きな違いはない。

またモデルにおいて年度ダミーを加えるのは，全省の経済指標に影響するような年度ごとのマクロ的なショックを取り除き，あくまでも地域間における消費平準化効果を明らかにするためである[18]。推定結果は表4-3の通りである。ただし，各ダミー変数の係数の推定結果は省略されている。

表4-3においては1980年から2003年までを通じての推定結果も記しているが，より重要であるのは期間を区切った結果の方だと思われる。それでは以下，推定結果から得られるインプリケーションについて，それぞれの推定期間ごとに見ていくことにしよう。

---

16) 特に，各省の人口については，統計資料によって少しずつ数字が異なっており（戸籍人口を用いるか，常住人口を用いるかなどの違いがあるため），それが1人当たりGDPなどの値に影響するため，注意が必要である。詳しくはHoshino（2011）参照。
17) 財政請負制が実施されていた時期には，一部の比較的豊かな省において財政収入が支出を上回っている場合もあるが，実際はその黒字分はあらかじめ「財政上納金」として中央財政に支払われている。すなわちこの場合でも，財政収支の差額は中央からの「マイナスの補助金（上納金）」にほぼ等しくなると考えられる。
18) Asdrubali=Sørensen=Yosha（1996），土居（2000）などの先行研究においてもやはり，年度ダミーのみを用いてSURによる推定を行っている。

表 4-3　地域間消費平準化の構造

推定期間	1980-2003	1980-93	1994-2003	推定方法
資本減耗 (β_D)	0.030 (0.59)	−0.008 (−0.18)	0.284 (1.55)	Fixed Effect
財政移転 (β_T)	0.153** (2.24)	0.097 (1.63)	0.293 (1.18)	
貯蓄 (β_S)	0.366** (3.17)	0.500** (5.14)	−0.279 (−0.66)	
非平準化 (β_U)	0.451** (7.72)	0.410** (6.13)	0.703** (4.46)	
資本減耗 (β_D)	0.033 (0.39)	0.005 (0.11)	0.158 (1.26)	SUR
財政移転 (β_T)	0.137 (1.29)	0.108* (1.92)	0.264 (1.57)	
貯蓄 (β_S)	0.318* (1.79)	0.457** (5.25)	−0.302 (−1.04)	
非平準化 (β_U)	0.513** (8.93)	0.430** (7.41)	0.879** (7.53)	
サンプルサイズ	672	392	280	

注) カッコの中は t 検定量。** は 1％水準で，* は 5％水準で係数が 0 であるという帰無仮説が有意に棄却されることを示す。

1) 1980-93 年

　最初に，改革開放初期から分税制の導入までの 1980-93 年における推定結果を見てみよう。まず，非平準化の係数 β_U の値から，1 人当たり GDP の変動のうち，6 割近くが消費段階で平準化されていることがわかる。すなわち，前掲図 4-1 に見られるように省間の消費水準のバラツキが比較的小さくなっている背景には，恒常的な所得分配の効果だけではなく一時的なショックの平準化のメカニズムが働いていることが明らかになったといってよい。

　次に，消費平準化に寄与している個別の効果について見ると，最も大きくかつ有意なのは貯蓄の変動を通じたものであり，財政資金の移転を通じたものはSUR による推定では有意だが，固定効果モデルによるパネル分析では有意となっていない。このように貯蓄による消費平準化の効果が大きいということは，地域住民が域内における一時的な所得の上昇に対して貯蓄の増加によって対応する，という，いわゆる「恒常所得仮説」が中国においても当てはまることを

示しているように見える。しかしこの時期における中国の金融システムをめぐる状況を考えると，この解釈は説得力をもたない。

というのも，1990年代前半までは，各省の貯蓄が預金準備金という形で中国人民銀行に吸収され，信用割り当てによって主に内陸部の省に供給されるという，金融を通じた地域間の資金再分配のメカニズムが働いており，そのことが貯蓄を通じた地域間の消費平準化に影響していたと考えられるからである。すなわち，経済発展のための初期条件において沿海部に大きな遅れをとっている内陸部の省では，毎年のGDP成長率も概して沿海部よりも低い水準にとどまっていたと考えられるが，そのような場合でも中央銀行からの信用割り当てを多く受けることである程度の消費の水準を維持していた，という解釈の方がより実態に近いと考えられる。そのことは，1994-2003年の推定結果によってよりはっきりする。

2）1994-2003年

1994-2003年，すなわち分税制の導入以降における推定結果は，1980-93年の推定結果とは大きく異なっている。表4-3を見れば明らかなように，この期間では β_T，β_S がいずれの推定式でも有意ではなくなっており，財政・貯蓄を通じた消費平準化効果が見られなくなったことを示している。また同時に，非平準化を示す係数 β_U の値が大きく上昇している。表4-3の結果からは，消費の変動の70-90％は所得の変動に連動しており，平準化のメカニズムがほとんど働いていなかったということが示唆されるのである。

このような地域間の消費平準化メカニズムの変化は，各省間における消費の変動係数の推移を表した前掲図4-1からも窺うことができる。同図からは，改革開放以降，ほぼ変動なく推移していた変動係数の値が，1994年以降においては急速に上昇しており，この時期の各省間の消費水準の格差が拡大したことがわかる。

この時期に財政・貯蓄を通じた消費平準化効果が大きく低下した原因としては，どのようなものが考えられるだろうか。まず財政面に関しては，分税制の導入によって中央-地方間の財源区分が明確化されることで，かえって中央財

政収入の所得に対する弾力性が低下した可能性があること，またこの時期にいわゆる「予算外資金」が予算内の財政資金に組み込まれていったことにより，前者がもつ不平等を再生産するような構造がむしろ予算内の財政に吸収されたこと，などがあげられる。1980年代において，地方政府は中央への上納対象となる財源を圧縮しようとする一方，各種の「予算外資金」を大量に留保し，自主財源として地域振興のために使用してきた。このため，各省の実際の財政力には予算内資金のデータには現れない不平等が存在していたものと思われる。1990年代の改革ではそのような予算外資金の多くの部分が予算内資金に繰り込まれたが，その過程で予算外資金が抱えていた地域間の不平等性も「内部化」されてしまった可能性がある。

また貯蓄面に関しては，マクロコントロールの強化を目指した金融改革と，インフレ抑制を目的とした引き締め政策があいまって，特に中央銀行から地方への政策的な融資が厳しく抑制されたことを指摘しておきたい。その結果，前項で述べたような経済パフォーマンスの劣る地域への，中央銀行の信用割り当てを通じた消費平準化効果が低下したと考えられるからである。

以上のことは，各省の「ISギャップ（各省の貯蓄−投資の域内GDP比）」の推移を示した図4-2からも確認できる。図からは1980年代から1990年代中盤にかけて一貫して西部地域のISギャップが大きくマイナスとなっており，域内の貯蓄を上回る投資が他地域，特に東部地域からの資金流入により行われていたことが窺える。この地域における投資効率は決して高くないこと，インターバンク市場が発達していないことを考えれば，その資金流入の主なチャネルになっていたのは，第2章で詳しく論じたような中央銀行を通じた信用割り当てであった可能性が高い。しかし，1980年代後半から90年代にかけて，地域間のISギャップの格差は次第に縮小しているのが目立つ。特に1990年代半ばの数年間，西部地域におけるISギャップが大きく縮小している。これは，同時期に行われた金融制度の改革により，中央銀行を通じた内陸部に対する信用の供給が大きく縮小したことが直接の原因だと考えられる。この時期においては，慢性的な貯蓄不足に悩む西部地域が必要な投資を行うために政策的な資金流入に頼ることができず，結果として域内の消費が抑制されるという状況が広く見

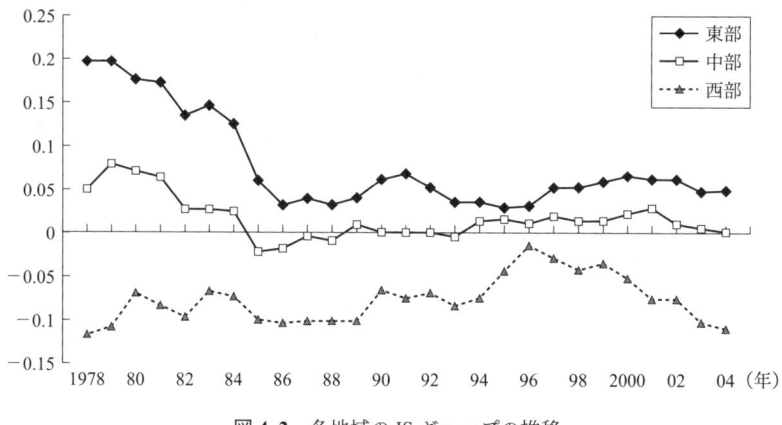

図 4-2　各地域の IS ギャップの推移

出所）国家統計局国民経済総合統計司編（2005）。
注1）データは経済センサスによる改定前の数値（旧 SNA に基づく値）を用いている。
　2）チベットのデータは除外している。

られたものと推測される。一方，2000 年以降に西部の IS ギャップが再び拡大するのは，西部大開発の始動によって，インフラ投資がこの地域に集中することになったことを示している。

以上のような本節の考察は，中国の地域間の利害調整の問題を，一般的に行われているように「効率性と公正のトレードオフ」という枠組みでとらえることの妥当性に疑問を投げかけるものである，といえよう。従来，1990 年代に行われた財政・金融改革は，それまで地方政府の「インセンティヴ」を重視するあまり失われてしまった中央の再分配機能を強化する，すなわち「効率性」重視から「公正」重視へと政策の重心を移すものである，と理解されてきた。しかし実際には，改革の実施によって地域間の資金移動が縮小した結果，地域間のリスクシェアリング機能が失われ，むしろ地域間の経済格差は拡大したと考えられるからである。このような事態が生じたのは，金融市場の地域間統合の不十分さなどにその根本的な原因があると考えられる。

小括──90年代財政改革の問題点

　前節までの分析が示すとおり，1994年の分税制の導入後には，省間の恒常的な再分配効果が大きく低下したばかりではなく，それまでは存在していた地域における所得の変動に対する消費平準化効果までもが失われることになった。この結果，1990年代後半の数年間においては，経済発展の遅れた内陸部の省は，財政・金融ともに中央からの資金再配分が大幅に削減され，必要な投資資金を捻出するために消費を抑制しなければならない，という極めて厳しい状況におかれていた，といえよう。この時期における，深刻な社会問題として注目を浴びた下層の地方政府による農民に対する過酷な税・費用負担の取り立て，すなわち「農民負担問題」の発生も，このような内陸部がおかれた厳しいマクロ経済環境と大いに関係があるものと思われる[19]。

　このような状況がもたらされた直接の原因は，それまで財政システムを補完する形で地域間の再分配機能を担っていた，内陸部に対する政策的な資金供給が，1990年代後半以降急速に縮小していったことにあると思われる。ただし，政策的な信用の割り当てが地域間の再分配の手段として用いられることは，一般に非効率的な投資を誘発しインフレ圧力をもたらすと考えられるので，財政システムが本来の再分配機能を果たしていれば，このような改革自体は望ましいものといえるかもしれない。しかし実際には，前章でも触れたように財政システムは必ずしもそのような役割を果たしてこなかった。以下では，1990年代後半以降における財政を通じた再分配のメカニズムが抱えているより具体的な問題について，地方財政の税源の面から簡単に検討を加えておきたい。

　地方政府の主な税収の全体に占める比率を示した図4-3によれば，1990年代において地方財政の税収のうち最も大きなウェートを占めていたのは増値税（付加価値税）と営業税[20]の2つの税であるが，増値税は分税制導入以降その75％が中央に配分されることになったこともあり，その比率は低下傾向にある。

---

19) いわゆる農民負担問題と税費改革に関しては，趙（2004），李（2004）など参照。

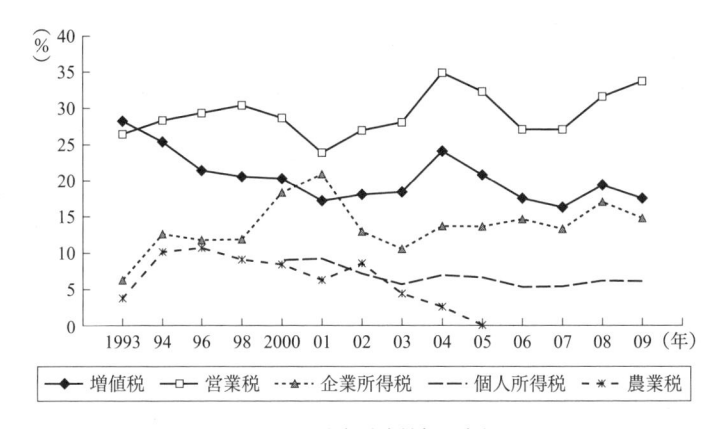

図4-3 地方財政税収の内訳
出所）楼継偉主編（2000），中国国家統計局編『中国統計年鑑』各年版。

代わって近年には企業所得税が次第にその比重を増加させている。

しかし，工業の発展状況を反映して地域的に強い偏在性をもつ企業所得税のウェートが拡大することは，当然地域間の財政収入格差の拡大を意味する。また，所得弾力性が高い企業および個人所得税が分税制のスタート段階で地方の固定収入に配分されたことは，分税制導入以降に財政を通じた消費平準化効果が失われてしまったことと大きく関係しているであろう。

この点に関しては，2002年にそれまで地方の固定収入であった中央管轄の一部の企業を除く一般企業の所得税，および個人所得税の50％が中央の取り分になり，さらに2003年にはその比率が60％に修正されるなど，所得弾力性の高い税収が中央税へと配分される方向で改革が行われた（所得税の分賦改革）。ただし，このような企業所得税の分賦改革にあたって，「所得税返還」というべき制度が設けられたこともあり[21]，現段

---

20) 営業税は，増値税の対象とはなっていないサービス部門の企業に対して課せられるものであり，売り上げ収入に対して5％の課税を行うものである。
21) これは改革によって中央収入分となった企業所得税について2001年の収入を基数とし，そこからの増加分の一定割合を，所得税収入が減少した地方に還付していくというもので，税収返還と同じく豊かな地域の既得権の保護という意味合いが強い。

階ではその効果は限定的なものにとどまっている。また，田島（2005）によれば，2002 年以降，企業所得税の徴収方法がそれまでの分級管理的な徴収から行政区画割による徴収へと変化した。これは明らかにより多くの企業が立地している地方には有利であり，そうではない県には相対的に不利となる改革である。さらに 2001 年以降，省間・省内における 1 人当たり財政収入の格差が急激に拡大していることが観測されている（梶谷, 2005a）が，このような企業所得税の徴収方法の変化と深い関係があるものと思われる。

　もちろん，財政による地域間の再分配効果を検討するには，制度としての補助金の問題に触れないわけにはいかない。周知の通り，中央から地方への補助金（移転支出）には，税収返還，特定（専項）補助金，さらに「過渡期移転支出」など，近年急速に導入が進んだ，さまざまな種類の移転支出がある。このような補助金の分配がどのようなメカニズムに基づいて行われたのかという点については，次章で詳しく検討したい。

第5章　政府間財政移転政策と再分配効果[1]
——内陸部への財政補助金とその決定要因

　本章では，1990年代後半以降の西部地域を中心とした内陸部の県レベルのデータを用いた実証分析によって，政府の内陸開発重視政策への転換に伴う補助金の流れと財政的再分配のメカニズムの動向を明らかにし，さらには，政府の少数民族政策が財政補助金の配分にどのような影響を与えているかについても検証を行う。

　これまで，データ入手の制約などから地域間の財政資金を扱った研究は省間の財政再分配を扱ったものがほとんどであり，県レベルを対象とした研究は数えるほどしか行われていなかった。また，一口に政府による財政的な再分配政策といっても，実際には中央政府によるそれと省政府以下の地方政府によるそれとが並行して行われており，全体的な再分配政策の効果を評価するにはそれぞれの政府が行う再分配の関係や整合性に注目する必要がある。また，省レベルでは中央からの財政補助金に関する項目別の詳しい内訳が明らかにされておらず，補助金を通じた地域間の分配効果の変化を見るためには，地区レベル以下のデータを用いた分析を行う必要があることについても指摘しておきたい[2]。

1）本章の元になったのは星野真氏との共著論文（梶谷・星野，2009）である。同論文の本書への収録を快諾された星野氏には，この場を借りて謝意を表したい。
2）中国の行政区画は，中央―省レベル―地区レベル―県レベル―郷鎮レベルの5つの階層に分かれている。

1. 財政改革後の政府間財政移転政策

　これまでの章でも触れてきたように，地域間の財政資金再分配の強化にむけた本格的な動きが見られるのは1990年代末以降のことである。1995年には，地域の経済発展状況などの客観的な条件をもとに各地の財政力調整を行うことを目的に「過渡期移転支払い制度」が導入された。2002年には，それまでの分税制のもとで地方税に分類されていた企業・個人の所得税が中央・地方の共通税とされ，2002年には所得税の50％が，2003年以降は60％が中央へと移管されることになった。同時に，それまでの「過渡期移転支払い制度」を発展的に解消し，地域の発展水準や，自然条件・民族居住状況などの社会・経済的条件に基づいて，より客観的に地域間の財政力の調整を行うことを目的とした，「財力性移転支払い制度」が整備され，内陸部，特に経済発展が遅れ少数民族が集中して居住する西部地域への補助金給付額を大きく増やしていった（図5-1）。このような内陸部への財政移転資金の多くは，2000年からの第10期五カ年計画のメインプロジェクトである「西部大開発」に代表される，西部地域への政府資金によるインフラ建設資金の財源に当てられた。

　しかし，このような政府による内陸部重視の再分配政策が推進される一方で，中央政府による地方への補助金額の算定基準には相変わらず不透明な点が多いことが指摘されている（張・陳，2006）。また，政府間の財政資金移転の規模が拡大している中で，経済発展の速度を反映して財源の地域間偏重はむしろ進んでいると考えられる。また，第6章で扱うような，地方政府による土地使用権の売却を通じた自主財源など，いわゆる「予算外資金」「制度外資金」の規模の拡大の効果を考えると，補助金等の格差緩和効果はなおさら限られたものであった可能性が高い。これらの収入は海外企業などの投資機会が豊富な沿海部の政府に集中する傾向があったと考えられるからである。

　以上は省間の格差に関する議論であったが，省以下における政府間財政移転効果をめぐる状況はいっそう複雑である。次節ではその問題を扱った既存研究の整理をしておきたい。

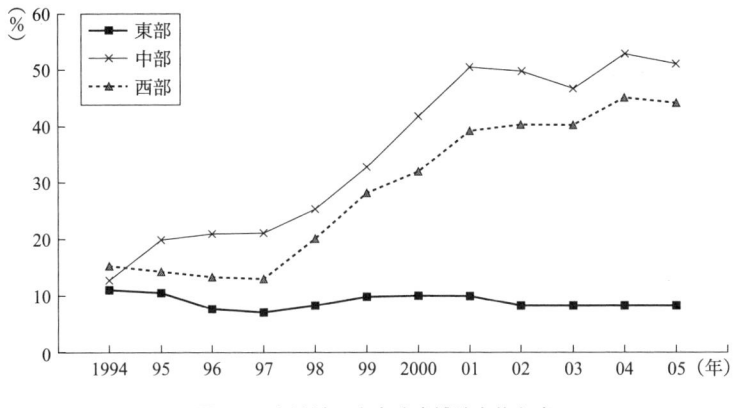

図 5-1 各地域の中央政府補助金依存度

出所）李主編（2006）40 ページ。
注）中央政府依存度は，中央政府から各地域への財政補助金の各地域の財政支出に占める比率を表す。

2. 政府間財政資金移転に関する既存研究

県レベルのデータを用いた地域間格差の分析としては，1982 年の全県のデータを用いて省間・省内の格差に分解し，後者の要因の寄与度が大きいことを指摘したツイ（Tsui, 1993）をはじめいくつかの先行研究があるが，ここでは特に財政的な資金移転と地域間格差との関係を述べた最近の研究を整理しておきたい。

まず先駆的な研究としてツイ（Tsui, 2005）があげられる。ツイは，1994 年から 2000 年までの全国における財政収入（補助金を含む）の県間格差について，それを各種の税収や政府間財政移転などの各要素に分解し，この時期における各種の補助金による地域間の財政力格差の是正効果が極めて限定的であることを指摘している。

補助金が県間の財政力格差の是正に役立っていない，という結論は興味深いが，だとしたらどのようなロジックに基づいて分配が行われたのかという点を明らかにする必要がある。少なくとも各県の所得水準と補助金との関係につい

ては確認しておくべきだと思われる。また，2001年以降，政府間の財政資金移転はその項目も増え，全体的な規模も拡大しているので，そのような政策変化の影響を見るためには2001年以降のデータを用いた検討が必要である。

またユーとツイ（Yu=Tsui, 2005）では，2000年の各県のクロスセクションのデータを用い，財政力（具体的には財政支出）を被説明変数として1人当たりGDPなどの変数に回帰させることで，それらの要因が県間の財政力格差を説明する寄与度を求めている。その結果，寄与度が高いのは1人当たりGDP水準および市区部と農村部（県）との格差であり，全体の格差のうち33.2％，26.9％がそれぞれの要因によって説明される。一方，国家指定の貧困県，および民族自治地方かどうかといった点は，格差の説明にほとんど寄与していないことが示された。

一方チャン（Zhang, 2006）は，地域間の税負担の不公平性が経済発展に与える影響を指摘している。そこで仮定されているのは以下のようなロジックである。中国の行政システムでは，たとえ貧しい地域（県）であっても人口当たりの役人の数などは変わらないため，工業部門などの税負担率は，貧しい地域ほど高くなる。このため貧しい地域ほど投資率が低くなり，経済成長の制約となるため，ますます格差が広がってしまう。

チャンは，以上のような仮説を，1993年と2000年の県レベルのデータを用いた成長回帰分析によって実証している。まず，1993年から2000年までにおける各県の平均GDP成長率を1993年の初期段階のGDPおよび各制度変数などの説明変数に回帰させ，条件付収束（β収束）が成立することを示した。その上で，1993年における貧困県ダミーおよび財政負担率（住民1人当たりの公務員数）が負で有意であることから，初期段階で貧困状態にあり，財政的な負担が重い県ほど成長率が低かったことが明らかにされた。

この他，個別の事例研究としては孫一萱（孫，2001）による天津市における省級－県級間の財政資金配分の事例，および田島俊雄（田島，2002；田島，2005）や高屋和子（高屋，2004）による県級－郷級間の事例など現地での聞き取り調査に基づく先行研究があり，いずれも省以下の政府間の財政収入配分において，明確な規定に基づいた財源の分配とは異なる，旧来の請負制に近い制

度が存続したことを指摘している。

　一方，西部地区特有の問題である民族間の経済格差についてはグスタフソンとリー（Gustafsson=Li, 2003）が先駆的な研究を行っている。彼らは，全国19の省（ただし，民族自治区はひとつも含まれていない）において，1988年と1995年に実施された農戸サンプル調査に基づき，漢族世帯と少数民族世帯のそれぞれについて1人当たりの所得関数を推計し，両者の間に有意な差があるかどうかを検証している。その結果によれば，サンプル全体で見れば所得格差は漢族優位のもとで拡大しているものの，調査対象地の貴州省・雲南省について見れば，省内の格差はむしろ少数民族世帯の平均所得が漢族世帯のそれを上回っているということが示された。また，民族間の所得ギャップの要因分析をしたところ，省の平均1人当たりGDPの水準が最も説明力が強いという結果が得られた。この結果は，漢族世帯と少数民族世帯の間に所得の格差は存在するものの，その大部分は地域の経済発展水準によって生じているものだということを示唆している[3]。

　このような農村世帯調査のデータを用いた研究は，諸民族が複数の行政区域にまたがって居住しているのが一般的である中国の状況を考えると，民族間の経済格差の実態を正確に把握する上で貴重なものである。しかしながら，すべての民族自治区や青海省など多くの民族自治地方の世帯がデータに含まれていないことに加え，都市世帯を調査対象としていないという問題がある。

　民族間の経済格差の問題について，より包括的な分析をするにはどうしても集計されたデータに頼らざるを得ないが，省レベルでは特定の民族が多く居住する地域が複雑に混在しており，分析単位としては大きすぎる。一方，県レベ

---

3) このほかバーラ＝チウ（Bhalla=Qiu, 2006）は，上述のグスタフソン＝リーと同じ世帯データを用いて，貧困・教育・医療衛生などさまざまな観点から漢族と少数民族の格差について分析している。彼らは，少数民族は民族自治区・自治州および貧困県といった財政援助が集中する地域以外にも多く住んでいること，さらに貧困地域の中でも山岳地帯など交通条件が極端に劣悪な地域に住んでおり，マイクロクレジットや「以工代賑」などの貧困緩和プログラムの恩恵を受けられないケースがあることなどから，少数民族＝貧困緩和政策の主要な受益者，という図式が必ずしも成り立つわけではないことを指摘している。

ルでの分析を行ったものとしては上述のユーとツイの研究があるが，この研究は，民族自治地方か否かのダミー変数を用いていること，また補助金ではなく財政支出を被説明変数にしていること，などの点で，実際に少数民族が集中的に居住しているかどうかが補助金給付など財政的な優遇措置の条件になっているか検証するには不十分である。というのも，財政支出を被説明変数にした場合，民族自治地方（あるいは貧困県）のダミー変数を説明変数に加えても，①民族自治地方はもともと貧しいので財源に乏しい，したがって財政支出の額が制限される，②民族自治地方は財政的に優遇されているのでたくさん補助金をもらえ，したがって財政支出が増える，という2つの効果が打ち消しあうと考えられるからである。

　以上のような点を踏まえて，次節では，被説明変数として県への補助金を扱い，また説明変数には少数民族比率と省ダミーなどを組み合わせて分析を行う。

3. 財政補助金の決定要因についての実証研究

　本節では，西部地域[4]および内モンゴル，広西の民族自治区を加えた，「西部大開発」の実施地域を対象にして，県レベルの行政単位に交付される補助金がどのような要因により決定されているか，クロスセクションの回帰分析を用いて分析する。上述のような地域を分析対象とするのは，後述するような中央政府からの財政補助金はそのほとんどが中西部に集中しており，特に「財力性移転支払い」については，ほぼ半分が西部地域に対して移転が行われていること[5]，「西部大開発」に代表されるような近年の国家プロジェクトの重点配分が行われていること，また少数民族が集中して居住していること，などの理由からである。

---

4) 西部地域に含まれる省級行政区は，重慶，四川，貴州，雲南，チベット，陝西，甘粛，青海，寧夏，新疆である。
5) たとえば2005年の特定（専項）補助金と財力性移転支払いを合わせた額の92％が中西部に対して移転されており，「財力性移転支払い補助」については，総額の48％が西部地域に対して移転されている（李主編，2006，94ページ）。

中国ではこれまで基本的に地方債の発行が認められてこなかったため[6]，各地方政府の財政資金の不足分は基本的に上級政府からの補助金で埋められるしかなく，特に赤字財政が常態と化している地域にとっては補助金への依存度は高いといえる。そのような中央政府から地方政府に移転される財政資金の流れは，以下の4種類に大別できる。

税収返還
特定（専項）補助金
財力性移転支払い
その他[7]

このうち，税収返還は1993年度の各省の増値税・消費税収を基準額として，それに毎年の税増収分を加味した金額と，実際の各省の両税の留保分との差額を中央財政から還付するものである。これは分税制実施にあたって財政力の豊かな地域の既得権を守るためのもので，2002年からはこれに企業・個人所得税の還付も加わった。中央政府の財政移転支払いに占める比率は年々低下してはいるが依然として高い。また，特定補助金は基本建設や社会保障など支出の目的を特定して給付されるもので，日本の財政では国庫支出金にあたるものであるが，どのような基準により決定されているのかは必ずしも明らかにされていない[8]。

また「財力性移転支払い」は，地域間の財政力の不均衡を是正するために1990年代後半より導入された「過渡期移転支払い」の制度を発展させて2002

6）ただし，2008年の世界金融危機を受けた4兆元の財政出動をきっかけにして，それまで厳しく制限されていた地方債の発行が大々的に認められることになった。終章参照。
7）この他，中央政府から地方政府への財政移転支払いのうち，早くから制度化されたものとしては，「原体制定額補助金」がある。これは財政請負体制のときに制度化された定額の補助金だが，90年代以降廃止された地域も多く，補助金全体に占める比率は低下を続けているため，ここでは「その他」に含めた。
8）土居（2000）第3章は，日本の国庫補助金に関して各県の国庫支出金の全国に占めるシェアを被説明変数に，政権党国会議員の選出シェアなどを説明変数に加え，国会議員の選出状況といった政治的要因が地域の国庫支出金の支出状況に影響を与えていることを明らかにしている。

年より導入されたもので，日本でいえば地方交付税にあたるものといえる。主な項目としては次のようなものがある[9]。

　一般性移転支払い
　給与調整移転支払い
　民族地区移転支払い
　農村税費改革移転支払い
　県郷財政困難緩和移転支払い[10]

　これらの「財力性移転支払い」は近年の中央政府の内陸発展重視の政策の影響を受けて急速に拡大している。たとえばこのうちの「一般性移転支払い」については 2000 年には 85 億元ほどであったのが，2003 年には 380 億元，2005 年には 1,120 億元となっており，特に 21 世紀に入ってから急速に伸びていることがわかる（李主編，2006，54-55 ページ）。これらの補助金の特徴は，各地域の財政ニーズに応じて客観的な基準によりその交付額が決定され，その基準がかなり詳しく公開されている点である。たとえば，「一般性移転支払い」の約 85％ を占める「普通移転支払い」[11]は，以下のような計算式によって算出されるとされる。

$$S_i = \alpha_i (R_i - E_i) \quad (1)$$

　R_i は地域 i の標準財政収入であり，E_i は地域 i の標準財政支出である。標準財政収入は，1 人当たりの各種地方税収，および税収返還や特定補助金など各種の中央政府からの財政資金移転についての全国平均値に当該地域の人口を乗

---

9) この他，「その他」の項目として「年末決算補助」があるが，本章では「財力性移転支払い」の中に含めず，「その他」の財政移転支払いとして扱うことにした。
10) 「三奨一補」ともいわれる 2005 年より導入された制度であり，税収を伸ばした地域・公務員数を減らし財政支出を削減した地域・穀物生産の多い地域に追加的な補助金を与え，地方政府のインセンティヴを引き出しつつ財政的再配分を行うことを目指したものである。
11) 「一般性移転支払い」のその他の項目としては，「民族要素移転支払い」「革命老区移転支払い」「辺境地区移転支払い」などがある。

じて算出される。また標準財政支出は，行政・教育・医療・社会保障などの1人当たり経常性支出についての標準値に当該地域の人口を乗じたものであり，このうち大部分を占める人的経費は各地域の人口構成や人口密度などによって求められる「財政供養人口（公共部門就業総数＋養老年金受給退職者）」をもとにして算出される。

また $α_i$ は地域 i の移転補助係数であり，自然・地理的条件や経済発展水準などの社会経済的な条件によって地域ごとに異なった値をとる。ちなみに，中央から地方への平均の移転補助係数（中央から地方への移転補助金の総額を地方財政の標準収支差額で割ったもの）は2000年までは10％以下であったのが2001年には10.8％，2002年に20.8％，2005年には47.3％と，近年急速に伸びており，「一般性移転支払い」による地域間の財政力調整効果が高まっていることがわかる（李主編，2006，71ページ）。

このような移転支払い補助金は1人当たりのGDPなどの社会経済的な要因だけでなく，民族自治地方（自治区・自治州・自治県など）や辺境地区（国境に隣接する地域）かどうか，などの政治的・政策的な要因によっても影響を受けていると考えられる。また，中央政府だけではなく，省政府によってもこのような財政資金移転による県間の財政力調整が図られている。このような中央による再分配と省などの地方政府による再分配は必ずしも整合的に行われるとは限らず，また地方政府による再分配の基準は，地域によってそれぞれ異なったものであると考えられる[12]。したがって，県間の財政補助金の配分が全体としてどのような基準で行われているかを明らかにするためには，より厳密な計量分析を行う必要がある。

また，このような政府間移転補助が，実際に地域間の財政力の格差を緩和する効果をもっているかどうかについては疑問点も出されている。たとえば，

---

[12] 李主編（2006）によれば，多くの省級政府において，中央政府による「一般性移転補助」とほぼ同じ財政資金移転の方式が採用されている。ただし，省政府が分配する補助金の算出基準となる標準財政収入／支出および移転補助係数は，省によってまちまちである。また，山西・貴州・チベットでは，標準財政支出と収入の差額に補助係数を乗じるのではなく，差額をそのまま地域に補助金として分配する方法をとっているという。

張・陳（2006）は，①地域間の財政力格差を温存する税収返還の比率が依然として高い，②一般性移転補助に代表される，各地域の社会経済的な条件などを反映して算定される補助金の比率がまだそれほど高くない，③移転補助金の種類が煩雑であり，管理主体が分散する傾向がある，④補助金による分配の透明度が低く，法律などによる十分な監督体制を欠いている，などの点から，財政補助金による財政力格差の縮小効果はいまだ不十分だとしている。

以上の考察を踏まえ，以下では，いくつかの基準により定義された政府間財政移転について，それがどのような社会経済的，政治的な要因により決定されているかをクロスセクションの回帰分析によって明らかにしていく。

分析の対象としたのは，1997年・2000年・2003年の西部地域に内モンゴル自治区，広西チワン族自治区を加えた，「大西部（「西部大開発」の対象地域）」[13] の合計12の省級行政区における県レベルの行政単位（県・県級市・民族自治県・旗・市轄区）である。1996年以前は各県のGDPなどの経済指標の入手が困難であり，また，2004年以降は同年に実施された全国経済センサスの結果を踏まえGDP算出基準が大きく変更されているため，前年度までとの単純比較が困難であるという観点から，それぞれ分析の対象から外した。

分析期間である1997年から2003年の間に，西部大開発・所得税改革・農村税費改革などの，政府間の財政再配分をめぐる大きな改革が行われている。したがって，この3時点におけるクロスセクションの分析結果を比較することで，このような一連の制度的な変化が県間の財政再分配政策にどのような具体的な影響を及ぼしたかを明らかにできると考えられる。

ここで用いた県レベルの行政単位のうち，注意すべきは市轄区のデータである。周知の通り，中国の地方行政単位は省級・地級・県級・郷級の4つに分けられるが，たとえば一部の統計資料[14]では，地区級市が管轄する市轄区の

13）この他，吉林省延辺朝鮮族自治州，湖北省恩施土家族苗族自治州，湖南省湘西土家族苗族自治州も「西部大開発」の対象となっているが，本研究では省内における財政資金の再分配効果を分析することを目的としているため，これらの地域は分析の対象に含めなかった。

14）たとえば，国家統計局城市社会経済調査総隊編（各年版）など。

GDP・財政収支などの数字に市本級の数字が含まれている。しかし，純粋に県レベルの行政単位間の経済格差や財政配分状況を見るためには，市本級のデータは除外して分析すべきだと考えるので，本書では市轄区のデータを用いる際はすべて市本級の値を含まない，県級のみの数字を用いている。

被説明変数として用いる政府間財政移転額 S_i の定義としては，以下の3つのものを用いる。

S_i1：財政支出－財政収入－税収返還－所得税基数還付
S_i2：特定補助金純額
S_i3：財政力移転支払い総額

ただし，それぞれの政府間財政移転額は，1人当たりの名目値を全国の平均値で除し，標準化したものを用いている。このうち S_i1 は政府間財政移転総額のうち，「もともと地方政府の収入だった分を還付する」という性格の強い税収返還を控除したもので，全体的な政府間財政移転の規模を表している。S_i2 は，各県の特定補助金から上級政府への専項上納分を控除したものである。また S_i3 については，2000年分は（過渡期）移転支払い・給与調整移転支払い・国債増発分補助の，2003年分は一般性移転支払い・給与調整移転支払い・民族地区移転支払い・農村税費改革移転支払い・国債増発分移転補助の合計をそれぞれ用いている。また，1997年におけるこの項目のデータは入手不可能であった。

以上の点を踏まえ，各県の1人当たり財政移転 S_i の決定要因を推計するにあたっては(1)式をベースに，(a) 各県の経常的な「標準財政収入・支出」に影響を与えると考えられる変数（人口規模・面積・農業人口比率など），(b) 各地域に固有の社会・経済・政治的要因を考慮した変数，(c) 省ダミー，の3つのカテゴリーの変数を説明変数として用いた，次のような推計式を用いる[15]。

$$S_i = \alpha + \beta_1 Y_i + \beta_2 POP_i + \beta_3 AR_i + \beta_4 AP_i + \beta_5 MR_i(1+\delta Min) + \beta_6 DP + \beta_6 Z + \varepsilon_i$$

(2)

α：定数項
Y_i：各県1人当たり GDP ／全国平均値

POP_i：各県人口／全国平均値

AR_i：各県面積／全国平均値

AP_i：各県農業人口比率

MR_i：少数民族比率（2000年）

Min：民族自治区ダミー（内モンゴル自治区，広西チワン族自治区，チベット自治区，寧夏回族自治区，新疆ウイグル族自治区内の県をそれぞれ1とするもの）

DP：省ダミー

Z：各種社会・経済・政治的変数

ε_i：誤差項

ただし，補助金額に影響を与える社会・経済・政治的な要因を表す変数としては，以下のダミー変数を用いた。

辺境ダミー（国境に接する県を1とするもの）[16]

貧困県ダミー（貧困県を1とするもの）

市区ダミー（市轄区を1とするもの）

チベット族自治地方ダミー（チベット族自治区・自治州内〔モンゴル族チベット族自治州なども含む〕の県を1としたもの）[17]

省ダミー以外に「チベット族自治地方ダミー」を用いるのは，同地域が標高が高く寒冷であるという自然地理的条件，交通手段などのインフラ建設が遅れ

---

15) 土居丈朗は，日本の国庫支出金の県間の配分に政治的な要因が与える影響を分析した研究（土居，2000）において，国庫支出金の配分が当てられる地方の財政支出は純公共財的な性格が強いため，用いる県ごとの変数（国庫支出金，面積など）について1人当たりの数字を用いず，総額のシェアを用いている。しかし，本章で扱う中国の県間の財政補助金に関しては，かならずしも純公共財に対する支出に当てられるとは限らないため，1人当たりの値を全国平均値で除したものを用いた。

16) 2001年よりこれら国境に位置する県を対象にした「辺境地区移転支払い」が「財力性移転支払い」の構成部分として制度化されている。

17) 民族自治県は民族地区移転支払い対象になっていないため，大西部に2つあるチベット族自治県はチベット族自治地方ダミーに含まない。

ているという経済地理的条件，初等教育の普及が遅れており，また伝統的に漢族との間に文化的・政治的摩擦を抱えるという社会・政治的条件から，他の民族自治地方に比べても特別の政策的配慮がなされている可能性が高く，しかもそのようなチベット族自治地方はチベット自治区を越えて青海省・四川省・甘粛省・雲南省に広がっているからである。

　また，データについてはミシガン大学チャイナ・データ・センターが国家統計局から直接提供を受けて公開しているデータセット（補論参照）を用いた。以下，その分析結果を見ていきたい（表5-1）。なお，推計は各県の人口でウェート付けした最小二乗法で行っている。

　まず目を引くのが，多くの場合，各省ダミーが有意に効いていることで，省というくくりが補助金の配分に大きな影響力をもっていることがわかる。しかし後述するように，これは必ずしもより貧しい「省」に補助金が重点的に分配されているということを意味しない。

　次に注意すべきは，すべてのケースで人口規模が被説明変数と負の相関をもっていることである。これは，県人口当たりの行政支出が，県の人口規模と逆の相関をもつ「財政供養人口」に依存していることによって説明される[18]。つまり，人口の少ない県ほど人口当たりの在職・退職公務員数，すなわち財政供養人員が多くなるという仕組みが存在するため，その分財政負担は重くなっていると考えられる[19]。分析対象とした「大西部」地区の多くの県では，この相対的に重い行政費負担を補助金などでまかなっているため，人口規模と政府間財政移転額が負の相関を示すのだと考えられる。

　また，面積も特定補助金を被説明変数としたケース（$S_i 2$）を除けば，ほぼ被説明変数に対し有意な正の相関を示しているが，これも人口規模と同じく，県

---

18) 李・魏・李（2003）は，西部の貧困地域の多くは，財政収入に比べて肥大した財政供養人口を抱えており，このような肥大した財政供養人口は，そのほとんどが上級政府からの補助金によりまかなわれていると指摘している。このため，補助金が経済発展に必要な資金に用いられず，モラル・ハザードが生じているとされる。
19) たとえば，総人口が1万人から2万人の県の標準的な在職公務員数は1万人当たり704.25人であるのに対して，20万人から30万人の県では1万人当たり263.2人である（李主編，2006）。

表 5-1 政府間財政移転の要因分析

[1997年]

従属変数	(1) S_i1	(2) S_i2	(3) S_i1	(4) S_i2
1人当たりGDP	−0.062** (−2.76)	0.114** (4.41)	−0.063** (−2.83)	0.112** (4.40)
面積	0.086** (4.39)	0.026 (1.15)	0.071** (3.61)	0.007 (0.30)
人口	−0.137** (−6.49)	−0.153** (−6.34)	−0.137** (−6.59)	−0.156** (−6.54)
農業人口比率	0.012** (8.88)	0.007** (4.80)	0.012** (9.02)	0.007** (4.90)
少数民族比率	0.007** (6.71)	0.009** (7.25)	0.005** (3.59)	0.008** (4.36)
少数民族比率×民族自治区ダミー	−0.007** (−4.34)	−0.011** (−5.86)	−0.003* (−1.78)	−0.005** (−3.16)
市区ダミー	0.134* (1.87)	−0.035 (−0.42)	0.120* (1.70)	−0.060 (−0.71)
貧困県ダミー	0.202** (4.12)	0.269** (4.78)	0.204** (4.22)	0.265** (4.77)
辺境ダミー	0.703** (5.35)	0.260* (1.73)	0.675** (5.22)	0.211 (1.43)
チベット族自治地方ダミー			1.181** (6.40)	1.536** (7.27)
広西	−0.613** (−5.97)	−0.637** (−5.42)	−0.681** (−6.81)	−0.739** (−6.45)
重慶	−0.437** (−4.10)	−0.329** (−2.70)	−0.393** (−3.81)	−0.26** (−2.20)
四川	−0.492** (−5.37)	−0.393** (−3.74)	−0.469** (−5.29)	−0.344** (−3.39)
貴州	−0.617** (−5.64)	−0.641** (−5.12)	−0.467** (−4.55)	−0.434** (−3.69)
雲南	−0.015 (−0.15)	0.082 (0.70)	0.127 (1.36)	0.293** (2.73)
チベット	0.932** (3.75)	−0.028 (−0.10)	−0.409 (−1.42)	−1.826** (−5.54)
陝西	−0.493** (−5.06)	−0.534** (−4.79)	−0.464** (−4.89)	−0.483** (−4.44)
甘粛	−0.485** (−4.67)	−0.415 (−0.43)	−0.454** (−4.51)	−0.357** (−3.09)
青海	0.175 (0.99)	0.087 (0.43)	−0.011 (−0.06)	−0.141 (−0.68)
寧夏	0.192 (1.08)	0.130 (0.64)	0.300 (0.74)	0.037 (0.19)
新疆	−0.056 (−0.43)	−0.542** (−3.65)	−0.142 (−1.16)	−0.685** (−4.87)
自由度修正済み決定係数	0.457	0.350	0.468	0.363

第 5 章　政府間財政移転政策と再分配効果——139

[2000 年]

従属変数	(1) S_i1	(2) S_i2	(3) S_i3	(4) S_i1	(5) S_i2	(6) S_i3
1 人当たり GDP	−0.040* (−2.05)	−0.031 (−1.30)	−0.054** (−2.79)	−0.04* (−2.20)	−0.034 (−1.47)	−0.053** (−2.88)
面積	0.062** (4.78)	0.040** (2.51)	0.031** (2.42)	0.042** (3.41)	0.017 (1.07)	0.015 (1.23)
人口	−0.134** (−8.90)	−0.114** (−6.11)	−0.128** (−8.60)	−0.129** (−9.18)	−0.111** (−6.24)	−0.123** (−8.63)
農業人口比率	0.009** (8.94)	0.004** (2.92)	0.002** (2.46)	0.009** (9.46)	0.003** (2.78)	0.002** (2.56)
少数民族比率	0.007** (8.98)	0.010** (10.14)	0.005** (6.43)	0.004** (3.77)	0.005** (3.54)	0.002* (1.95)
少数民族比率×民族自治区ダミー	−0.007** (−6.19)	−0.011** (−7.97)	−0.004** (−3.36)	−0.002* (−1.90)	−0.002 (−1.52)	−0.000 (−0.02)
市区ダミー	0.148** (3.14)	0.156** (2.67)	−0.069 (−1.47)	0.140** (3.18)	0.132* (2.37)	−0.069 (−1.55)
貧困県ダミー	0.106** (3.19)	0.108** (2.62)	0.154** (4.69)	0.139** (4.46)	0.148** (3.72)	0.184** (5.81)
辺境ダミー	0.620** (6.72)	0.485** (4.23)	0.660** (7.21)	0.601** (7.00)	0.431** (3.95)	0.658** (7.56)
チベット族自治地方ダミー				1.680** (13.57)	1.972** (12.50)	1.279** (10.19)
広西	−0.533** (−7.37)	−0.488** (−5.43)	−0.494** (−6.88)	−0.588** (−8.77)	−0.583** (−6.84)	−0.524** (−7.71)
重慶	−0.243** (−3.23)	0.065 (0.70)	−0.612** (−8.20)	−0.211** (−3.06)	0.155* (1.77)	−0.602** (−8.61)
四川	−0.279** (−4.25)	−0.139 (−1.71)	−0.461** (−7.08)	−0.275** (−4.59)	−0.087 (−1.14)	−0.477** (−7.87)
貴州	−0.647** (−8.47)	−0.514** (−5.43)	−0.563** (−7.43)	−0.483** (−7.21)	−0.232** (−2.72)	−0.459** (−6.75)
雲南	−0.181** (−2.50)	−0.022 (−0.24)	−0.759** (−10.56)	−0.036 (−0.57)	0.229** (2.87)	−0.676** (−10.63)
チベット	0.701** (4.01)	1.256** (5.79)	−0.054 (−0.31)	−1.071** (−5.56)	−0.944** (−3.86)	−1.351** (−6.92)
陝西	−0.446** (−6.44)	−0.929** (−10.81)	−0.464** (−6.75)	−0.432** (−6.76)	−0.876** (−10.79)	−0.468** (−7.22)
甘粛	−0.343** (−4.67)	−0.181* (−1.99)	−0.502** (−6.88)	−0.335** (−4.97)	−0.126 (−1.47)	−0.514** (−7.52)
青海	−0.169 (−1.34)	0.324* (2.07)	−0.587** (−4.68)	−0.483** (−3.96)	0.053 (0.34)	−0.845** (−6.83)
寧夏	0.345** (2.75)	0.946** (6.09)	−0.533** (−4.29)	0.291* (2.49)	0.851** (5.74)	−0.562** (−4.75)
新疆	−0.075** (−0.83)	−0.404** (−3.64)	−0.19* (−2.15)	−0.126 (−1.57)	−0.538** (−5.26)	−0.2* (−2.46)
自由度修正済み決定係数	0.489	0.48	0.438	0.552	0.522	0.486

[2003年]

従属変数	(1) S_i1	(2) S_i2	(3) S_i3	(4) S_i1	(5) S_i2	(6) S_i3
1人当たりGDP	−0.020 (−1.08)	−0.029 (−0.94)	−0.055** (−2.95)	−0.021 (−1.17)	−0.03 (−1.00)	−0.055** (−3.11)
面積	0.079** (6.77)	0.075** (3.89)	0.067** (5.72)	0.062** (5.56)	0.057** (2.99)	0.051** (4.56)
人口	−0.112** (−8.20)	−0.161** (−7.21)	−0.103** (−7.53)	−0.108** (−8.32)	−0.157** (−7.17)	−0.098** (−7.53)
農業人口比率	0.007** (7.81)	0.011** (7.85)	0.004** (4.34)	0.007** (8.01)	0.011** (7.83)	0.004** (4.39)
少数民族比率	0.005** (7.10)	0.004** (3.34)	0.004** (5.77)	0.001 (1.55)	−0.001 (−0.44)	0.001 (0.82)
少数民族比率×民族自治区ダミー	−0.005** (−5.50)	−0.006** (−3.90)	−0.004** (−4.29)	0.000 (−0.40)	0.000 (0.20)	0.000 (0.11)
市区ダミー	0.066* (1.77)	0.072 (1.17)	−0.014 (−0.38)	0.059 (1.66)	0.061 (1.02)	−0.018 (−0.50)
貧困県ダミー	0.039 (1.30)	−0.025 (−0.52)	0.087** (2.93)	0.070** (2.47)	0.009 (0.18)	0.118** (4.10)
辺境ダミー	0.625** (7.53)	0.659** (4.84)	0.631** (7.58)	0.608** (7.76)	0.632** (4.76)	0.621** (7.87)
チベット族自治地方ダミー				1.345** (11.91)	1.390** (7.28)	1.230** (10.78)
広西	−0.589** (−8.91)	−0.052 (−0.48)	−0.67** (−10.18)	−0.634** (−10.22)	−0.108 (−1.03)	−0.709** (−11.36)
重慶	0.238** (2.81)	1.356** (9.77)	−0.207** (−2.44)	0.259** (3.25)	1.39** (10.27)	−0.194** (−2.41)
四川	−0.424** (−7.24)	0.286** (2.97)	−0.588** (−10.02)	−0.417** (−7.69)	0.306** (3.33)	−0.591** (−10.83)
貴州	−0.679** (−9.82)	0.145 (1.28)	−0.777** (−11.20)	−0.527** (−8.55)	0.335** (3.21)	−0.651** (−10.47)
雲南	−0.507** (−7.74)	0.292** (2.72)	−0.897** (13.66)	−0.38** (−6.59)	0.449** (4.59)	−0.796** (−13.71)
チベット	0.260* (1.68)	1.882** (7.39)	−0.600** (−3.85)	−1.165** (−6.71)	0.370 (1.26)	−1.873** (−10.71)
陝西	−0.636** (−10.05)	−0.578** (−5.57)	−0.67** (−10.56)	−0.620** (−10.49)	−0.551** (−5.50)	−0.664** (−11.13)
甘粛	−0.360** (−5.38)	0.395** (3.60)	−0.533** (−7.93)	−0.349** (−5.60)	0.421** (3.99)	−0.532** (−8.48)
青海	−0.366** (−3.22)	0.936** (5.01)	−0.722** (−6.32)	−0.599** (−5.37)	0.730** (3.86)	−0.948** (−8.44)
寧夏	−0.044** (−0.38)	1.080** (5.80)	−0.232** (−2.04)	−0.089** (−0.82)	1.024** (5.62)	−0.268** (−2.47)
新疆	−0.284** (−3.51)	0.149 (1.12)	−0.381** (−4.70)	−0.331** (−4.50)	0.078 (0.63)	−0.409** (−5.52)
自由度修正済み決定係数	0.431	0.388	0.422	0.487	0.411	0.473

注）サンプルサイズはいずれも1,024。括弧の中はt値。** は1％水準で，* は5％水準で，それぞれ係数が0で

あるという帰無仮説が棄却されることを示す。「民族自治地方ダミー」は，民族自治区・自治州内の県を1としそれ以外を0としたものである。また「チベット族自治地方ダミー」は，チベット族自治区・自治州内（モンゴル族チベット族自治州なども含む）の県の場合を1としそれ以外を0としたものである。各ダミー変数の係数は内モンゴル自治区をベンチマークとした場合の値を示す。

の経常的な財政支出において大きなウェイトを占める公務員数が，県面積にも応じて決定されるためだと考えられる[20]。

一方で1人当たり県GDPは，補助金全体（S_i1）に対しては2003年のケースを除けばおおむね負の相関を示し，財政力移転支払総額（S_i3）は各年とも負の相関を示しており，これらの補助金が明確な所得再分配効果をもつことを示している。ただし，特定補助金が被説明変数の場合（S_i2）には，常に有意ではないか，あるいは正の相関を示しており，特定補助金が地域間の経済格差を平準化することを目的として行われているわけではないことが窺える[21]。

その他，少数民族比率については，単独で説明変数に用いた場合には，おおむね被説明変数と有意な正の相関を示すものの，民族自治区ダミーとの交差項ではそれを打ち消す効果が観測されることから，民族自治区内と，それ以外の地域では明らかに異なった係数をもつと考えられる。また，農業人口比率はどの推定式でも被説明変数に対し有意な正の相関を示すのに対し，市区ダミーはS_i1に対しては正の相関を示し，S_i3に対しては負の相関を示す傾向がある。後者については，都市におけるインフラ整備に対する補助金の供与を反映している可能性がある。

最後に，貧困県ダミー・辺境ダミーおよびチベット族自治地方ダミーについては，いずれもほとんどのケースで有意な正の相関を示しており，しかも辺境ダミーとチベット族自治地方ダミーについてはその係数が非常に大きい。このことからも，これらの地域が，他の要因では説明できない，かなりの政策的優

---

20) 2000年のケースではチベット族自治地方ダミーを加えた場合に面積が有意でなくなっているが，これは，チベット族自治地方に含まれる県は一般に他の県よりも面積が広いため，多重共線性の問題が生じている可能性を示唆している。
21) また，特定補助金を被説明変数とした推計（S_i2）では，それまでむしろ負の値をとっていた省のダミーがある年には大きな正の値を示すといった現象が目立つ（2003年の重慶・四川など）。このことは，特定補助金が年度によって重点的に配分される地域が変化していることを示唆している。

遇を受けていることが窺える[22]。

小　括

　本章では，90年代後半以降の省以下の政府間財政資金移転がどのようなロジックに基づいて行われ，また実際にどのような経済的効果をもたらしたのかを明らかにするために，県レベルのデータを用いて政府間財政移転額の要因分析を行った。

　その結果，人口や面積といった経常的な財政支出に影響を与えると考えられる変数が補助金額と密接な相関を示していることが明らかになった。このことは，その定義式から経常的な財政収支の不足分と密接な相関をもつと考えられる財力性移転補助だけでなく特定補助金も，そういった「経常収支の不足分の穴埋め」といった性格を強くもつことを示唆している。このことは，1990年代の改革後も，多くの地方政府は地域の経済発展のために必要な資金を中央からの補助金によっては十分に賄いきれず，それまでと同じように要素市場への介入を通じて自主的な財源を獲得するインセンティヴが働いている可能性を示すものである。次の第6章と第7章では，この点についてより詳しく論じていく。

　最後に，民族間の経済格差と財政再分配との関係について明らかになった点もまとめておこう。ほとんどの推定結果において，少数民族比率と民族自治区ダミーの交差項は負の値を示している。このことは，民族自治区内には少数民族比率がそれほど高くない地域も含まれるが，それらの地域に対しても相当の補助金が分配されていることを示している。つまり，近年における西部地域に対する補助金額の増加は必ずしも（チベット族を除く）少数民族への「優遇」政策とはなっていないことが示唆される。

---

22) チベット族自治地方ダミーを加えた推計式ではチベット自治区の省ダミーの係数が負になっている。チベット族自治州はチベット自治区以外の省に存在していることを考慮すると，チベット族自治州に属する県は，チベット自治区のそれよりも多くの補助金割り当てを受けていることを意味している。

ただ，ここで分析の対象としたのはあくまで行政的に区分された民族自治地方とそれ以外の地域との間の格差であり，たとえば民族自治地方内に存在する格差については分析を行っていない。この点についての考察は今後の課題としたい。

補 論　県データの構築について

　人口，農業人口，GDP については，基本的にミシガン大学チャイナ・データ・センターのデータセットを用いた。これらは http://chinadataonline.org/ から有料で入手可能である。ただし，このデータセットからは市区部の区と，一部の県が欠落している。それゆえ，省級統計年鑑，地区級統計年鑑，省級年鑑，地区級年鑑の順位でデータを補充した。データが補充できなかった場合，上述の順位で，次年度の年鑑に掲載されている前年度比を用いた。さらに補充できなかった場合，中国城市統計年鑑の市区合計値からの差額を用いた。最終的には財政部予算司編（各年版）から引用した。財政部予算司（各年版）の優先順位を最も低くしたのは，省級統計年鑑に比べてデータの信頼性が低いと思われたからである。

　市区ダミーは，陳編（2000），国務院人口普査弁公室・国家統計局人口和社会科技統計司編（2003），中華人民共和国民政部編（2004），貧困県ダミーは国家統計局農村社会経済調査司（2006），辺境ダミーは李主編（2006）を参考に作成した。

　面積は国家統計局農村社会経済調査総隊編（2001），中華人民共和国民政部編（2004）から，少数民族人口比率は国務院人口普査弁公室・国家統計局人口和社会科技統計司編（2003）から引用した。財政に関する指標はすべて財政部予算司編（各年版）を用いた。それゆえ財政データが掲載されていない広西・寧夏・新疆の市区部については，他のデータが揃っているにもかかわらず，本研究の分析から一切除外している。

　なお，行政合併や分割が行われた県区に関しては，すべて行政分割前あるいは合併後の状態とし，データも合計した。

第II部

地方政府の行動と資産バブルの発生

第6章　積極果敢なアクターとしての地方政府
――レントシーキングと予算外財政資金

　これまでの章でも論じてきたように，中国の財政金融政策が実施されるにあたっては，いわゆる中央－地方間の綱引き関係の存在がおよぼす影響を無視するわけにはいかない。このような中央－地方関係が経済政策に与える影響についてより詳しく考察するためには，中央政府だけではなく地方政府の経済活動にも注目し，それがどのようなインセンティヴに基づいて行われており，どの程度有効に機能しているか，を検討することが必要となる。しかし地方政府の行う経済活動に関しては，批判的なものから，経済発展の原動力だったと高く評価するものまで諸説あり，必ずしもその評価は定まっていない。本章ならびに次の第7章では，各地方政府を経済活動の主要なアクターとしてとらえ，それらが要素市場への介入というレントシーキング行動を通じて，中国のマクロ経済におけるダイナミズムをもたらしてきた過程を，制度的・実証的に分析していく。

　本章ではまず，地方政府をひとつの経済アクターとしてとらえ，その地域の経済発展に果たす役割を評価する議論の中から，「市場保全型連邦主義」モデルをとりあげ，その中国の財政金融システムに対するインプリケーションについて，批判的に検討する。そして，理論モデルによっては十分にとらえることのできない中国の制度的な特徴として，「予算外財政資金」の存在に注目し，それが地方政府による要素市場への介入が行われる際のインセンティヴとして，重要な意味をもっていたことを指摘する。その上で，地方政府による要素市場

への介入にはいくつかのパターンが存在し，効率性の面で違いが見られたことを，ヘルマン＝マードック＝スティグリッツの「金融抑制」論を援用しながら分析する。

1. 地方政府の行動と「ソフトな予算制約」

　新制度派経済学を代表する論者であるバリー・ワインガストらによって提唱された「市場保全型連邦主義」モデルは，政府を市場のアクターとしてそのインセンティヴに注目する財政連邦主義の「第2世代」の流れに属するものであり，政府間の水平的な財政資金移転による，社会福祉サービスの「公正」の実現に焦点を当てる財政連邦主義の「第1世代」の議論とは好対照をなしている。

　ワインガスト（Weingust, 1995）は，ある国の地方政治システムが一定の条件を満たす場合[1]，それぞれの政府間において次のような2種類の自己拘束的なメカニズムが働くため，政府による第三者執行機能が保証され，効率的な市場経済の運行が保証されるとし，そのような政治システムを「市場保全型連邦主義」と名付けた。

　まずひとつ目は，地方政府間の協調によって中央政府を牽制する，というメカニズムである。これは，地方政府は，中央政府により自らの権限を制限されたり，あるいは，管轄する区域内における経済主体に対する私的所有権の侵害が行われたりする可能性があるとき，それに協調して対抗する，というものである。ただし，そのような地方政府間の協調行動によって，中央政府による権利の濫用は防げるとしても，地方政府がその管轄する地域において，同じような濫用を行わないとは限らない。

　そこで，地方政府間の競争による，地方政府による効率的な公的サービスの提供の保証，という第2のメカニズムが必要になってくる。これは，住民が，

1）それらの条件とは，①自己の権限の範囲を定められた各レベルの政府が存在する，②地方（下級）政府が管轄する行政区域の中での自主権を有する，③全国的な共通市場が存在する，④すべての層の政府におけるハードな予算制約が存在する，⑤中央政府による地方政府の権限と責任の配分の変更が制限されている，というものである。

「足を使った投票（いわゆるティボー効果）」によって競争インセンティヴを与えることで，地方政府は地域内の所有権を保護し，市場競争を保全するような公共サービスを与えるよう規律づけられるという，伝統的な財政連邦主義と同じメカニズムに基づくものである。

モンティノーラ，チエンとワインガスト（Montinola=Qian=Weingust, 1995）は，以上のような地方政府を中心とした「市場保全」のメカニズムが，改革開放期の中国における地方政府主導型の経済発展の現実にも当てはまるとしている。ただし，中国の場合，政府間の階層性，地方政府の経済自主権，という要件は満たしているが，他の項目は部分的にしか満たしていない，特殊な例であるという意味で，「中国式の市場保全型連邦主義」という言葉が用いられている。

彼らの議論において重視されたのは，ジーン・オイらが「地方政府コーポラティズム（local state corporatism）」として紹介した，末端の地方政府による地元経済や工業企業への積極的なコミットメントであった（Oi, 1999）。さらにその際，地方財政収入の限界留保率（財政収入が1単位増加するごとに財政支出が何単位増えるかを示したもの）が高いことによって，地方政府が効率的な活動を行うインセンティヴが保証されていることが強調された[2]。たとえばチン＝チエン＝ワインガスト（Jin=Qian=Weingust, 2005）は，計画経済時代（1970-79年）と改革開放期（1982-92年）の中国における各省の財政収入の限界留保率をそれぞれ18.4％，75.2％と推計しており，改革開放によって地方政府のインセンティヴが飛躍的に高められたことを指摘した。一方，市場経済化後のロシアのケースでは限界留保率は負の値をとっており，その財政制度が地方政府の収入を中央政府が搾取し，インセンティヴを大きく阻害するものであったことが指

---

2) もっとも，郷鎮レベルの政府の企業に対する介入が必ずしも効率的なものではなかったという批判も存在する。ホワイティング（Whiting, 2001）は，江蘇省，上海市などの郷鎮レベルの政府が行った集団所有制企業（郷鎮企業）に対する税制，融資の面での優遇措置について，そのような優遇策を受けられない私営企業との間に明らかな資源配分のゆがみをもたらし，中央政府による財政金融政策の効果を低下させるものであったと批判している。ただし，後述するように，郷鎮企業などから地方政府に予算外資金の形で支払われる利潤が一種のレントという性格をもっている以上，そこに「ゆがみ」が存在しているのは当然であり，それだけをとりあげて批判しても，あまり意味はないように思われる。

摘されている（Zhuravskaya, 2000）[3]。

　しかし，90年代の一連の財政金融改革を経て，胡錦濤＝温家宝体制の下で地域間の調和ある発展を目指すというコンセンサスが形成されつつある中国の現状を鑑みるに，このような議論はいくつかの点で大きな軌道修正を余儀なくされているといわざるを得ない。

　ここでは次の3点をあげておきたい。ひとつには地方政府主導型の経済発展によって地域間の格差が拡大し，何らかの形でのその是正が必要とされる状況になったこと。2つ目は，やはり地域主導型の経済発展によって高インフレとマクロコントロールの欠如，という現象がしばしば出現したこと。そして3つ目は，近年の傾向として，むしろ地方政府こそが非効率的なレントシーキング行為の主体となっていることを示す事例が，次第に増えてきたことである。

　このうち，第1の点に関しては前章で詳しく論じている。また，3つ目の点のうち土地市場をめぐる地方政府のレントシーキング行為については次章で改めてとりあげる。本章では第2の点に関して，財政金融システムの分権化と地方政府の「ソフトな予算制約」との関係を論じたチエン＝ローランドのモデル（Qian=Roland, 1998）に基づきながら，政府‐企業関係における「ソフトな予算制約」の存在が地域の経済成長にどのように影響を与えるか，という点について検討を加えたい。

　まず，図6-1に示されるような（国有）企業および（地方）政府による3期間のゲームを考える。まず第0期に企業はひとつのプロジェクトを行うが，プロジェクトはαの確率で「成功（P1）」し，$1-\alpha$の確率で「失敗（P2）」するものとする。プロジェクトが成功した場合には，第1期に利得（R_q, B_q）が得られるものとする（Rは政府の収入，Bは企業の私的利益）。

　しかし，プロジェクトが失敗した場合には，企業が高い努力水準（e_h）を行った場合にのみ，プロジェクト1と同じ（R_q, B_q）が得られるものとする。一

---

[3] この他，チャ＝チエン（Che = Qian, 1998）は，市場が未発達な状態のもとでは，企業の実質的な所有権を地方政府が行使するという状態の方が，国有企業などのように国家が企業の所有権を握る場合や，通常の私有企業よりも有利であり，結果として高いパフォーマンスをあげることができると主張している。

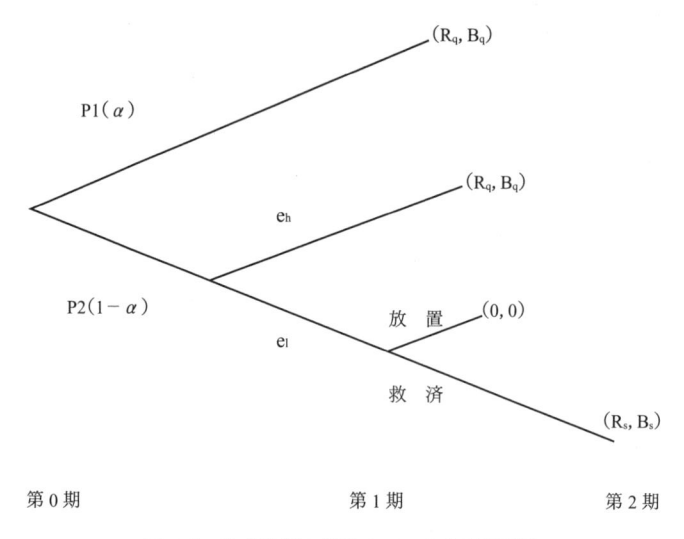

図 6-1 地方政府の行動とソフトな予算制約
出所）Qian = Roland（1998）.

方，企業が低い水準の努力（e_l）しか行わなかった場合には，続く第1期に政府がその企業に対し財政資金の投入を行うなどして救済を行った場合には第2期に（R_s, B_s）の利得が得られる（ただし $R_q > R_s > 0$, $B_s > B_q > 0$ とする）が，救済が行われなかった場合には利得はゼロになる（0, 0）とする。

この場合，もし第1期において政府による救済が行われることが確実である（予算制約がソフトである）ならば，プロジェクトが「失敗」した場合には，企業が高い水準の努力を行った場合の私的利益よりも，低い努力水準の元で政府の救済を受けた場合の私的利益の方が大きいため，常に低い水準の努力しかしようとしない誘引が働くことになる。

チエン＝ローランド論文では，ある地域で政府－企業間におけるソフトな予算制約が恒常化していれば，そうではない地域に比べて企業の努力水準が下がる，公共財の供給が過小になるなどの「資源配分のゆがみ」が生じ，結果として生産効率が低くなるという結論を得ている（補論参照）。

チエンとローランドはまた，財政システムが地方分権的なときには地域のインフラ建設に必要な資金の獲得をめぐって地方政府間で競争がおこるため，地

方政府の予算制約のソフト化に歯止めがかかることを指摘している。それに対し，金融システムにおける過度の分権化の実施は，むしろ，地方政府が必要な財政資金を「貨幣化」によって獲得するインセンティヴを与えるため，マネーサプライの拡大とインフレの発生を制御できないとされる。これは，地元企業からの財政収入を拡大するためには，地元企業が良好なパフォーマンスをあげなければならない，という制約条件が働くのに対して，地元金融機関への融資圧力を通じた地方政府の財源獲得には，そのような制約が存在しないからである。

彼らの理論的な考察は，財政および金融面での分権化を推し進めた結果，地方の企業や政府のインセンティヴを刺激し，良好なパフォーマンスをもたらした一方で，しばしばインフレ拡大とマクロコントロールの欠如をもたらした，1980年代の中国の地方経済の現実によく当てはまるように見える。

ただし，改革開放期，特に1980年代の中国においては，財政および金融システムの分権化は常に一体化していたことには注意しなければならない。というのも，この時期において地方政府に留保され，財政の分権化を支えていた各地方の自主財源（予算外資金）は，金利が低水準に抑えられた金融市場への地方政府の介入によって生じるレントとしての性格をもっていたと考えられるからである。したがって，チエンとローランドの理論的な考察から導かれるように，財政システムの分権化だけを進めることが当時の中国においてはたして現実的だったかどうかは疑問である。また，金融システムの分権化それ自体が財政資金の「貨幣化」を通じ非効率なパフォーマンスをもたらしたのかどうか，という点についても改めて検討が必要である。というのも，後述するように同じ地方政府による金融システムへの介入といっても，郷鎮企業を対象にしたものと地方管轄の国有企業を対象にしたものでは，その性格は大きく異なっていたと考えられるからである。

以下では，1980年代における財政金融システムの分権化の産物ともいうべき「予算外財政資金」の存在と，それが地方政府の行動に及ぼす影響に注目し，この時期の地方政府による地元経済への介入の効率性について，改めて検討を行いたい。

2. 地方政府と予算外財政資金

「予算外財政資金(以下,「予算外資金」)」とは,地方政府が徴収した財政収入のうち,中央政府あるいは上級の政府に上納する必要がなく,地方政府のもとに自主財源としてそのまま留保される資金の総称である[4]。改革開放政策の実施に伴う財政の地方分権化の中で,「予算外資金」の形で地方政府に留保される財政資金が増大したことは,地域のインフラ投資や設備投資資金に流用されるなど,地方主導の経済発展に寄与したことが,これまでにも指摘されている(加藤,1997,第4章)。しかし,そのような中央による再配分の対象とならない財政資金の拡大は,一方で財政的な再配分機能の低下を意味しており,特に1994年の分税制の導入に伴う財政改革以降は,その大幅な縮小,あるいは中央による管理の強化が図られてきた。その一方で,後述するように地方政府は依然として,予算内の財政資金以外の自主財源を,さまざまな形で留保し続けようとしている。

このような正規の租税収入とは別に地方に留保される自主財源という存在は,中国の歴史の中では新しいものではない。たとえば,岩井(2004)では,清朝財政の「徭役」と改革開放期における「攤派」や義務労働などとの類似性が指摘されている。岩井によれば,伝統的な中国の財政制度は,徴税権を集中的に管理する中央財政と,その財源が制度化された租税体系の中に十分位置づけられておらず,中央の財政収入の一部を留保することにより維持されてきた地方財政という組み合わせからなる。このうち中央が管理する正規の租税収入は,ともすれば硬直化・固定化する傾向があったため,地方財政はしばしば農民からの附加的・追加的な課徴(攤派)や義務労働の調達によってその収入を調整してきた。このような視点からは,近年の中国の農村における「農民負担問題」も,あるいは地方政府による強制的な農地収用にかかわる「失地農民」の

---

4) 後述するように,厳密には「予算外資金」のほかに「郷鎮自己調達資金」(郷鎮自筹資金)などの「制度外資金」があるが,ここでは広義の非税収入も含めて「予算外資金」と表現することにする。

問題も，中国の地方財政が歴史的に抱えてきた構造的矛盾の帰結に他ならない，ということになろう。

しかし，予算外資金一般のイメージを「攤派」や義務労働で代表させる岩井の議論はややミスリーディングである。というのは，すでに工業化を遂げた改革開放期以降における中国の予算外資金は，金融市場や土地市場に代表される要素市場への政府の介入を通じて得られる超過利潤＝レントの分配，という側面を強くもつからである。その意味では地方の腐敗した役人が貧しい農民から搾り取る，という「攤派」のイメージだけでは，地方に留保される予算外資金の意味を十分に捉えることはできないと考えられる。

予算外資金は，1950年代，社会主義計画経済の建設のため中央集権的な財政制度が形作られる中で，各種工商税付加や，各行政部門・事業単位が自主的に経済活動などを行って得た財源などを地方レベルで自主財源として留保できる余地を残したことが始まりだとされる（鄧・姚・徐・薛，1990）。その後改革開放において，いわゆる地方分権的な地方財政制度が導入されるに従い，その規模を次第に拡大させていった（第1章）。

1990年代に制度改革が行われるまで，予算外資金は，その管理主体によって次の3種類に分類されていた。
a. 地方政府の財政部門が管理するもの。これには，工商税付加などの各種税に対する税付加，および地方政府が管理する企業の利潤が含まれる。
b. 地方政府の行政事業部門が管理するもの。これは，地方政府が管理・所有する各種学校・ホテル・招待所の収入，あるいは市場管理収入など，各種の雑収入からなる。
c. 国有企業あるいはその主管部門が管理するもの。これは，国有企業専項基金と呼ばれ，従業員の福利基金や減価償却費なども含まれており，実質的には国有企業の留保利潤に等しい。

ただしこれはあくまでも県以上の地方政府に留保されるものであり，郷鎮レベルではさらにこの他に「郷鎮自己調達資金」とよばれる非税収入が留保されていた。これは「制度外資金」とも呼ばれるものであり，郷鎮企業の税引き後

利潤の郷鎮政府への上納分などの他に，郷鎮レベルでの農民・企業に対する恣意的な費用徴収などもが含まれる。本書では詳しく扱わないが，1990年代末から2002年にかけて問題になった「乱収費」およびそれに対処するための「農村税費改革」はこのような恣意的な費用徴収に関するものであった[5]。

改革開放期を通じて予算外資金は拡大を続け，1990年代初めには予算内の財政資金を上回る規模に成長している。このような予算外資金の背景には，地方財政請負制度の導入によって地方の財政的な権限が拡大する中で，地方政府にとって中央政府への「上納」の対象となる予算内の財政収入の規模を縮小させ，中央からの管理・干渉を受けない自主財源ともいうべき予算外資金の形で収入を確保するよう努めるインセンティヴが強く働いたということがある。このように地方に留保された予算外資金は，地域のインフラ整備や大規模な建設投資の重要な資金源になった。

その後，1990年代に入り，予算外資金のいくつかの項目，たとえば国有企業の留保利潤などが予算内の財政資金に組み入れられるなどの改革が行われたこともあって，予算外資金自体の規模は大幅に縮小した。たとえば，1993年の「企業財務通則」「企業会計通則」により，国有企業専項資金は予算外資金に含まれなくなった。また1996年には13項目の政府性基金および地方の税付加を予算内に組み入れるという収支両税管理（部門や単位の独自財政ではなく，その使用には必ず財政部の批准を経なければならない）に基づいた改革が行われた。また2000年には，51項目の行政事業性収費が財政予算管理に組み入れられた。

図6-2は，1980年代から90年代にかけての，1人当たり予算内財政支出とそれに予算外資金を加えたものの省間（チベットを除く）の変動係数の時系列的な変化を示したものである。これを見ると，興味深いことに1990年までは明らかに地域の財政能力について格差拡大的な効果をもっていた予算外資金が，1993年からはむしろわずかながら格差縮小的に働いていることがわかる。これは国有企業専項基金の予算内への組み入れなど90年代に行われた予算外資

5）農村における「乱収費」ならびに税費改革について詳しくは，陳・春（2004），李（2004）などを参照。

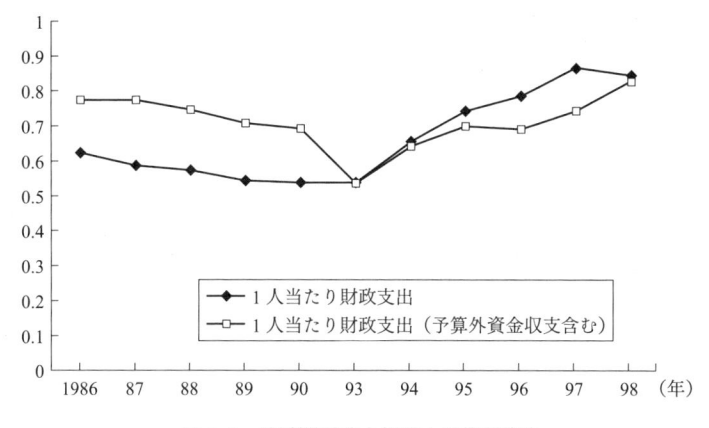

第6章　積極果敢なアクターとしての地方政府——155

図6-2　地域間財政力格差と予算外資金
出所）財政部総合計画司編(1992)，楼継偉主編（2000）。
注）1991年・92年の各省別の予算外資金のデータは入手できなかった。

金の改革によって，その性格が大きく変化したことを意味している。裏返せば，国有企業専項基金のような，本来は企業の留保利潤がより広く地域の発展資金などに流用されるという構図にこそ，「豊かなところに資金が偏在する」という，予算外資金の問題点が典型的に現れているといえよう。

3. 企業利潤と予算外財政資金

前節で述べたように，予算外資金（制度外資金含む）には住民からの直接の費用徴収だけではなく，企業などからの利潤上納や管理費徴収の形をとった超過利潤の分け前の分配，という側面があり，むしろそちらの方が一貫して大きな比重を占めてきたと考えられる。ただし，一口に超過利潤の分け前，といっても，そこには本来利潤に対する税金として課税されるべきものを「基金」などの形で地方に留保しておくというケースもあれば，政府が要素市場に対する課税を利用して企業にレントが移転するようにし，そのレントを企業と政府が分け合うケースもある。また，そのような利潤上納の対象となる企業についても，国有企業と郷鎮企業とではその意味合いが大きく異なると考えられる。そ

こで以下では郷鎮企業のケースと地方管轄の国有企業のケースとに分けて，地方政府による予算外資金徴収のメカニズムとその特徴について整理しておくことにしたい。

1）郷鎮企業と地方政府のレントシーキング

　地方政府の財政と企業のパフォーマンスが深く結びついたケースとしてまず検討されなければならないのが，1980年代中心に農村の経済発展を支えた郷鎮企業のケースである。まず，郷鎮レベルの政府に留保される「制度外資金」について見ておこう。前節で見た「予算外資金」は県レベル以上の政府に留保される資金であり，郷鎮レベルにおいては，そのような地方政府の自主財源は「制度外資金」として位置づけられてきた。その内訳について，孫主編（1995）は以下のように整理している。

1. 郷鎮企業の上納利潤と管理費。
2. 郷鎮政府が徴収する各種費用，具体的には教育費，計画生育費，貧困救済費，民兵訓練費，農村幹部報酬補助費，社会公益事業建設費など。
3. 郷村の範囲内で出資を募った資金，華僑の贈与などの資金。
4. 各種罰金収入。

　具体的な1992年の全国における郷鎮レベルの財政収入の数字をあげておくと，「予算内資金」が472億元，「予算外資金」が46.7億元であったのに対して，「制度外資金（郷鎮自己調達資金）」は142億元とされる[6]。ただし，ある北京の郊外の村では全財政収入の77.4％が，また同年の浙江省の村では72.5％が「制度外収入」であった（孫主編，1995，15ページ）。一般的な傾向としては，比較的早い時期から農村工業が発達した沿海部では，制度外収入，なかでも「郷鎮企業の上納利潤と管理費」が高い比率を占めていた。

　以下，オイ（Oi, 1992）の分析に依拠しながら，このような上納利潤を含む郷鎮企業の超過利潤が，どのようなメカニズムで生み出されるかを見ておこう。

6）1996年の全国レベルの数字では，予算内税収入が6,909.8億元であるに対し，予算外収入が3,128億元，制度外収入が4,553.2億元であった（盧，1998）。

オイによれば，1980年代の郷鎮レベルでは，政府と銀行が一体となって，成長が見込まれる企業に対し資源配分上の優遇を行っていた。彼女は，このように政府と企業が一体になって地域の経済発展を目指すやり方を「地方政府コーポラティズム」と名づけている。また，地方政府が資源配分系統上の特権を利用し，希少資源（鉄，セメント，燃料，原材料など）を特定企業に優先的に配分するということも行われていた。また地方政府は，重点企業に対するライセンスの給与，生産の保証，税減免などの行政サービスも行っており，さらに税務局や財政部など一部の部局は自前の基金をもち，企業に対し直接融資を行う場合もあったとされる。

これらはいずれも，要素市場に対する政府介入により生じたレントを地元企業に移転させようとする行為として解釈できるが，その中でも重要なのは金融市場への介入を通じた地元企業への融資に関する便宜供与であろう[7]。このような人為的な低金利政策により信用割り当てが生じるような状況での「レント獲得機会」の創出が，金融市場が未発達な途上国の経済発展で有効であったという議論を展開しているのが，以下で解説するヘルマン＝マードック＝スティグリッツの「金融抑制」説である。

まず，図6-3のように政府が金利の規制などを通じて銀行部門にレント獲得の機会が生じている状態を考える。たとえば，預金金利が競争均衡水準よりも低い水準に固定されるとき（図のr_D），資金供給量は低下し（QE→QD），貸出金利は上昇する（r_L）。このとき，銀行部門には利鞘に貸出量を乗じた分（図の薄い網の部分）だけレントが発生するが，経済全体では厚生の損失が発生する。

しかし，銀行部門が獲得したレントを支店網の拡大などに投資し，資金調達のコストを引き下げるなら，資金供給曲線は下方シフトし（S→S'），資金供給量が増え（QD→QD'），企業に対してより低い金利（r_L'）で貸し出しを行う

7）もちろん，鉄鋼や石炭など原材料価格が低く設定されている状況では，政治的な手段によってそれらの原材料の物資の割り当てを行うことも重要なレント獲得手段になる。しかし，このような原材料価格の規制と割り当てを通じたレント獲得は，あくまでも特定産業から特定産業へのレントの移転が行われているに過ぎず，企業部門・政府部門・消費者部門といった部門間を通じたレントの移転が生じているわけではないことに注意すべきである。

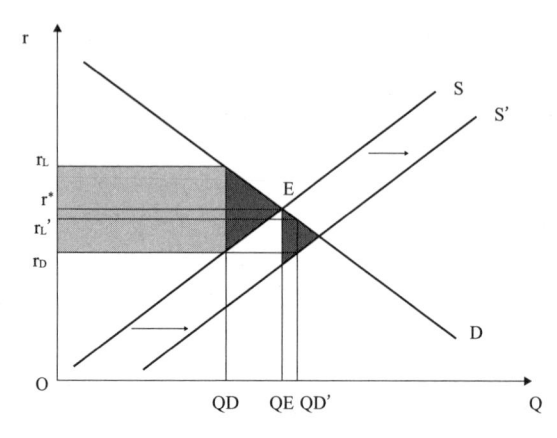

図 6-3 「金融抑制」とレント獲得機会

出所）ヘルマン＝マードック＝スティグリッツ（1997）188ページ。
注）図中，濃い網のかかっている部分は金利規制による厚生損失（死加重）を表す。

ことが可能になる。金融部門の初期投資が少なく，資金が不足し実質金利が高騰しがちな途上国においては，このような適度の金利規制によって金融・企業部門に「レント獲得機会」を生じさせることが成長に対しプラスに働く，というのが「金融抑制」論の骨子である。

改革開放期の中国の場合，急激な工業化で資本不足が生じる中で金利が政府により低く規制されていたという点ではヘルマンらの「金融抑制」論とその前提を共有する。ただし，同時に貸出金利も低く抑えられており，金融機関にとって「利鞘」を利用してレントを獲得する機会に乏しかったという点は，理論との大きな相違である。この点に関しては，中国の，特に郷鎮企業のケースの特徴は，むしろ企業と地方政府がレントを分け合う点にある，と考えることが可能であろう。すなわち，郷鎮企業は，地方政府の地元金融機関への働きかけを通じて低い金利で優先的に融資が受けられたために，金融機関に代わって超過利潤（図6-3の薄い網の部分）を獲得することができたが，その一部を「管理費」などとして地方政府に支払わねばならず，それが「制度外資金」として留保されたと考えられる。

ここで注意しておくべき点が2点ある。1点目は，この金融市場への介入を

通じたレント獲得は，融資を受けた郷鎮企業が他地域の企業との競争の結果，成功をおさめて初めて回収可能だという点で，すぐれて競争的なものだという点である。2点目は，このような地方政府による信用割り当てが有効なものとなる背景には，金融市場が地域間で分断されており，地域を越えた資金移動が制限された中で，多くの郷鎮企業が地元の農村信用社や中国農業銀行からの借入に頼らざるを得ない状況がある，という点である。

このような環境で，政府の介入を通じて企業に割り当てられた資金が有効に用いられ，超過利潤を生むのであれば，その利潤が農村信用社など地域内の金融機関にプールされることを通じて，「金融抑制論」が想定したような地域内の資金供給曲線の下方シフトが実現するはずである。地域間の金融市場がほとんど発達していなかった当時の中国では，国有企業と違い，中央銀行からの信用供与の点で困難を抱える郷鎮企業への融資総量は，地域内の金融機関に資金がどれだけプールされているか，ということに大きく依存したと考えられるからである。

もちろん，このような状況は農村間の経済格差の拡大をもたらしたことは否定できないが，以上のようなメカニズムが働く限り，郷鎮レベルの制度外資金獲得をめぐる地域間の競争は，経済厚生の観点から見れば比較的効率的なものだったといってよいであろう[8]。

2）国有企業利潤と予算外財政資金

国有企業を地方財政の重要な収入源として捉えることについては，若干の説明が必要であろう。すでに計画経済期より，多くの国有企業は地方レベルの主管部門によって経営上の強い管理を受ける，「部門所有制」ともいうべき状況のもとにおかれていたと考えられる（石川，1997；和田，1997）。1980年代より国有企業改革が開始されると，国有企業の利潤はその多くの部分が基金や減価

---

[8] 国有企業に比べ郷鎮企業が優れたパフォーマンスを上げたことを示した実証研究は数多いが，先駆的なものとして Byrd=Lin eds.（1990）があり，また新制度派経済学の立場から理論的考察を行ったものとしては海主編（1997）がある。また菊池（1999）はそれらの実証・理論研究について広くサーベイを行っている。

償却などの形で内部留保されるようになったが，このような部門所有制の下では，国有企業の留保利潤についても，後述するように必ずしも企業がその用途を自由に決定できるというわけではなかった。また，1987年より導入された経営請負制の下で，国有企業は政府に対し一定の基準に基づく利潤上納を請け負うことになったが，それと同時に，数十種類の項目にわたる費用徴収や，地方政府による恣意的な「割当て」なども存続しており，またその総額もかなりのものになったことが指摘されている[9]。

このように，国有企業の場合，企業と地方政府との関係だけではなく，上納利潤の配分をめぐっての中央 - 地方間の問題，さらには地方政府内でのセクター間でのレント分配の問題が生じてくるため，状況は郷鎮企業のケースに比べはるかに複雑である。まずは前節で扱った「予算外資金」と国有企業利潤との関連を整理しておこう。

前節で示したように，1990年代に一連の財政改革が実施されるまで，予算外資金には国有企業およびその主管部門が管理する「国有企業専項基金」という項目が存在していた。これは，国有企業の留保利潤を一種の財政資金として計上していたものであり，この中には，「福利基金」「奨励基金」「生産発展基金」といった，従業員のボーナス支払いや福利厚生，さらには設備投資に用いるための狭義の内部留保のほかに，「更新改造資金」「大修理基金」など，減価償却費にあたる資金も含まれていた。1990年の数字を見ると，この「国有企業専項基金」が予算外資金全体の約65％を占めている（表6-1）。

鄧・姚・徐・薛（1990）によれば，こういった国有企業の「名目上の留保利潤（＝国有企業専項基金）」は，そこからさらに以下のような項目の負担が差し引かれたため，「実際の留保利潤（企業が自由に使える資金）」との間には少なからぬ乖離が存在していた。

① 国家エネルギー交通建設基金ならびに国家予算調節基金。
② 国債の強制割当て。

---

9) 国有企業の利潤分配制度の変遷をめぐっては，川井（1996）が詳しい。また，その制度変化の政治的な決定過程を追った研究としては，三宅（2006）がある。

表 6-1　予算外資金（地方）の収入・支出（1990 年）

収　入	億元	%	支　出	億元	%
国有企業・主管部門収入	**1,058.75**	**64.7**	**固定資産投資**	**520.57**	**31.2**
うち：更新改造資金	355.78	21.8	**大修理支出**	**147.01**	**8.8**
大修理基金	173.13	10.6	福利支出	157.03	9.4
その他の企業留保利潤	399.83	24.4	ボーナス支出	76.45	4.6
			小　計	901.06	54
行政事業単位収入	516.02	31.6	国家エネルギー交通基金	94.68	5.7
うち：道路修理費	151.65	9.3	国家予算調節基金	59.09	3.5
地方財政部門収入	60.59	3.7	道路修理費支出	134.37	8
うち：農牧業税付加	8.08	0.5	事業支出	166.16	10
都市公共事業付加	27.13	1.7	その他	314.01	18.8
合　計	1,635.36		合　計	1,669.37	

出所）財政部総合計画司編（1992）。

③ 地方政府各部門からの管理費の徴収。

　表 6-1 からも，「固定資産投資支出」「大修理支出」などの企業活動に用いられる支出（太字の部分）と，収入項目の太字部分にあたる「国有企業専項基金」の総額との間には，かなりの乖離が存在することが確認できよう。

　また，石川（1997），および鄧・姚・徐・薛（1990）は，企業の設備投資資金や減価償却費であるはずの「生産発展基金」や「更新改造基金」「大修理基金」のうち，実際の生産的活動に用いられるのは全体の 50％ほどであり，そのかなりの部分は労働者の住宅手当てなど，非生産的な目的に流用されていたことを指摘している。

　また和田（1997）も，OECF と中国社会科学院が合同で行った 1990 年代の国有企業のパフォーマンスに関する調査の結果に基づき，中国の国有企業の財務パフォーマンスが大きく悪化したこと，企業の財務構造のうち，「管理費」の割合が大きく上昇しており，それが財務パフォーマンスの悪化と密接に関連していると思われること，「管理費」のかなりの部分が地域の開発負担金など，企業の生産活動とは直接関係のない項目に使われている可能性があること，を指摘している。

以上の考察より，国有企業の「上納利潤」あるいは「留保利潤」は，地方財政と密接なかかわりをもっており，地域のインフラ建設や，社会福利や社会保障など本来は行政が負担すべきサービス提供のための，地方政府の財政資金を一部肩代わりする性質をもっていたといえよう（鐘主編，1993）。

　さて，このような地方財政との関係性の深さ，ならびに低金利政策の下で発生した利潤を企業と政府間で分け合うという構図に関しては，国有企業のケースも，前述の郷鎮企業と郷鎮政府との関係に類似するものとしてとらえてよいように思える。しかし実際には，この2つのケースの間には重要な違いが存在する。それは，国有企業の留保利潤額の拡大は，必ずしも企業自身の生産性の向上によってもたらされる必要がなかった，という点である。

　まず，国有企業の場合，中央政府とのバーゲニングによって利潤上納額を減らし，留保利潤を増やす余地が残されていた。もちろん，中央政府への税支払いをなんとか少なくしようとする努力は郷鎮企業のケースでも見られたものの，国有企業の場合，利潤分配をめぐる制度変化や，中央政府とのバーゲニングによってその留保利潤が直接影響を受ける度合いがはるかに大きかったと考えられる。たとえば，1983年から84年にかけて，国有企業の利潤分配を規範化するために，大中型国有企業の利潤の55％を所得税として徴収し，残りを企業に留保する「利改税」が導入されたが，市場経済改革が不十分なもとで，各企業がおかれた状況の違いを考慮しないまま一律の税率を設定することには無理があった（川井，1996，75ページ）。このような利潤率の違いを調整するため各企業に「調節税」が課されたが，税率が交渉により決められた結果，多くの場合収益率の高い企業ほど税率が高くなるなど，利潤動機を強化するような効果をもち得なかった（大塚・劉・村上，1985，52ページ）[10]。

　このため，1987年には経営請負制が導入される。当初，中央政府と企業との間の利潤分配のルールは，基準年の利潤上納額を基数として，毎年それに一

---

10) 利改税導入の背景とそれに対する地方・政府の反応については，髙原（2001）参照。髙原によれば，利改税導入の背景には，財政の規範化を重視しようとする国務院，財政部と，むしろ企業のインセンティヴを重視しようとする地方政府幹部との間の，市場化改革を進める上での路線対立が存在したという。

定割合を上乗せした額を上納し，あとは企業に留保できるという「利潤逓増請負」が一般的であった。しかし，このような政府と企業の分配関係を固定化する制度は，1989年の経済引き締めによる企業の経営不振により実現不可能になってしまった。その結果，利潤上納が企業と政府とのバーゲニングにより調整される余地がますます高まり，その総額は大きく減少していったのである（丸川，1996）[11]。

また，国有企業の場合，郷鎮企業などに比べて銀行からの借入がソフトであり，そのようなソフトな借入を利用することにより，生産性の向上を考慮しない拡張的な設備投資を行う一方で，企業内に留保される利潤の総額を確保することが可能であった点も重要である。国有企業への融資は地元の国有銀行によって行われる。その貸出の増加分は，最終的には中央銀行の信用割り当てによってファイナンスされたが，これは郷鎮企業のケースとの決定的な違いである。上述のチエン＝ローランドの指摘したような金融面での分権化が非効率なパフォーマンスをもたらすのは，この国有企業に対する地方政府の介入のケースとして理解できよう。

もし企業への資金提供が最終的には中央銀行の貨幣発行によりファイナンスされるならば，インフレが進行する分だけ実質資金供給量は目減りする（図6-4）ので，図6-3で見たような資金供給曲線の下方シフトは生じない。また，そのようにインフレが進行する中で名目金利が据え置かれるならば，実質金利はいっそう低下するため，資金供給はかえって減少するかもしれない。このように，最終的に企業の資金需要が中央銀行によってファイナンスされる場合，「金融抑制」論が主張するような成長促進効果は見られず，結果として高インフレだけが残ってしまいかねないのである。

さて，このような動きは，地方政府が政治的な働きかけにより企業と政府に留保されるレントを拡大しようとするもので，非効率なレントシーキング行為

---

11) この他，たとえば1980年代，課税前の借金返済を認めることで，課税ベースを縮小させるなどの処置（「税前還貸」）がほとんどの地方において採用されていた。これらの制度変化は，いずれも生産性の上昇を伴わない形で企業の留保利潤を拡大させる働きをしたと考えられる。

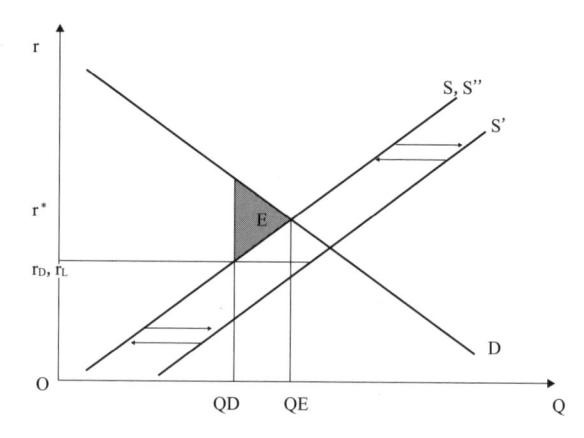

図 6-4　国有企業への融資を通じた地方政府のレント獲得
出所）筆者作成。
注）企業への融資が中央銀行貸出によりファイナンスされると、インフレ率の上昇により実施金利の低下が相殺されてしまう。

そのものであるといってよい。実際に、1989年の経済低迷期以降、国有企業の赤字が大きく拡大し、国家財政にも大きな負担となっていった。この点で、同じように低金利政策の下で融資上の優遇を受けているといっても、郷鎮企業のケースのように、与えられた「レント獲得機会」を競争的に実現しようとするケースとは大きく異なっているといわざるを得ない[12]。地方政府は管轄する国有企業の生産性を上げることよりも、上記のような政治的な働きかけによって企業の留保利潤を増やそうとする強いインセンティヴが働くからである。

このため、1980年代の中国経済は、郷鎮企業などの高いパフォーマンスを生み出した一方で、低預金金利・高インフレを通じて都市における家計部門には大きな負担を与え、1989年の天安門事件の発生につながるような社会的不安をもたらしたと考えられるのである。

ブラントとチュー（Brant=Zhu, 2000）は、1980年代における地方主導型の成長パターンとその帰結を、図6-5のような形で整理している。周知の通り、こ

---

[12] 国有企業のパフォーマンスをめぐる問題点について論じた研究は数多くあるが、特にその「生産性は向上しても経営指標が悪化する」という問題（「生産・財務パフォーマンス乖離問題」）を論じたものに関しては、和田（1997）に詳しいサーベイがある。

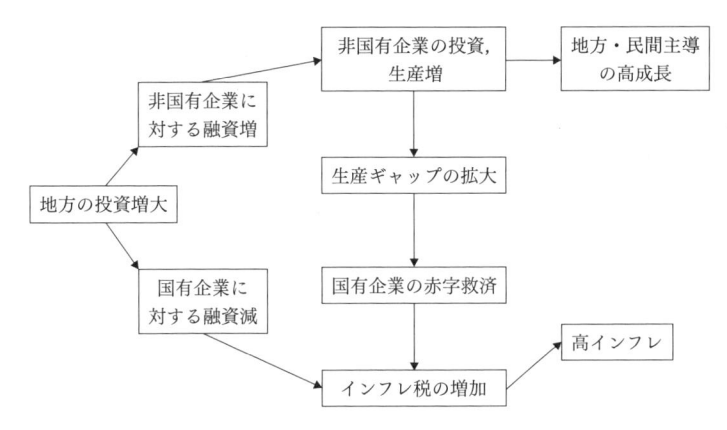

図 6-5 1980 年代地方主導型の成長パターンとその帰結
出所）Brandt=Zhu (2000).

の時期においては，沿海部を中心に郷鎮企業などの非国有企業が，地元政府と結びついた形で活発な投資・生産行動を行い，高成長の原動力となっていった。その一方で，非国有企業との激しい競争にさらされるようになった国有企業の業績は次第に悪化し，財政資金や国有銀行による融資によってその負債が穴埋めされることを通じて，経済全体にインフレ圧力をもたらした。このような形で，高投資・高成長と高インフレが共存していたのが，1980 年代の中国経済であった。

小　括

　本章では，財政金融システムにおける分権化が進んだ 1980 年代における地方政府の市場への介入の効率性について，特に金融市場への介入を通じたレントシーキング行為に注目しながら論じてきた。特にヘルマン＝マードック＝スティグリッツらの「金融抑制」論を援用した考察から，同じ金融市場への介入を通じたレントシーキングといっても，郷鎮企業のケースと国有企業のケースとではその効率性の面で大きな違いがあったことが明らかになった。
　その後，1990 年代以降の金融改革を通じて，地方政府が金融機関に対し地

元企業への融資の働きかけを通じてレントを獲得する余地は次第に狭まっていく。それに代わって地方政府の財源獲得手段として重要な役割を果たすようになっていくのが，土地市場への介入を通じたレントシーキングであった。この点に関しては，次章で詳述する。

補論　チエン＝ローランドのモデルについて

前掲図6-1に示されるような（国有）企業および（地方）政府による3期間のゲームを考える。

ここで，i地域における企業数をnとし，政府によりひとつの企業を救済するのに1単位の費用がかかるとすると，政府の収入は，予算制約がハードな場合には $E^H = nR_q$，ソフトな場合には $E^S = \alpha nR_q + (1-\alpha)nR_s - (1-\alpha)n$ と表される。この予算制約の下で，i地域における地方政府は，社会的厚生関数，

$$W_i = f(I_i, K_i) + y_i + u(z_i)$$

（fは社会全体の総生産，Iはインフラなどの公共資本，Kは民間資本，yは企業従業員の私的利益，zは教育，医療といった地方公共サービス，uはその効用関数）を最大化するように，Iとzの水準を決定するものとする。

すると，最大化の一階の条件は

① $\partial f(K_i, I_i) / \partial I_i = u'(z_i)$

② $I_i + z_i = E$

である。ここから，もし政府による企業救済が恒常的に行われる場合は，明らかに政府の収入全体が低下する（$E^S < E^H$），すなわち予算制約線が下方にシフトすることなどから，社会全体でのIやzの供給水準が過小になるといった，資源配分上のゆがみが生じることが示される[13]。

---

13) ソフトな予算制約の下でIの供給が過小になることを示すためには，厳密には，この他に関数fがIに関して凸性をもつ，などの条件が必要となる。詳しくはQian=Roland (1998)の付論参照。

第7章　土地市場と地方政府のレント獲得行動

　1990年代以降の中国経済は，為替レートが低めの水準でドルに固定され続けたこともあって過剰流動性の状態に見舞われ，しばしば「バブル」と称されるような資産価格の高騰を経験してきた。特に不動産市場の動向に関しては，不動産取引を通じて巨額の富を得た業者がいる一方で，大都市における住宅価格の高騰は庶民層の不満を招いているといわれる。また，農村における政府による土地収用に関しては，わずかな補償金しか与えられないまま強引に土地を収用された農民たちによる争議が相次ぎ，また『財経』，『南方週末』などの大都市に基盤をもつ新興の商業メディアがそれを積極的に報道したことによって，内外で広い関心を呼び起こした[1]。

　この問題がジャーナリスティックな関心からとりあげられるとき，地方政府が開発業者と結びついて，立ち退きを迫られた住民や農民を一方的に搾取していることが問題視されることが多い[2]。しばしば指摘されるように，これらの

---

1) この問題を包括的に取り上げたジャーナリズムの報道としては「土地解密」『財経』第153期（2006年），などがあげられる。またこのような土地問題に関する制度的変遷については黄主編（2006）に詳しい。土地収用をめぐる農民暴動やデモについては，何（2007）に詳しくまとめられている。またいわゆる「失地農民」の問題や「失地」後の生活状況については，李・嘉（2006），王（2006）に詳しい記述がある。
2) この点に関する政治学的なアプローチとしては田原（2006）を参照。この他，不動産企業の行動については任（2009）が，財政とのかかわりについては朱（2007）が，農地開発に伴う環境問題については張（2007）が詳しい。

問題の背景には「地方政府による土地市場への介入を通じたレントシーキング」、およびそれをめぐる「中央と地方の綱引き関係」がある。しかし、そこで注意しておかなければならない点が2つある。

第1に、一口に「土地市場に対する政府の介入」といっても、それがどの地域の、どういった用途の土地を対象にしたものか、あるいはどのような方式で政府による収用・譲渡が行われたかによって状況は大きく異なるという点である。もうひとつは、このような「地方政府によるレントシーキング」およびそれをめぐる中央との綱引き関係は、なにも最近になって出現した現象などではなく、改革開放の初期段階からつとに指摘されてきた問題だという点である。

したがって、近年の地方政府による土地市場への介入をめぐる問題を論じるにあたっては、このような土地市場をめぐる多様な現実を整理したうえで、それまでの中央政府と地方政府との間に生じてきた問題とはどんな点で異なっており、また今後の中国の経済発展を考える上でどのような重要性をもっているのか、という点を明らかにする必要がある。

本章ではこのような問題意識から、①「土地収用問題」と地方財政が抱える構造的問題との関連性、②不動産価格高騰のメカニズムと政府の価格抑制策の有効性、③「土地収用問題」に見る地方政府主導型経済発展パターンの変容、という3つの点に注目し、土地市場と地方政府との関係をめぐる問題について考えていきたい。

1. 土地・不動産制度改革と価格抑制政策

まず、改革開放期における土地・不動産の取引に関する主な法律の整備、および政府による不動産価格抑制政策の変遷をざっと整理しておくことにしたい[3]。

長らく計画経済のもとで土地公有制を堅持してきた中国において、土地取引およびそれに関する法律の整備が行われるようになったのはそれほど古いこと

---

3) 本節の記述にあたっては、劉・張（2006）、黄主編（2006）、などを主に参考にしている。

ではない。まず，1986年に「中華人民共和国土地管理法（以下「土地管理法」）」が施行され，公有制を前提とした土地管理の法体系が整えられた。

翌1987年には，深圳市で初めて都市における国有地使用権の有償譲渡，すなわち（地方）政府が土地の使用権を民間の開発業者に払い下げ，その資金をインフラなどの都市建設に投じる，という形を取った都市開発の手法が開始された。このモデルは，英国植民地時代の香港政庁による都市開発の手法にあったといわれる（小野寺，1997）。さらに後述するように1988年に改正された憲法および「土地管理法」において，このような制度に対する法的な裏づけが行われた[4]。

このような制度的な整備を背景に，1992年の鄧小平による南巡講話をきっかけにして，第1次不動産開発ブーム（「土地囲い込み（圏地）ブーム」）が生じることになる。沿海部の都市を中心に，土地使用権の有償譲渡制度を利用した都市開発の手法が広がっていったのである。たとえば，全国固定資本投資に占める不動産投資の比率は，1991年には6.1％ほどであったのが92年には9.3％，93年には15.6％と急速に上昇した。ただし，このような90年代初頭の不動産ブームは朱鎔基首相による一連の「バブルつぶし」と金融引き締め，さらには97年のアジア通貨危機の影響による投資の冷え込みによりいったん沈静化する。

しかしその間にも，土地・不動産取引に関する制度的な整備は着々と進められた。なかでも重要なのがそれまで国有企業を中心とした「単位」により支給されていた都市住宅の「持ち家化」と「商品化」に関する改革である。まず1994年の「都市住宅制度改革の深化に関する国務院決定」，および1998年の「都市住宅制度改革のいっそうの深化と住宅建設の加速に関する通達」により，都市住宅の商品化を進め，住宅の現物支給制度を廃止し，住宅建設を促進するという方針が明確化された。一連の住宅商品化への動きは，都市住民層の住宅

4）これは都市における土地収用についての制度であり，集団所有である農地の非農地への転換には依然として厳しい制約が設けられていた。後述のように，農地については政府がいったん収用することにより「国有地」とされ，しかる後に開発業者への譲渡が行われる，という手法がとられるようになる。

需要を刺激し，2002年以降の第2次不動産ブーム発生の大きな原因のひとつとなっていく。

土地取引に関しても，農地などの集団所有地を政府が収用し開発がスムースに行われるための制度づくりが進められた。まず1996年には深圳と上海で国立の土地投資会社が設立され，これらの機関（土地備蓄センター）が，地方政府から委嘱される形で開発用地を収用するとともに整地やインフラ整備などその管理も一括して行うという「土地備蓄制度」が導入され，次第に全国に広がっていった[5]。

また1998年に改訂（施行は1999年）された新しい「土地管理法」では，農村における集団所有地の建設用地としての開発にあたってはいったん政府が収用し「国有化」することを義務付けたほか，土地収用にかかわる審査・認可権を国務院と省政府に限定するなど，土地開発に関するより上級の政府による管理が強化された（高・劉，2007）。また国有地使用権の期限が，居住用地は70年，工業用地50年，教育・科学技術・文化・衛生目的の使用は50年，商業・娯楽用地は40年など土地の使用目的別に詳しく定められた他，農地収用の際の農民への補償基準についても，収用が行われる時期から過去3年間の平均収穫量の6-10倍を支払うことが規定される（第47条）など，土地使用権の有償使用のための制度的な整備が図られた。

さらに2001年に出された「国有地資産管理の強化に関する通達」では，上記の「土地備蓄制度」に基づき，土地使用権取引における公開・公平・公正性を実現することがうたわれた。それまで国有地の有償譲渡においては協議方式が圧倒的なシェアを占めており，価格や過程が不透明だとして批判を浴びていたが，それ以降，入札制など市場を通じた使用権譲渡の動きが本格化した[6]。

このような「土地備蓄制度」を中心とした一連の土地開発への管理強化の動

---

5) この「土地備蓄制度」には市場メカニズムをより重視する「上海型」，政府主導で行われる「杭州型」，市場メカニズムと政府による土地資産管理が結びついた「南通型」の3つのタイプが存在するとされる（黄主編，2006，上巻，23ページ）。現在では，「土地備蓄センター」が設立されている都市は1,000以上に達するという（蒋・劉・李，2007）。

きには，本来，破産したりリストラの対象となったりした国有企業の資産が不正に流出するのを防いだり，減少が懸念されつつあった耕地を乱脈開発から保護したりするという目的があったとされる（「土地解密」『財経』第153期）。しかしながら，このように土地開発の権限が地方政府による収用と認可を通じて一元化されることによって，以下のような必ずしも中央政府が意図していなかったような結果も同時にもたらされた。

　まず，政府から民間への土地の払い下げの市場（土地の「1次市場」）が，中央・省政府の認可を通じて一元化されたために，一種の独占による供給不足の状態が生じ，地価の上昇を招くようになった。第2に，それまで都市の国有地を主な対象としていた土地の「有償使用制度」が，農地などの集団所有地に対して本格的に適用されるようになった[7]。第3に，地方に備蓄された土地のうち市場価格で譲渡されるものの比率が増えた一方，農地などの収用に際して支払われる補償費は低く抑えられたため，その差額である地方政府の収入は大きく増加した。

　このような背景のもとに，2002年ごろから第2次不動産開発ブームが本格化していく。このときは第1次のブームと異なり，上述のように集団所有の農地などを地方政府が「収用」し，いったん国有化した上で有償譲渡を行うという手法が主流になった。このため，十分な補償もないままに土地を失ういわゆる「失地農民」の存在が社会問題として注目をあびるようになる。そのような状況の中，2003年3月より施行された「農村土地請負法」では，個別農家のいわゆる「請負権」を土地に対する用益物権の一種であることを明文化し，農家の土地に関する「財産権」保護に道を開いた。具体的には，土地使用権の当事者の希望に基づく相続・売買を認め，請負期間（耕地30年，牧草地30-50年，

---

6) たとえば，2000年の全国の入札方式による土地の譲渡収入は350億元，2001年には492億元であり，年率40％の成長となった。また，入札・競売方式が同時期に譲渡された土地面積の全体に占める比率は2002年の15％から2003年の33％に増加している。黄主編（2006）上巻，30ページ。
7) たとえば東部のある県に設けられた「土地備蓄センター」では，2001年までに備蓄が行われた土地のうち農地を収用したものの比率は14.4％ほどであったが，2002年にはそれが88.3％に達したという（「土地解密」『財経』第153期）。

森林 30-70 年など）内は農地の使用権は政府などにより回収されないことなどを定めた[8]。

そして 2007 年 10 月には，社会主義公有制を主体とした上で，多様な所有制による経済の共同発展という原則を確認し，国や集団の所有権だけではなく個人の所有権も平等に保護していくことを明記した「物権法」が施行された。本章との関連では，土地使用権などに代表される用益物権が登記制度を通じて保証されることを確認し，さらに契約期間満了後の取扱いや政府による土地収用の際の住民補償に関する規定なども盛り込まれた点が注目される。

さらに，中国共産党は 2008 年 11 月に開かれた第 17 期中央委員会第三回全体会議（三中全会）で「農村改革の発展を推進するにあたっての若干の重大問題に関する決定」を採択し，自由意志かつ有償でおこなわれること，農地は集団所有であること，土地用途は変更しないこと，など一定の条件の下で農地使用権の売買を認めることを盛り込んだ。この決定を受ける形で，農地の市場取引を行うための制度的仕組みである「農村土地流転服務センター」が四川省，浙江省などで設立された。

以上見てきたように，外国企業などを誘致する工業区の開発に加え 1990 年代後半からは商品住宅の開発という不動産需要の高まりが生じてきたという現実を踏まえ，それをサポートするための法律面での整備や積極的な不動産融資が行われてきた。これらの一連の制度的整備に加え，国内に十分な投資先がない中で国内・海外の余剰資金が流れ込んだため，ストックとしての土地・不動産価格は大都市を中心に一貫して物価を上回る伸び率を示した（図 7-1）。このような不動産価格の高騰に加え，近年では土地開発に伴う強制立ち退き問題や賃貸料の上昇による市民生活の圧迫，暴利をあげている不動産業者や地方幹部への不満，などといったさまざまな社会問題が生じていることは冒頭に述べた通りである。

これに対し中央政府は，地方政府および開発業者などによる不法で暴力的な土地収用が行われないよう，また農民などもともとの土地の用益権者に十分な

---

8) 農村土地請負法については，姚（2007）を参考にした。またその実施状況については，蒋他（2006）が詳しい。

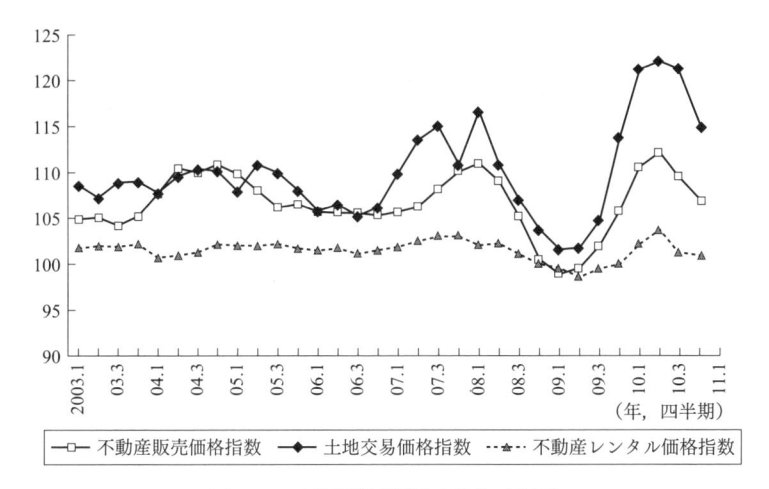

図 7-1　不動産関連指標の動向（全国）
出所）国家統計局『中国経済景気月報』各号，国家統計局ウェブサイト（http://www.stats.gov.cn/）。
注）グラフの数字はいずれも前年度の価格を100としたもの。

補償金が支払われるよう，主に法制面での整備や個別の通達によって対応してきた，といえよう。

　また需要面に関しては，不動産市場において加熱傾向があらわになると，中央政府は金融機関の不動産融資に対する直接規制を中心とした抑制策を採用してきた[9]。特に2003年から2004年にかけて上海およびその周辺地域で生じた不動産投資の過熱に対しては，国家の産業政策の目的に合致しない開発項目などに対する総量制限など，不動産業者・市場への厳しい引き締め措置がとられた（「両難任務」『財経』第179期など）。たとえば2004年6月には，江蘇省常州市の江蘇鉄本鋼鉄有限公司が開発のための用地を不法な手段で取得したとして，プロジェクトの停止を命じられ，関係者の処罰が行われた（田中，2007，261ペ

---

[9] たとえば2003年7月には「不動産金融に対するいっそうの管理強化に関する通達」が出され，企業が銀行から融資を受けて不動産開発を行う場合，プロジェクトの自己資金が30％（2006年以降は35％）を超えていなければならないとされた。しかし，30％の「自己資金」のうち，実際には約70％が外部資金によりまかなわれるなど，さまざまな「抜け道」が用意された。「房貸之秘」『財経』第87期，日本総合研究所調査部（2005）などを参照。

ージ)。また同年10月の「改革を深め土地の厳格な管理を行うことに関する国務院決定」では，建設用地の総量規制を行うこと，農地の転用に対する管理を厳格に行うこと，土地開発に伴う農民への生活補償を十分に行うことなどが定められた[10]。また，2007年ならびに2009年の不動産価格高騰の際にも，マンション購入に伴う頭金の引き上げや不動産ローンの規制など，政府による不動産市場への直接介入が繰り返し行われた。

しかし，これらの一連の政策は，不動産市場の価格高騰を抑制するという目的から見れば，これまで一時的な引き締め効果はあったものの，必ずしも十分な成果を上げてこなかったと考えられる。その原因を考えるにあたっては，次節以降で見るような，中国の土地市場と地方政府との特別な関係に注目する必要がある。

2. 土地・不動産市場と地方財政収入

第6章において見たように改革開放期において，慢性的な財源不足に悩む地方政府は，しばしば要素市場に積極的に介入してそこから生じる「レント」を非正規の財源とする，という行為を繰り返してきたと考えられる。以下では，特に地方政府の土地市場への介入を通じた財源獲得の方法について詳しく論じる。

まず，土地関係の地方政府の予算内の税収入について，課税対象とその根拠，税率，および地方への留保比率などについて，簡単に整理しておこう。

表7-1に見られるような中国の土地に関する税制について，まず特徴的なのは土地に対する課税と建物に対する課税がそれぞれ別の体系になっているということである。たとえば，「不動産税」および外資企業を対象とした「都市不動産税」はあくまでも土地ではなく建物の原価に対して課税される。それに対し「都市土地使用税」は，公有部門以外の企業が土地を使用する際に政府に支払う「使用費」の一部を税として制度化したもので，土地の収益性に応じた

---

10) 農村における土地流動化の最新の動きに関しては，「地権回帰」『財経』第222期参照。

表 7-1 不動産関連税収について

	税の種類	課税の根拠	税率	地方留保率
不動産占用者に対する課税	不動産税	不動産原価	1.20%	100%
	都市不動産税	不動産原価	1.20%	100%
	耕地占用税	耕地面積	1-10元／平方米	100%
	都市土地使用税	土地面積	1.5-30元／平方米	100%
不動産売買・譲渡利益に対する課税	契約税	契約額	2または4%	100%
	営業税	売上収入	5%	100%
	印紙税	契約額	0.03-0.05%	50%
	都市維持建設税	納税額	5-7%	100%
	企業所得税	企業収入	33%	40%
	個人所得税	個人収入	20%	40%
	土地増値税	付加価値	30-60%	100%
不動産レンタル収入に対する課税	不動産税	レンタル収入	12%	100%
	都市不動産税	レンタル収入	18%	100%
	営業税	レンタル収入	5%	100%
	企業所得税	企業収入	33%	40%
	個人所得税	個人収入	20%	40%

出所)「物業税起歩」(『財経』第99期),劉佐（2006）などより筆者作成。

「差額地代」の調整という意味合いをもっている[11]。

　さらに留意すべき制度上の特徴としては，都市においては土地の所有権は国家に帰属するのに対し，農村の土地は基本的に集団所有である，という点がある。これを反映して税制面でも，土地および不動産に関する課税ともに農村と都市ではそれぞれ異なる制度が適用されている他，都市維持建設税のように納税額に対して課せられる税付加のような性格のものもあり，その体系はいっそう複雑なものとなっている。このような現行の土地税制に関しては，以下のような問題点が指摘されている（秦・李，2007）。

・課税ベースが狭すぎる上，課税対象が明確化されていない。営業目的でなければ不動産税は課税されず，公有企業であれば土地使用税は課税されな

---

11) それまで国有地を無料で利用していた国有企業から政府が地代を回収する目的で導入された「土地使用費」は，当初は土地の所有権が国にあることを示す程度の象徴的な徴収額に設定されたという（小野寺，1997）。都市土地使用税の税率も当初は軽微なものであったが，2007年より3倍に引き上げられた。

いなど，免税規定も多い。
・土地増値税など一部の税については税率が高すぎて，虚偽の申告や脱税のインセンティヴが大きい。
・土地の交易にかかる税率は重く保有にかかる税率は軽いなど，税負担上の歪みが大きい。そのため，投機目的で保有され，利用されない土地が多くなっている。
・レント・税・費用負担が混在しており，それぞれの整合性が取れていない[12]。

さて，これらの土地取引・保有にかかわる税収入については，営業税・所得税など他の産業からの税収を含むものを除き，近年確かにその規模は拡大してはいるものの，地方財政収入全体に占める比率に目立った変化はない。

しかし地方政府は，以上のような土地取引・保有にかかわる税収のほかに，以下のようなさまざまな費用を開発業者などから徴収している（「土地解密」『財経』第153期）。

① 耕地開墾費，土地使用権譲渡金，新増建設用地の土地有償使用費，管理費，登記費，住宅立ち退き費など，土地部門が管理する収入。
② 土地使用費，土地レンタル費など，地方政府の財政部門が管理する収入。
③ 農業，不動産，水利，交通，郵便・電信，文物，防空，林業などの各種部署による雑多な費用収入。

なかでも，国土資源部などの部門が管理する土地使用権譲渡金などの費用収入（以下では「土地使用権譲渡収入」と表現）は，その規模が年々拡大しているだけではなく，地方政府が農地などに対する事実上の「所有権」を利用して，市場において自らその「使用権」を売却することによって得られる収入であり，政府の市場介入による「レント」の一種として解釈できる点で注目に値する[13]。

---

12) このような土地取引・保有に関する税収についての問題点を解決するため，より総合的な不動産税（「物業税」）の導入が検討されてきた。「物業税起歩」『財経』第99期，「真実的物業税」『財経』第179期。その後，2011年1月に上海，重慶の両都市で試験的に住宅保有を対象とした不動産税が導入されることが発表された。

このような土地の有償使用制度は，すでに述べたように深圳市で1980年代末に導入されたのが嚆矢であるが，全国レベルでは，1988年7月の国務院による「国有地使用権の譲渡批准権限に関する通知」，および土地の使用権について譲渡や賃貸を認めた同年の憲法改正，さらに土地管理法の修正などの一連の法整備によって明文化されたと考えられる。この制度は，1992年の南巡講話以降における外資の積極的導入に伴い，外資による土地開発・経営を促進するという目的のもとに，沿海部の都市を中心に本格化していった[14]。また，同年の「不動産業の発展に関する若干の問題についての通知」により，農村などの集団所有地についても政府がいったん収用し，国有地に転換してから譲渡可能になるということが明記された（小野寺，1997，31ページ）。そのような集団所有地の有償譲渡が1990年代後半に「土地備蓄制度」の下で本格化していくというのはすでに述べたとおりである。

　当初，土地使用権譲渡収入は，中央と地方が4：6で分割することになっていた。その後，中央の取り分は32％になり，1992年の「国有地使用権の有償譲渡収入の徴収管理に関する暫定弁法」では，地方は譲渡収入の5％を中央に収めればよいとされた。さらに分税制が実施された1994年以降にはそれらはすべて地方に留保されることになり，地方政府の重要な資金源になっていった。

　2003年以降の不動産ブームの中で，沿海部の省では地方政府の手にする譲渡収入が数十億元に達するところも珍しくなくなり，それらの多くは乱脈な都市建設に用いられていることが指摘されるようになった。このような事態を受けて2004年国務院は，地方政府は譲渡金の15％を農業開発に振り向けるよう要求した（「重分"土地出譲金"」『財経』第155期）。また，2006年12月国務院

---

13) 以下文中で示される土地使用権譲渡収入の内訳は，より厳密には，土地の取得費用（農民に対する生活補償など），整地・インフラ整備費用，売買収益（「譲渡収入」）の3つの部分からなっている。
14) 実際にはこれらの「費用収入」の移転は次のようなものと理解される。まず政府がそれまでのその土地を利用していた企業ないし住民の移転とそれに伴う補償を完成させ，整地をして，基本的なインフラ（道路，上・下水道，通信，ガス，〔暖房用の〕スチーム，整地で，「七通一平」ともいわれる）を整備した状態で不動産開発企業に引き渡す。小野寺（1997）参照。

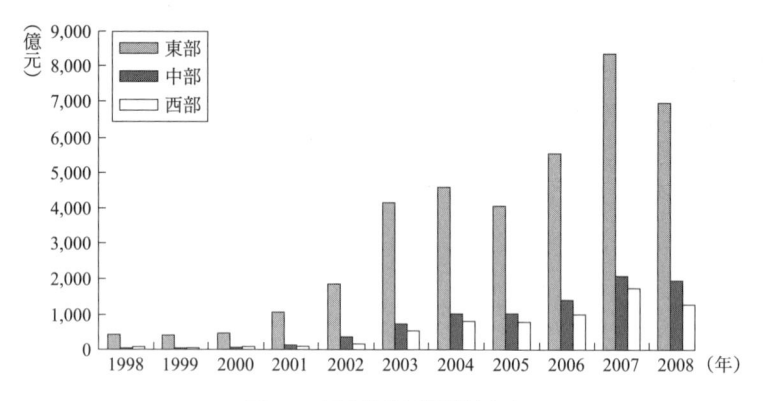

178──第Ⅱ部　地方政府の行動と資産バブルの発生

図 7-2　国有地使用権譲渡収入

出所）国土資源部『中国国土資源統計年鑑』各年版。
注）金額は，土地の使用者から政府に対して支払われる土地使用権譲渡金，土地開発費，整地費などの金額を合計したものである。

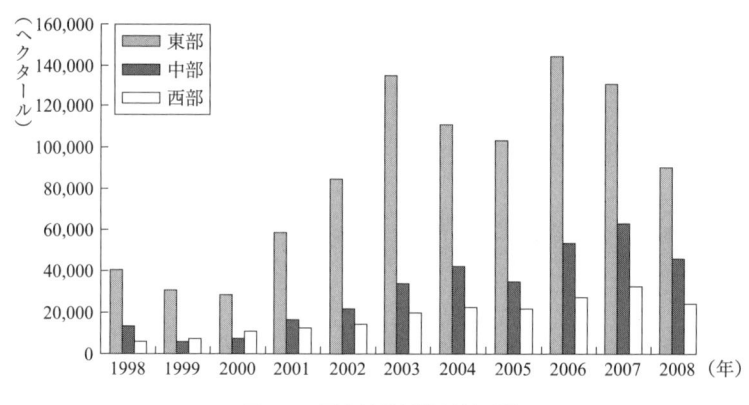

図 7-3　国有地使用権譲渡面積

出所）図 7-2 に同じ。

弁公室公布の「国有地使用権譲渡の収支管理の規範化に関する通知」では，土地使用権譲渡収入についてその範囲を明確にし，徴収に対する管理強化を要求している。

　これらの譲渡収入の一部は，予算内財政収入の中の「基金収入」として計上し中央の批准を受けることになっており[15]，その規模は 2006 年で 2,037.51 億

元となっている。その収入全体額（同8,077.64億元）に占める比率は3分の1以下であり，また地域によってもバラツキがある。それ以外の部分は統計に現れない「制度外資金」（第6章参照）あるいは「第二財政」「小金庫」として地方政府に留保されていると思われる[16]。また，その過程で住民に対する規定の補償金が支払われなかったり，暴力的な手段を使って立ち退かせたりするなど，不法な土地収用が地方政府によって行われるケースが多いことも指摘されている。

図7-2を見れば，土地使用権譲渡収入が2002年，すなわち「第2次土地開発ブーム」が過熱し始める時期から急速に増加していることがわかる[17]。また，その伸びは東部と中西部の間で大きな隔たりがあり，このような収入が土地開発の地域的な偏りを反映していることが見てとれる。

このような土地使用権譲渡収入は一般に，郷鎮以上の政府に約40％，村民委員会に約40％が分配されており，農民の手元に渡るのは20％以下であるとされる[18]。したがって，図7-2のような譲渡収入の変動はほぼ土地取引を通じた地方政府の収入の変動と対応していると見てよいであろう。

また，図7-3に見られるように，2004年あるいは2007年において，国有地の譲渡面積は前年より減少したにもかかわらず[19]，図7-2で見たように有償譲渡額，すなわち地方政府の土地取引を通じた収入は大きく増加していることは

---

15) 「基金収入」は1990年代以降の税制改革の中で，予算外資金が予算内に組み入れられる中で生じた過渡的な存在であり，工業交通，商貿，文教，農業などの各部門が管理しているが，その支出については中央政府の批准を受けることになっている。また，一部は一般予算収入への編入が検討されている。馬・李・石・徐編（2003）参照。
16) 2007年1月より土地の有償譲渡に関する収支は全額地方基金予算管理の対象とすることが定められた。同時に土地収益金の使用範囲についても土地収用，立ち退き補償，土地開発，農民支援，都市建設支出などの用途に限られるなどの明確な規定が設けられた。「真実的物業税」『財経』第179期。
17) たとえば2007年には，譲渡収入の合計値は，地方財政収入全体の約52％に達している（『中国国土資源統計年鑑』『中国統計年鑑』などより筆者推計）。沿海部の都市だけをとりあげれば，その比率はより大きなものになると考えられる。
18) 郭（2005）参照。同論考によれば，農民が手にすることのできる平均的な補償金の額は農民の平均年収の3年から5年分だとされる。
19) 2004年に国務院が批准した都市の建設用地面積は，2003年に比べて46％減少したといわれる。黄主編（2006）下巻，76ページ。

注目に値する。例えば 2004 年に譲渡面積が減少したのはすでに述べたように，この年に政府による不動産開発および融資に対する引き締めが行われたためだが[20]，全体的な土地供給量の減少が価格の上昇をもたらしたため，地方政府の収入はむしろ増加したと考えられる。このような現象が生じる背景には，地方政府がレント収入である土地有償譲渡収入を最大化するために独占的に土地を供給しているという中国の土地市場の特殊性があると考えられる。この点については次節で詳しく考察したい。

3. 土地市場の構造とレントシーキング

通常，経済学で不動産価格や地価を考える際には，まず賃貸市場により地代が決定され，その地代を所与とした上で，資産市場において他の投資資産との裁定が働くことによって地価が決まるとされる[21]。しかし，以下に見るように，中国の不動産市場を取り巻く状況は，そういった標準的な経済理論で想定されているものと大きく異なっている。

中国の不動産市場の最大の特徴は土地が公有であり，取引が許されるのはその使用権のみであるのに対し，その上に建設される住宅などの不動産には個人・法人の所有権が認められている点にある。このことが，中国の不動産市場をそれぞれ性格の異なるいくつかの層からなる，複雑な構造をもつものにしている。

まず地方政府が，農地や都市の旧市街などの土地を収用し，その「使用権」

---

20) 2004 年に停止された建設プロジェクトの数は 1,327 に及んだ。特に重複投資が懸念される鉄鋼・セメント・アルミニウム産業への土地供給は厳しく規制された。黄主編（2006）上巻，35 ページ。

21) 実質地代（土地のレンタル代）が自由競争的な市場において均衡水準 R に決まるとする。また q を土地の実質価格，r を名目利子率，p を物価水準とする。t 期に 1 単位の土地をもっている投資家を考えると，この投資家が今期にこの土地を売ってそれを金融市場で運用した場合次の期には $(1+r)p_t q_t$ の収益を得る。また，今期は売らないで賃貸し，次の期に売るとすると次の期には $p_{t+1}q_{t+1}+p_t R$ の収益を得る。均衡水準ではこの 2 つの収益は一致するはずなので，$(1+r)p_t q_t = p_{t+1}q_{t+1}+p_t R$ を満たすように地価 q は決定される。西村・三輪編（1990）第 5 章参照。

について開発業者などに対して有償で譲渡を行う市場が存在する。これが不動産の1次市場（中国語では「一級市場」）である。次に，開発業者などが地方政府より取得した土地を開発し，マンションなど不動産を建設して，土地の使用権と不動産の所有権をセットにして個人や企業に売り出すのが2次市場である。さらに，そのように2次市場で売買された物件についての中古市場や賃貸契約は，3次市場における取引として理解できる[22]。

　このうち，2次・3次市場においては，標準的な理論が想定しているように，他の資産との裁定が働くものと考えてよいだろう。しかし，2次市場における土地ストックの総量およびその期待収益率は，1次市場における土地の供給量によって大きく影響を受けると考えられる。したがって，以下ではこの土地の1次市場をめぐる状況について詳しく検討しよう。

　土地の1次市場とは，前述のように都市・農村の国有地の使用権を，政府が民間へ払い下げる市場にほかならない。土地使用権の払い下げには大きく分けて無償譲渡，協議方式，競売・入札の3つの方法が存在する。図7-4に示されているように2000年までは無償譲渡が土地面積の上で有償譲渡を上回っていたが，2001年以降は後者が前者を大きく上回っている。このように無償譲渡

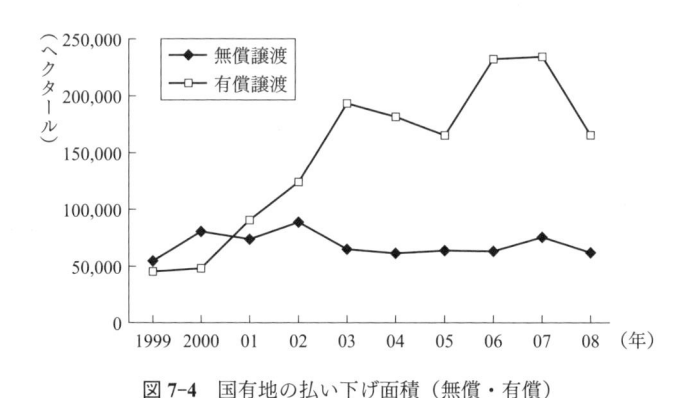

図7-4　国有地の払い下げ面積（無償・有償）
出所）図7-2に同じ。

22）以上の記述においては，高（2007）などを参考にしている。

表 7-2 国有地有償譲渡に占める協議方式の割合
(単位：%)

	2003	2004	2005	2006	2007	2008
面積ベース	72.02	71.12	65.44	69.47	50.1	16.1
金額ベース	43.35	44.65	28.69	28.26	17.5	7.1

出所）図 7-2 に同じ。

される国有地は，基本的に政府自身によって道路・公園・緑地・文教施設などの公共財の供給のために需要されていると考えられるため[23]，以下ではもっぱら有償譲渡を考察の対象にしていきたい。

有償譲渡のうち協議方式は，主に工場や公共施設などの建設用地を特定の開発業者や企業に安価で払い下げるものである。地元により多くの工場を誘致できれば長期間にわたる税収の増加が見込めるため，地方政府は競って経済開発区を設け，その企業への払い下げ価格を切り下げており，ときには土地の取得コストぎりぎりの水準になる場合もあると指摘されている。ただし，その有償譲渡全体に占める比率は，競争入札を推進する政府の方針もあり，低下傾向にある（表 7-2）。また，競売・入札は，すでに述べたように 1990 年代末の土地備蓄制度を通じた農地開発が本格化したのをきっかけに急激に上昇してきており，特に商業地，住宅用地などではこの方式が大部分を占めている（表 7-3）[24]。

表 7-3 用途別に見た協議方式の比率（2005 年）
(単位：%)

商業用地	15.13
鉱工業企業	89.54
公共施設	50.20
住宅	8.11
水利施設	72.37
交通・運輸	97.85

出所）図 7-2 に同じ。
注）比率は金額ベース。

表 7-2 における 2006 年までのデータを見ると，全体の面積では協議方式が全体の 60-70％のシェア

---

[23] ただし，このような本来は公共の目的に用いられるべき用地において，実際は地方政府による贅沢なオフィスビルなどの建設がもっぱら行われている，などの問題も指摘されている（蒋・劉・李, 2007）。

[24] ただし，競争的な払い下げ方式の中でもむしろ近年主流の座を占めている（2008 年には面積・金額とも 70％以上）のは「挂牌」と呼ばれる，純粋な競争入札にくらべて談合性の強い方式であることには注意を要する。「挂牌」方式での払い下げが政府と開発業者の癒着を生みやすいという問題については，Cai=Henderson=Zhang（2009）を参照。

を占めている一方で，譲渡収入の金額ベースではその約半分程度のシェアを占めるに過ぎない。このことからも協議方式が競売・入札方式に比べて大幅に低価格での払い下げとなっている事実が見てとれよう。これは前述のように企業の誘致を行うため，地方政府が争って1次市場における供給価格を切り下げている結果であり，この点だけを見ると，土地市場に競争が働いており望ましい状態にあるように思える。しかし，このことは一方で，政府による土地取得が「買い手独占」の状況にあり，土地の払い下げ価格が切り下がる中で農民などに十分な補償費が支払われない，という状況を示唆するものでもある。

さらには，このような土地の使用目的によって明確に異なった譲渡方式が採用されており，その価格に大きな差があるという現象こそ，土地の1次市場の供給が地方政府による独占状態にあることを示すものだと考えられる。なぜなら，以下に述べる通り，これらの現象は独占企業による典型的な「価格差別化戦略」として理解することが可能だからである。

価格差別化戦略とは，市場において価格決定力をもつ独占企業が需要の価格弾力性が大きく異なる2種類の買い手に直面したとき，価格弾力性の大きな買い手に対して製品により低い価格をつけるというものである。入場券の学生割引や，タクシーの夜間割増料金制などが典型的な価格差別化戦略として知られている。

これを中国の土地の1次市場のケースに当てはめるとどうなるだろうか。たとえば，製造業企業が工場の建設用地を探しているとき，特殊な産業集積が形成されているケースを除けば，ある特定の地域にこだわる必要は必ずしもなく，地価や人件費などのコストが少しでも安いところに立地する誘引が高いと考えられる。これは，先進国から途上国への製造業の生産拠点の移転が相次いでいることからもわかるように，製造業の場合には生産の立地が必ずしも需要により制約されないことから来ている。以上のことから，工場建設用地に対する需要は，地価に対する弾力性が非常に高いと考えられる。

それに対し，住宅地・商業施設はもともと地元の住民の需要を当て込んで建設が行われる（立地が需要に大きく制約される）ため，他の地域との代替性が低いと考えられる。このため，たとえばある地域の人口が多いなど，一定の収益

が見込めるのであれば少々コストが高くても当該地の土地を取得する誘引が働く。すなわち工場建設用地に比べ，住宅地などの需要の価格弾力性はかなり小さいのである。

ここでもし地方政府が土地供給を独占的に行っていれば，2つの土地需要に対する「価格差別戦略」を採用することが可能である。すなわち工場建設用地においては，少しでも多くの工場を誘致し将来の税収を確保するため土地を非常に安い価格（P_2）で供給するが（図7-5の右側のケース），価格弾力性の低い住宅用地では高い価格（P_1）と大きな独占レントを享受しているものと考えられる（同，左側のケース）のである。実際，国土資源部の発表によれば，2010年第3四半期における商業地の全国平均価格は1平米あたり5,018元，住宅地が4,085元なのに対し，工業用地の平均価格は623元と，かなりの差がついている。

価格弾力性によって程度に差は生じるにせよ，いずれの場合も土地の供給量は限界収入曲線（MR）と限界費用曲線（MC）の交点で決定されるため，完全競争の場合に比べて過少供給となり，地代および土地の価格は上昇する。そして，土地の譲渡収入から住民への補償費などの土地の取得コストを差し引いたもの（図の網の部分）が土地市場における独占レントとして地方政府の収入になる[25]。

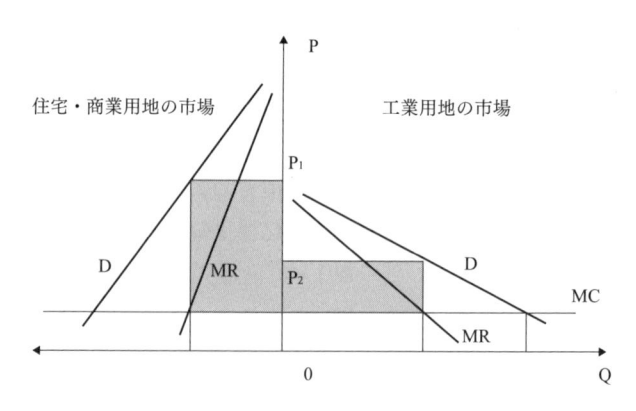

図7-5　土地市場における価格差別化

出所）筆書作成。

以上のような価格差別化が実際に行われることを，協議方式で払い下げられた土地とそれ以外の方式で払い下げられた土地との間の，払い下げ価格の需要弾力性の差を比較することで確認しておこう。具体的には以下のような土地使用権の需要関数を，それぞれ協議方式で払い下げられたケースと，それ以外の方式で払い下げられたケースに分けて推定を行った。本来は商業地・住宅用地・工業用地といった土地の用途別に価格弾力性の推定を行うべきであるが，データ上の制約ため，代替的に協議方式（大部分が工業用地）とそれ以外の方式（多くが商業地・住宅用地）という，払い下げ方式別に価格弾力性を求めて，それを比較することにした[26]。

$$\ln(L_{dit}) = \alpha + \beta_1 \ln(P_{Lit}) + \beta_2(Y_{it}) + \mu_i + \varepsilon_{it}$$

L_{dit} は地域 i の t 年度の国有地有償譲渡面積，P_{Lit} は同じく譲渡価格，Y_{it} は 1 人当たり GDP，μ_i は地域個別効果，ε_{it} は誤差項である。いうまでもなく，上記の式において β_1 は土地の払い下げ需要に対する価格弾力性を意味する。

使用した土地関係のデータは，2003 年から 2005 年までの『中国国土資源年鑑』に記載されている，チベットを除く各省の土地有償譲渡面積および，土地有償譲渡収益金を土地有償譲渡面積で割って求めた「面積当たりの価格」を用いている。その際，協議方式以外の数値は，全体の数値からそれぞれ協議方式の数値を除いて求めた。推定にあたっては，30 地域の 3 カ年のデータをパネル化して最小二乗法で推定したが，ハウスマン検定の結果変動効果モデルが棄

---

25) すでに述べたように経済開発区などの工場建設用地に進出する企業は土地取得コストぎりぎりの低価格で土地の払い下げを受けていることが指摘されている。このような状況では土地の供給者である地方政府に独占レント取得の余地はないものと考えられるかもしれない。しかし，前節で指摘したように企業は工場を立地するに当たって土地の払い下げ価格以外にさまざまな「費用」を政府の各部門に対して支払っており，その総額は決して無視できるものではない。このような諸費用は税のように制度化されたものではなく，したがって地方政府が土地の独占的供給者であることから生じるレントの一種だと考えられる。

26) ここでは，通常の財市場のように需要曲線と供給曲線の交点により価格が決定されるのではなく，地方政府が土地供給を独占的に行っているため，土地の供給量が決まれば価格は需要曲線上で決まる，という仮定をおいている。

表 7-4　異なる土地収用方法による土地需要関数の推計

	$\ln(PL)$	$\ln(Y)$	2004年ダミー	2005年ダミー	$\overline{R}^2$	サンプルサイズ
協議方式	−0.463** (−3.22)	−0.859 (−0.59)	−0.059 (−0.22)	0.469 (−0.93)	0.896	90
協議方式以外	−0.335* (−2.32)	−0.998 (−1.03)	0.067 −0.36	−0.035 (−0.10)	0.922	90

出所）国有地有償譲渡面積ならびに譲渡価格は『中国国土資源年鑑』各年版。1人当たりGDPは『中国統計年鑑』各年版。
注）$\overline{R}^2$は自由度修正済み決定係数。（　）は t 値。* は5％，** は1％の有意水準で帰無仮説が棄却されることを意味する。

却されたため，いずれも固定効果モデルを用いている。

　表7-4より，明らかに協議方式による払い下げのケースのほうがそれ以外のケースよりも価格弾力性（$\ln(PL)$の係数）が大きいことがわかる。このことからも，上述のような価格弾力性の大きい工場地などでは低い価格を設定し，低い住宅地・商業地では供給を制限して価格を吊り上げるという「価格差別戦略」が，現実の中国の土地払い下げ市場において行われていることが示唆されるといってよいだろう。

　このような土地市場をめぐる状況に対して中央政府は，不動産融資を制限するなどの需要抑制政策を実施しているが，不動産価格の安定化という点では目立った効果をあげていない。というのは，これまで見てきたように土地市場が構造的な供給不足の状態にある中で，2004年の上海市のケースのように中央政府による強引な引き締めが行われても，一時的に不動産価格は下がるものの，しばらくするとまた高騰を招く，といった繰り返しが起きるに過ぎないからである。

小括──地方政府主導型経済発展パターンの変容

　以上検討してきたような2000年以降の中国の土地市場をめぐる問題は，改革開放以降の地方政府主導の発展パターンという長期的な流れの中に位置づけられなければならないと考えられる。というのも，ノートンも指摘するように（Naughton, 2007），改革開放初期（1980年代）の段階と，1990年代の朱鎔基らに

よる制度改革を経た後の中国とでは，その役割の意味合いは大きく異なっていると考えられるからである。

もちろん，1980年代の地方政府主導の発展パターンと，1990年代以降のそれには，多くの共通点も存在していた。その特徴は，以下の3点にまとめられるであろう。

1. 市場が完全競争の状態になく，政府規制によるレント発生の余地が絶えず存在している。
2. 正規の税収が不十分な状況の下で，地方政府は自主財源（レント）の拡大を目標とした経済アクターとして行動する。
3. 効率的な金融システムが存在しない状況の下で，地方政府の地元金融機関への働きかけを通じた「資金動員」が，地域経済に大きな影響を与える。

しかし，両者の間にはまた大きな違いも存在している。その最大のものは，地方政府がどのような市場介入によって「レント」を生み出しているか，という点についての違いである。大まかにいうと，1980年代の発展パターンは，前章で述べたように，地方政府が地元金融機関への介入を通じて地元企業の成長を後押しする，という点が特徴的であった。たとえばジーン・オイによって「地方政府コーポラティズム」と名づけられた蘇南地域のモデルは，その典型的なものであった。このような1980年代の地方政府主導の経済発展は，ときに地方に対する中央のコントロール不能をもたらしたものの，地方間の激しい競争が企業部門の生産性向上をもたらし，地域の利用可能な資金を，中央銀行からのファイナンスに頼らない形で増加させるという側面をもっていた。

これに対して，1990年代以降の土地市場を通じたレント獲得のケースは，土地の独占的供給を通じて地方政府および不動産・開発業者がレントの受益者になるという点が特徴である。この場合，土地を低い補償費と引き換えに手放さざるを得ない農民や，高騰する商品住宅の購入者たる都市住民などが主なレントの負担者となる。

このような土地市場を通じたレントの取得は，1980年代の成長パターン，特に郷鎮企業への融資を通じたレント機会の創出にくらべ，次のような理由に

より，経済厚生の損失がより大きいものであると考えられる。

 ひとつは，土地市場は信用市場とは異なり，生産要素の賦存量は一定であり，さらには中国の場合政府によって独占的に供給されているからである。このことは，土地市場への介入を通じた地域間の「開発競争」は，それがいかに激しいものであっても，パイの奪い合い（＝レントシーキング）にしかすぎないことを意味する。もうひとつは，90年代以降の財政・行政改革によって郷鎮政府が自主財源を失った結果，土地市場への介入を行っているのは主に県・市レベルの政府であるという点である。これは，市場におけるレント獲得の行為をいっそう非競争的にするものだといえよう[27]。

 また，土地市場を通じたレント追求は，不動産業者やそれと結びついた幹部という「新富裕層」の誕生，さらには多発する農民暴動の原因になった強制的な土地収用などといった新しい「格差」の問題と深く結びついていることも指摘せねばならない。このような現代社会における格差が，政治的「権力」と「富」が結びついて生じてくるものである以上，本章で論じたような土地市場が政治的なレント獲得の場になっていることは憂慮すべき状況といってよいであろう。

 いずれにせよ，現在のように，土地市場への介入が地方政府にとって主要な財源になっている状況の背景には，「中央－地方関係」「私的財産権」「地域間格差」といった，これからの中国社会の根幹にかかわる重要な問題が見え隠れしている。したがって，この状況を不動産貸出の規制に代表される，需要面のみでのコントロールで乗り切ることにはおのずから限界があることは，銘記しておく必要があるだろう。

[27) 近年では，農村・農民たちが自分たちの土地資産を共同管理するために株式会社などの組織を作り，土地開発の利益を自分たちで管理していこうという動き（「入股」）が広がっていると指摘されている。広東省南海県はこのような土地の株式化経営のモデルケースとなっている（蒋・劉・李，2007；高・劉，2007）。これは，土地市場では郷鎮間の「競争」によって土地市場をめぐるレントが縮小する可能性を示すものとして，注目すべき動きである。

第8章　グローバル不均衡の拡大と資産バブルの発生
―― 中国国内の過剰投資と「動学的非効率性」

　グローバル不均衡（グローバル・インバランス）とは，世界的な貿易の拡大とともに，地域間で国際収支の大きな不均衡が生じている現象を指すが，より具体的には，特に21世紀に入ってから，米国の貿易赤字が拡大する一方で，BRICsなどの新興国，さらには産油国などが米国の貿易赤字と対応する巨額の経常収支黒字を記録している現象をいう。谷内（2009）によれば，グローバル不均衡は，①国際的な貿易の不均衡であると同時に，②国際的な資本の流れの不均衡，③国際的な貯蓄投資バランスの不均衡（貯蓄不足・貯蓄過剰）を意味するとされる。特に③の問題はバーナンキFRB議長が"Global Saving Glut"と呼んだことで世界的な関心を集めるようになった（Bernanke, 2005）[1]。

　本章では，このような米国と中国など新興国との間の「グローバル不均衡」の問題と，これまでの章で見てきたような地方政府によるレントシーキング行動や不動産価格の高騰など，近年の中国国内における経済問題がどのような関係をもっているのかを検証していく。まず，近年のグローバル不均衡拡大の背景として，アジア通貨危機後に新興国が採用した「事実上のドル・ペッグ制」，

1）近年，日本国内でもこの問題への関心の高まりに合わせて，関連する書籍の出版が相次いでいる。たとえば，松林（2010）は，グローバル不均衡の発生を，日本，米国，および中国など新興国の国内における経済主体の行動からミクロ的に基礎付ける試みを行っている。藤田・岩壷編（2010）は，グローバル不均衡をめぐる最先端の議論を解説した上で，その米国発の金融危機との関連など，関連するトピックに関する実証研究をとりあげている。

および「新興国から先進国への資金の逆流」という2つの現象が重要であることを指摘する。特に後者に関して，アジア通貨危機後の中国経済における「過剰流動性」発生が地方政府の積極的な固定資本投資によってもたらされた可能性について示唆する。さらに，そのような地方における過剰な投資行動が，グローバル不均衡のもとでの高成長と結びついたとき，「動学的非効率性」および「合理的バブル」として理解される状況を中国にもたらしたことを，実証的に証明する。

1. グローバル不均衡と中国

1）アジア通貨危機と「事実上のドル・ペッグ」

　米国と中国など新興国との間で貿易や貯蓄投資バランスに関する国際的な不均衡が拡大することになったひとつのきっかけとして，1990年代にアジア通貨危機に代表されるような大きな通貨危機が相次いで生じたことが指摘できよう。ドルに対する固定相場制を採用する一方，海外資本を積極的に呼び込むことを通じて高成長を続けてきた東アジアの新興国の資本市場をめぐる状況は，1997年のアジア通貨危機後に大きく変化した。タイ・韓国など金融危機によって大きな打撃を受けた国は投資に対して慎重な姿勢が目立つようになり，純債務国から純債権国へと転じた。危機後も旺盛な国内投資が続いた中国も，為替レートを低めの水準でドルにペッグすることを通じて，持続的な経常収支の黒字を記録するとともに多額の外貨準備を蓄えるようになった（Mckinnon, 2005a；谷内，2009）。

　そして，これらの東アジア諸国の外貨準備の多くは米国債などに投資されたため，米国は，長期金利を低い水準に抑えたまま，旺盛な内需による長期的な好景気を享受することができるようになったのである。

　このような，事実上のドル・ペッグ制を採用している東アジアの新興国からの資金流入が事実上米国の経常収支赤字を支えるという1990年代の金融危機後の国際通貨体制を，「新しいブレトン・ウッズ体制」ともいうべき一種の固定相場制としてとらえ，世界経済の安定化に寄与するものだとして積極的な評

価を与えたのが，ドーレイ他（Dooley=Folkerts-Landau=Garber, 2003）である。

彼らの提唱する「復活したブレトン・ウッズ体制（ブレトン・ウッズII）」の下で，新興国は為替レートおよび国内物価水準を安定させることができ，一方米国は貿易不均衡の調整に気をとられることなく国内経済の安定に専念できる。このように，お互いにメリットをもたらすものである以上，現在の国際通貨体制は持続可能なものである，というわけである[2]。

一方，これら東アジアの新興国が，その経済成長の過程で経常収支が大幅な黒字のまま推移するとは考えにくいことから，このままではいずれ大幅なドルの下落（「ドル危機」）など何らかのカタストロフが避けられないのではないか，という議論も存在する。

その代表的なものがオブストフェルド＝ロゴフ（Obstfeld=Rogoff, 2004）である。彼らは，GDPの約6％という現在の経済収支赤字のレベルを，持続可能な水準だと考えられる約3％にまで引き下げるためには，ドルが実効レベルで30％ほど（より短期間で調整が行われる場合は40-50％）切り下げられなければならないという試算を示し，そのような大幅な為替調整が短期間で行われる場合の米国および世界経済に与えるインパクトについて警鐘を鳴らした。

このようなグローバル不均衡が持続することの問題点のひとつは，債権国の資産のほとんどが自国通貨建てではなくドル資産によって保有されている点にある。アイケングリーンとハウスマン（Eichengreen=Hausmann, 2004）は，このような新興工業国が海外市場での資産運用および資金調達を自国通貨建てで行えない現象を「原罪（Original Sin）」と名づけ，為替制度の柔軟性を損ない，安定した経済成長の足かせとなっていることを指摘している。また伊藤・林（2006）は，同様の現象を「通貨のミスマッチ」と呼び，これに国際金融市場で長期の資金調達が難しいため短期資金の借り換えに依存しなければならない

2）彼らの見解に対し，アイケングリーン（2010）は，さまざまな立場から構成される現在の債権国グループはかつてのブレトン・ウッズ体制を構成していたG10諸国に比べてはるかに同質性が低いこと，当時と異なりドル資産以外に外貨準備保有の選択肢がないわけではないこと，米国がドルの価値を維持し続けようとすると考えるのは楽観的過ぎること，などの点を指摘し，厳しい批判を行っている。

という「期間のミスマッチ」を加えた「二重のミスマッチ」を解消するために，アジア諸国が自国建て通貨で債務を調達できる「アジア債券市場」を創設する必要性を訴えている。さらにマッキノン（Mckinnon, 2005a）は，債権国が資産運用の多くをドル建て債権で購入しているため，自国通貨の対ドルレートの増加を恐れて低金利政策を採らざるを得ないなど金融政策の自立性が縛られるというジレンマ（Conflicted Virtue）が生じることを指摘している。

以上の議論は，それを肯定的に見るか否定的に見るかの違いはあるにせよ，「事実上のドル・ペッグ制」ともいうべき新興国の硬直的な為替制度こそが，グローバルな経常収支の不均衡をもたらした最も重要な原因のひとつだと考えている点で共通しているといえよう。

2）新興国から先進国への資本の「逆流」

一方，カバレロ他（Caballero et al., 2008a），竹森（2008）などは，新興国における資本市場の未成熟とそこから生じる投資機会の喪失こそが，このような「グローバル不均衡」の主要な原因であり，ひいては2007年のサブプライム・ローン問題以降の米国発の金融危機の背景となった世界的な過剰流動性の状況を作り出したのではないか，という議論を展開している。

カバレロらは，高成長を続ける新興国の投資収益率が低下するとき，魅力的な投資対象を提供できる先進国（具体的には米国）への資本流入が生じ，そのことが世界的な低金利と経常収支の不均衡拡大の原因になっているということを理論モデルによって示した。さらにカバレロらは，原油価格などのバブルが生じることが世界全体の成長率を高める働きをもつことを示した（Caballero et al., 2008b）。

以下，彼らの議論を2国間の国際資金移動に関するモデル（メッツラー・ダイアグラム）で示そう。

図8-1の背景となっているのはU国（米国）とR国（新興国）の2国間モデルである。両国の資本市場が実質金利rの水準で均衡しているとする。何らかの原因によりR国の投資収益率が大きく低下したとすると，R国内の資産需要曲線と供給曲線はともに下方シフトするため，均衡金利水準は大きく低下す

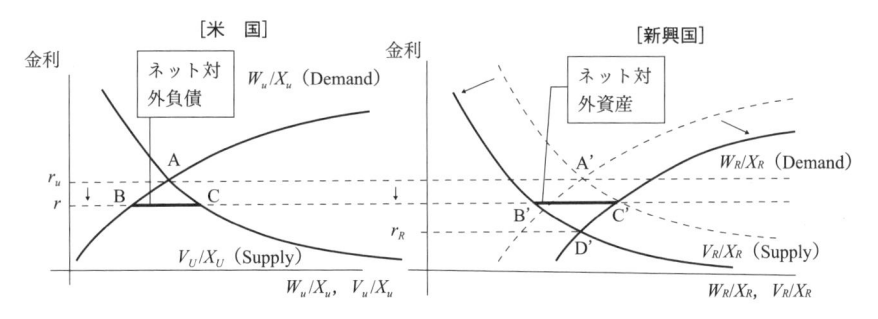

第 8 章 グローバル不均衡の拡大と資産バブルの発生——193

図 8-1 メツラー・ダイアグラムによる国際間資金移動の分析
出所) Caballero et al. (2008a).
注) ネット対外資産の増加分は経常収支黒字に等しい。

る（$r \to r_R$）。このとき，R 国内の資金は収益の高い U 国内の資産購入に向かうため，U 国の資産価格は上昇し，金利水準は低下する（$r \to r_u$）。そして，R 国のネット対外資産額と U 国のネット対外負債がつりあう水準でグローバルな資本市場の金利は決定され，経済は均衡状態となる。

このとき，R 国，U 国のネット対外資産額／負債額の増加分（BC および B'C'）はそれぞれ両国の経常収支黒字／赤字額となる。カバレロらは，たとえば R 国が資本市場の発達を伴わないまま急激に経済成長をとげるという状況の下で，このような投資収益率の低下が生じることを示した。

一方，プラサド＝ラジャン＝サブラマニアン（Prasad=Rajan=Subramanian, 2007）は，このようなグローバル不均衡が生じてきた背景について実証分析を行い，いくつかの重要なファクトファインディングを行っている。

彼らはまず，世界各国を経常収支の黒字国と赤字国とに分類し，それぞれのグループの 1970 年以降の平均所得を比較した。その結果，1980 年代半ばまでは明らかに経常収支黒字国の平均所得が高かったのに，それ以降両者の数字は接近し，特に 2000 年前後からは経常収支赤字国の平均所得が黒字国のそれを上回るという逆転現象が生じていることを示した[3]。

さらに彼らは，クロスセクションの各国のデータを用いて各国の 1 人当たり

---

3) その大きな要因は中国から先進国への資金流出が拡大したことであるが，サンプルから米国と中国を除いても，2000 年以降は資金の受け手と出し手の関係は接近している。

GDP 成長率を被説明変数とした回帰分析を行い，経常収支の動向が成長率に与える影響を調べた[4]。その結果，ネットの経常収支の額は成長率と正の相関をもつ，すなわち高い成長率の国から低い成長率の国へと資金が流出するという現象が見られることを示した。これらの分析結果は，資本が過剰な先進国から不足する途上国に資本が流入することにより高成長を実現できる，という新古典派モデルの結論とは大きく異なっている。

　プラサドらの論文の中では，もうひとつ興味深い研究結果が紹介されている。彼らは各国の各種産業における成長率を被説明変数に，それらの産業の海外資金への依存度に国内の金融深化の指標を乗じたものを説明変数にした回帰分析を行い，国内における金融市場の発展が不十分な状況の下では，外国からの資本の流入はむしろ産業の発展にマイナスの影響を与えることを明らかにしたのである。

　これらの一見常識とは異なる結果について，彼らは次のような説明を加えている。まずひとつ目の原因として，急速な資金流入により為替レートの増価が生じ，輸出産業が打撃を受けるというメカニズムが生じることがあげられる。もうひとつの原因は，新興国の内部での金融市場の発達が十分ではないために，急激に流入した資金が効率的に配分されず，必ずしも成長に寄与しないと考えられる点である。

　金融市場が整備されていない新興国が，輸出主導型の成長を急激に遂げた（成長の飛躍）ことが，21世紀になって急速に米国の大きな経常収支赤字を，新興国の黒字が埋めるという現象が広がり，国際収支の不均衡が拡大していった原因として重要だ，というプラサドらの結論は，先に見たカバレロらの理論的な研究とも整合的なものだといえるだろう。

4）OLS による推計は 1970 年から 2004 年までの平均値を用いて行われたが，同期間中のパネルデータを用いた GMM による推定も行われている。後者の推定結果では経常収支は有意にならないものが多いが，符号はほとんどのケースにおいて正であるという結果が得られている。

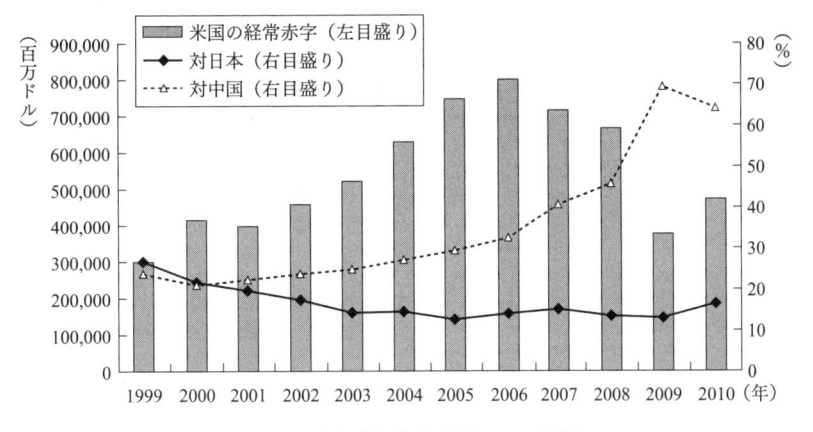

図 8-2　米経常収支赤字額とその内訳

出所）U. S. Department of Commerce Bureau of Economic Analysis ウェブサイト（http://www.bea.gov/index.htm）.

3）グローバル不均衡と中国の金融政策

　以上見てきたような，米国に対する資金の出し手となった新興国にはロシアや中東諸国など資源価格の高騰によって急成長を遂げた国も含まれるが，急速に対米黒字を拡大した存在として中国が重要な位置を占めることはいうまでもない。図 8-2 を見れば，2001 年以降における米国の経常赤字額のうち，対中国のものが占める割合が日本を抜き，年々増加していっていることがわかる。

　では，このようなグローバル不均衡の問題は，中国国内の財政金融政策の動きとどのように関係しているのだろうか。すでに述べたように，カバレロらは新興国内部における投資機会の不足こそがグローバルな不均衡をもたらす原因であるという議論を展開しているが，これがはたして妥当なものであるかどうかは検討が必要であろう[5]。

　グローバルな過剰流動性が国内の過剰流動性と連動しているのは疑問の余地がないにしても，中国国内の投資／資本過剰の状態が海外への資金流出を通じ

5）中国経済増長与宏観穏定仮題組（2009）は，カバレロらのモデルの枠組みを用いながら，グローバルな不均衡はむしろ基軸通貨国である米国の拡張的な財政金融政策によって引き起こされたものだという議論を展開している。

て世界的な過剰流動性をもたらすのか，あるいは米国の金融緩和政策と消費拡大が中国国内の過剰流動性を誘発し，投資飽和状態をもたらすのか，ということを改めて問うことには政策的に重要な意味があると考えられる。というのも，中国の経常収支黒字の拡大の背景には，もちろん工業製品を中心とした近年の対米輸出の急速な拡大があるが，これについては常に人民元の過小評価の問題がその有力な原因として指摘されてきたからである。

仮に後者の可能性が正しい，すなわち米国の金融緩和政策と消費拡大が中国国内の過剰流動性を誘発しているのだとしたら，中国国内における過剰流動性は，中国が事実上のドル・ペッグ制を採用したことにより，米国の緩和的な金融政策が輸入されることから生じてきたものと解釈できる。したがって，中国が今後柔軟な為替政策を採用することによって，国内の過剰流動性の問題もある程度解決されると考えられよう。しかし，中国から米国への資本流入が両国の IS ギャップによる構造的なものであるならば，為替レートの柔軟化はそれほど国際収支の不均衡是正には寄与せず，むしろ国内における内需拡大政策のほうが有効だということになる。

この論点をめぐる対立は，為替レートと経常収支との関係をめぐる，弾力性アプローチと新古典派的な IS ギャップモデルの対立として理解することができよう。もし後者が想定するように，両国の経済において賃金や物価が伸縮的であるならば，GDP は完全雇用水準に落ち着き，それをもとに貯蓄の大きさが決まり，貯蓄投資ギャップから経常収支が決定されるため，為替レートの変動は経常収支の大きさに影響を及ぼさないはずだからである[6]。

次節以降では，このような問題に対してこれまで紹介してきた既存研究とは別の角度から検討を行うために，グローバル不均衡の問題と，地方政府による積極的な投資活動を中心とした中国の国内要因との関連を論じていく。

---

[6] 小川・岩壷 (2010) は，米中 2 国間の構造 VAR モデルによって弾力性アプローチの理論的根拠となるケインジアンモデルと IS ギャップモデルの双方について検証する実証研究を行った結果，米中 2 国間においては IS ギャップモデルのほうが当てはまりがよい，すなわち元／ドルレートの変動は両国間の経常収支にさほど影響を与えないとの結論を導き出している。

2. 「積極果敢な楽観主義者」としての地方政府

　ここで，改革開放以降のこれまでの中国の経済発展において地方政府が果たしてきた，そして今後果たしていくであろう役割について，簡単にまとめておこう。

　竹森（2007）は，「ナイトの不確実」が支配する状況の下で，積極果敢にリスクを引き受ける経済主体が存在せず，ほとんどの投資家にとって国債や預金といった安全資産への志向が高まるとき（「質への逃避」），経済全体がデフレ不況の罠に陥っていく可能性を示唆した。竹森は，1990年代後半に相次いで起こった通貨危機後，世界経済全体を「質への逃避」という言葉で表現される悲観主義が覆っている状況において，それを打ち消す役割を果たしたのがグリーンスパン議長率いる米国連邦準備理事会（FRB）の，「最後の貸し手」としての積極果敢な流動性供給であったとしている。

　かつての通貨危機後の米国経済，ひいては世界経済を「悲観主義」から「楽観主義」へと大きく反転させた最大のアクターが，竹森が指摘するように米FRBによる積極的な金融緩和だったとしたら，現在までの中国経済の「楽観主義」を支えてきた主体は何であったのだろうか。

　おそらく，そこで最も重要だったのは，中央銀行や中央政府でもなければ，あるいは2006年来の株式ブームでにわかに注目された個人投資家でもなかった。改革開放期の中国においては，地方政府および銀行や不動産業者などからなる「コーポラティズム」的な一種の政財複合体こそが，一貫して「積極果敢な楽観主義者」としての役割を果たしてきた，すなわち，消費需要が伸び悩む状況の下で，積極的な投資拡大行動によって高成長を牽引してきたと考えられるからである。

　図8-3を見れば，1990年代に入って基本建設投資に占める地方投資の比率が中央によるものを上回っており，その比率は年を追って上昇していることがわかる[7]。社会的セーフティネットの構築が不十分なもとで高成長を続けており，所得の上昇分に比べて国内消費が伸び悩んでいる現在の中国にとって，地

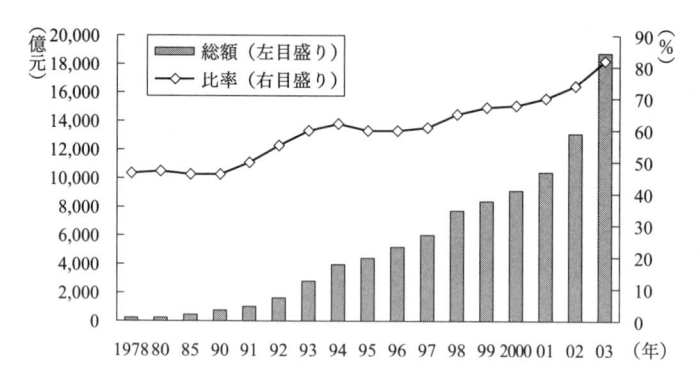

図 8-3 地方政府管轄の基本建設投資
出所）国家統計局編『中国統計年鑑』各年版。
注）2004年以降は中央－地方の区分ごとの基本建設投資の値は公表されていない。

方政府主導で行われる固定資本投資こそが，その高成長を支える国内需要の最大要因になっているといってよい。

　もちろん，このような地方政府の「楽観主義」は，「投資飢餓症」とよばれた過剰投資や，国有企業などに対するソフトな信用供与がインフレをもたらすなど，しばしば「暴走」ともいうべき現象をもたらしたことはすでに見たとおりである。このため，朱鎔基前首相のように，中央集権的な立場からそれになんとか「重石」を載せようと試みた指導者も存在した。しかしながら，2002年に朱鎔基が退陣すると，ほぼ同時期に行われた米国における金融緩和＝超低金利政策の影響もあり，国内外の過剰流動性が資産市場に流れ込むようになり，不動産開発ブームや株式市場の高騰といった資産バブルが一気に加熱していったのである（第7章参照）。

7）ここで「中央（地方）に所属する固定資産投資」とは，中央（地方）政府予算による投資のほかに，それぞれの政府が管轄する国有企業などによる固定資産投資も含まれている。

3. 資産バブルと「動学的非効率性」

　さて，地方政府が「積極果敢な楽観主義者」の役割を果たしたといっても，改革開放初期（1980 年代）の段階と，1990 年代の朱鎔基らによる制度改革を経た後の中国とでは，その役割の意味合いは大きく異なっている。

　もちろん，前章で指摘したように，1980 年代の地方主導の発展パターンと，1990 年代以降のそれには，多くの共通点も存在していた。それを再掲しておこう。

1. 市場が完全競争の状態になく，政府規制によるレント発生の余地が絶えず存在している。
2. 正規の税収が不十分な状況の下で，地方政府は自主財源の拡大を目標とした経済アクターとして行動する。
3. 効率的な金融システムが存在しない状況の下で，地方政府の地元金融機関への働きかけを通じた「資金動員」が，地域経済に大きな影響を与える。

　しかし，両者の間には，地方政府がどのような市場介入によって「レント」を生み出しているか，という点について大きな違いも存在している。大まかにいうと，1980 年代の発展パターンは，地方政府が地元金融機関への介入を通じて地元企業の成長を後押しする，という点が特徴的であった。このような 1980 年代の地方政府主導型経済発展は，ときに地方に対する中央のコントロール不能をもたらしたものの，地方間の激しい競争が企業部門の生産性向上をもたらし，地域の利用可能な資金を，中央銀行からのファイナンスに頼らない形で増加させるという側面をもっていた。

　それに対し，1990 年代半ば以降には，地方政府の企業部門への介入が生産性向上に寄与する余地がなくなり，代わって農民への負担押し付け，あるいは土地収用を通じたレント獲得といった非生産的なレントシーキング行為が目立つようになったものと考えられる。

　そこでひとつ大きな疑問が生じよう。そのようなレントシーキングによる非

効率性が深刻であるならば，なぜ1990年代後半以降も中国は10％前後の高い成長率を維持することができたのか，という点である。

ここで疑問を解くひとつの鍵になると考えられるのが，前節で論じたような，グローバル不均衡の状態が持続することによって生じると考えられる，国内経済の「動学的非効率性」の問題である[8]。

動学的非効率性とは，分権的な経済において投資が飽和状態にあるとき，市場取引を通じては異時点間の資源配分についてパレート最適な配分が実現されず，政府などが強制的に構成員間の資源再配分を行うことにより，構成員全体の厚生を向上させる余地がある状態のことをさす（ローマー，1998）。

この動学的非効率性における資源配分の問題を説明するに当たっては，ティロールによる研究（Tirol, 1985）などに代表されるように，いわゆる世代重複モデルがしばしば用いられる。

このモデルでは，人はみな若年期と老年期の2期間を生きると仮定する。すなわち，若年期に働いて収入を得たあと，その一部を消費し，老年期には若年期に蓄えておいた貯蓄を取り崩して生活する，と考えるのである。今，上述のように投資が経済全体で飽和状態にあり，実物投資の収益率が低く，したがって貯蓄金利も経済成長率を下回っているケースを考えよう。また，世代間の人口比率は変化がなく一定だと考える。このようなケースにおいても，若年層の人々は老年期に自分が行う消費のために，低い金利のもとで貯蓄を行わざるを得ない（図8-4）。

しかしこのとき，たとえば政府が，毎期ごとに国債を発行し，経済成長率と同じ金利を上乗せした額での償還を約束して若年層に販売する，という方法を繰り返すことを通じて，経済全体の資源配分の効率性を改善し，図8-4の状態に比べ，すべての世代の人々の消費水準を向上させることが可能である（図8-5）。経済が「動学的に非効率な状態」にあるとは，このような状況のことにほかならない。

さらには，上述のように政府が半ば強制的な資源再配分を行わなくても，各

---

[8] 以下の議論は，基本的に竹森（2008）の記述に依拠している。

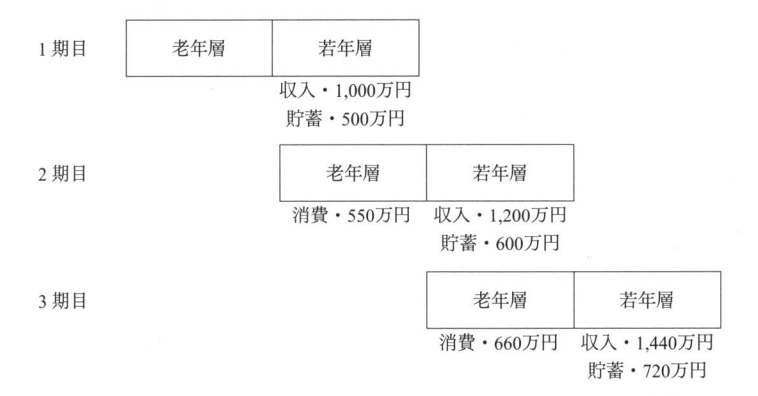

```
1期目    ┌──────┬──────┐
         │ 老年層 │ 若年層 │
         └──────┴──────┘
                収入・1,000万円
                貯蓄・500万円

2期目           ┌──────┬──────┐
                │ 老年層 │ 若年層 │
                └──────┴──────┘
                消費・550万円  収入・1,200万円
                              貯蓄・600万円

3期目                   ┌──────┬──────┐
                        │ 老年層 │ 若年層 │
                        └──────┴──────┘
                        消費・660万円  収入・1,440万円
                                      貯蓄・720万円
```

図 8-4　世代重複モデル I

出所）著者作成。
注）収入は1期あたり20％で成長する一方，金融機関に預けた場合の金利は1期あたり10％であると仮定している。

経済主体が経済成長に連動して価値が上昇するような資産，たとえば不動産資産の購入を次々と繰り返すことを通じても，動学的非効率を解消し，経済主体全員の厚生水準を向上させることが可能である。ティロールは，このとき世代間で効率的な資金移転を行うためには，本来ファンダメンタルな価値をもたないはずの資産が，一定の価値をもち，しかもその価値が時間の経過とともに拡大していくものとして取引されることが必要十分条件であることを証明した。これがいわゆる「合理的バブル」の発生にほかならない。

　それではこのような動学的非効率性およびそれによって生じる「合理的バブル」は，現実の経済においても見られる現象なのだろうか。

　一般的には，ある経済において実質成長率が実質投資収益率を上回っている状態にあることが，動学的に非効率であることの条件である，とされることが多い（竹森，2008）。動学的効率性が満たされていない状態とは，投資がすでに過剰になっている状態のことだとするならば，その状態では実質投資収益率は低くなり，ついには経済成長率を下回ってしまうはずだからである。そして競争的な資本市場の下で投資に対する課税が存在しないとき，実質投資収益率は実質金利に等しいはずである。

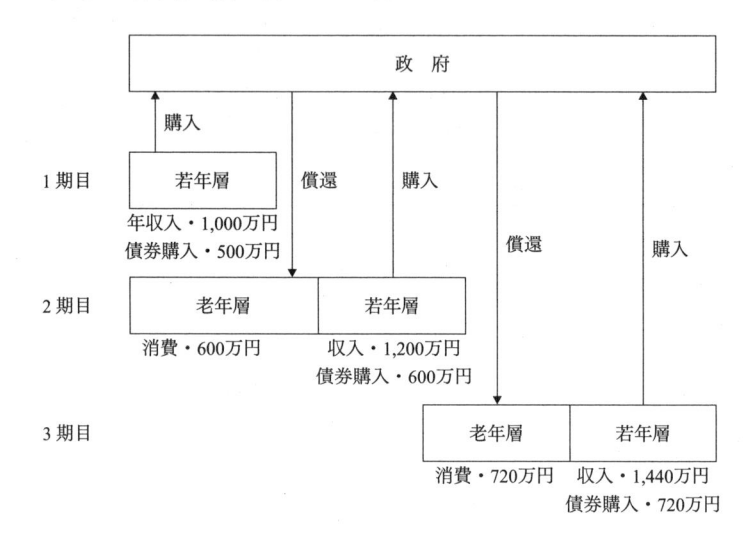

```
                           政  府
         ┌──────────────────────────────────────────┐
         │  購入      ↑      ↑          ↑         ↑ │
1期目    ┌──────┐   償還   購入                     │
         │ 若年層│←──┤  ├──→                        │
         └──────┘                                    │
         年収入・1,000万円        償還          購入 │
         債券購入・500万円                            │
                         ↓                            │
2期目         ┌──────┐┌──────┐                       │
              │ 老年層││ 若年層│←─┤     ├──→         │
              └──────┘└──────┘                        │
              消費・600万円  収入・1,200万円           │
                            債券購入・600万円          │
                                        ↓              │
3期目                          ┌──────┐┌──────┐
                               │ 老年層││ 若年層│
                               └──────┘└──────┘
                               消費・720万円 収入・1,440万円
                                            債券購入・720万円
```

図 8-5 世代重複モデル II：政府が経済成長率に等しい利払いの債券を発行するケース

出所) 著者作成。

しかし，エイベル＝マンキュー＝サマーズ＝ゼックハウザー (Abel=Mankiw=Summers=Zeckhauser, 1989) の指摘するように，この条件は不確実性の存在などにより資本市場が完全ではなかったり，中国のように政府によって金利が低い水準に規制されたりしている場合には，必ずしも成立しない。彼らは，それに代わり，資本市場が不完全であっても成立する動学的非効率性の条件として，粗投資率が資本分配率を上回っているという条件を示した[9]。資本部門が生産の増加分以上に資源を消費するような経済は投資が過剰であり，動学的な効率性が満たされていないと考えられるからである (ローマー, 1998)。

エイベルらは，1960年から1984年にかけてのOECD加盟国のデータを用い

---

9) 今，$n>r$……① が成立しているとする（n：人口成長率，r：金利）。
　　均整成長過程のもとでは，$n=dK/K=dY/Y$ が成立しているので，
　　$n=dK/K>r$　両辺に，K/Yを乗じて，
　　$(dK/K)(K/Y)>(rK)/Y$　ここで$dK=I$なので，
　　$I/Y>(rK)/Y$　となり，①の条件は投資率＞資本分配率，という条件に等しくなる。

て実際に動学的効率性の推計を行い，たとえば高度成長期の日本のような投資率の高い経済であっても，それを上回るような高い資本分配率が見られるため，実際に動学的非効率が成立しているわけではないことを示している。

一方，竹森（2008）は，上述のプラサド＝ラジャン＝サブラマニアンの研究などを引用しながら，21世紀になって急速に台頭したいわゆるBRICsに代表される新興国は，「成長への飛躍」という現象を経験しており，高所得が安定的なものであるという確信がもてないこと，および国内に高収益な投資先を見つけられないことなどの理由から，慢性的に貯蓄が過剰であり，動学的に非効率だといってもよい状況にあるのではないか，と指摘している。しかし，筆者の知る限りでは，エイベルらの用いた定義を用いて，中国を含む新興国における「動学的非効率性」の条件を検討した実証研究は今のところ存在しない。

そこで以下では，このような「動学的非効率性」の条件が中国において実際に成立しているのか，省ごとのデータを用いて検証してみよう。まず，各地域の粗投資率が資本分配率を上回っているかどうか，という基準を用いて，中国全体の動学的非効率性の状況を，日本，米国のデータと比較してみる。ここでは，エイベルらの研究に従い，粗資本収益と粗投資額の差を求め，その対GDP比をグラフに示すことにした（図8-6）[10]。グラフが負の値をとれば，その経済は動学的に非効率な状況にあることを示している。

ここでの「粗資本収益」は，国民所得に固定資本減耗分を加え，雇用者報酬と，企業経営者の労働報酬を控除したものを，また粗投資額はGDPの支出面のデータにおける，「固定資本形成総額」を用いている。数値はいずれもそれぞれの名目値を用いている。

このうち，米国・日本のデータは93SNA体系に基づく統計値を用いて計算したものである。93SNAでは，自営業者の収入のうち労働報酬にあたる部分

[10) 2008年のGDPの分配面のデータは，本書の執筆時点2011年現在で入手できなかった。2009年のデータは入手可能であるが，上記の方法に基づいて計算した動学的効率性の値が－0.14になるなど，それ以前の数字と著しい乖離を示している。これが何らかの統計数値の不連続性によるものなのか，現時点では判断できないため，上のグラフには含めなかった。

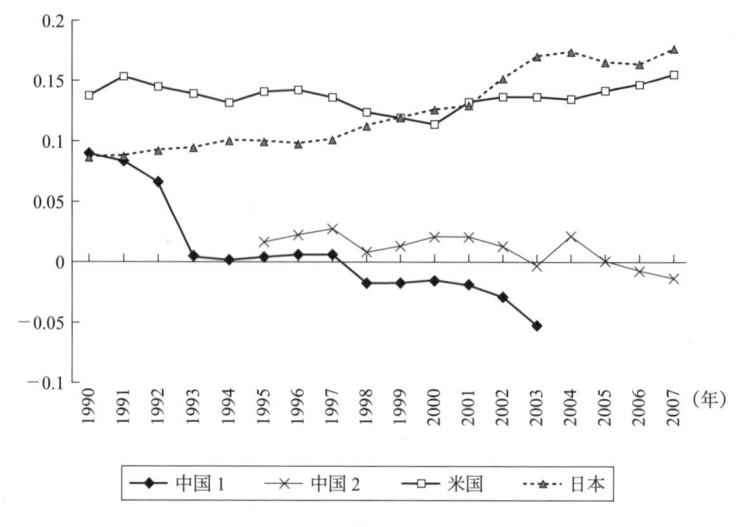

図 8-6 各国の動学的効率性の推移

出所）国家統計局国民経済核算司編（1996）（2003）（2007），総務省統計局ホームページ（http://www.stat.go.jp)，Bureau of Economic Analysis ウェブサイト（http://www.bea.gov/index.htm）。

注）「中国1」は旧 SNA の，「中国2」は 93SNA のデータをそれぞれ用いて計算したものである。

までもが「雇用者報酬」ではなく，資本所得としてカウントされているため，米国のデータを用いて資本分配率を計算する際には，その分を差し引いている。ただし，日本のデータでは自営業者の労働報酬単独の数値が得られなかったため，資本の収益率がやや過大に評価されている。

一方，中国については，1978 年以降 2003 年までは旧 SNA，そして 1993 年以降は 93SNA という，2 つの系列に基づいた国民経済計算のデータを得ることができる。旧 SNA 系列は，より長期にわたってデータが得られるものの，その「雇用者報酬」には自営業者の資本所得にあたる部分もカウントされており，その分労働分配率が過大に評価されているという問題がある。一方，93SNA の系列のほうは，上述のように「雇用者報酬」に自営業者の労働報酬が含まれておらず，このため労働分配率が過小に評価されていると考えられる（許，2009；白・銭，2009）。そこで図 8-6 では，動学的効率性の指標として，旧 SNA 系列のデータを用いたもの（「中国1」）と 93SNA 系列のデータを用い

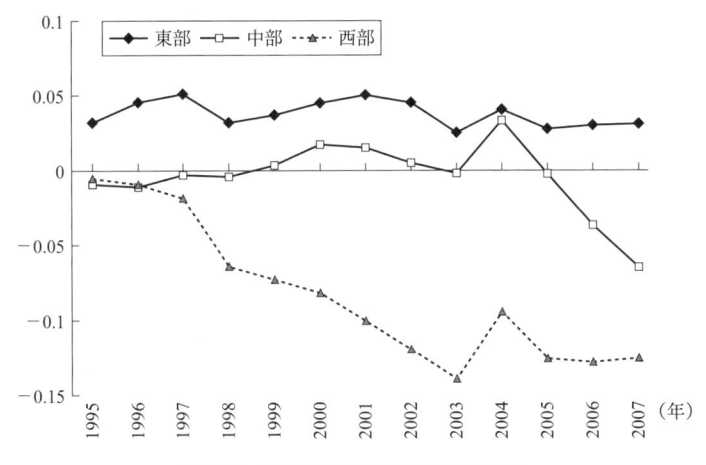

図 8-7　各地域の動学的効率性の推移
出所）国家統計局国民経済核算司編（2003）（2007）。
注）グラフの値は 93SNA に基づく数値を用いて計算された。

たもの（「中国2」）の双方を示している。

　さて，図 8-6 を見る限り，中国国内の動学的効率性をめぐる条件は，1990年当時には米国や日本とそれほど異なった状況にあるわけではないが，海外資本の導入が本格化した 1992 年ごろから急速に低下し，特に 2003，2006，2007年にはそれぞれ，粗資本収益率が実際の値よりも高めに評価されていると考えられる「中国2」のデータを用いた場合でさえ，動学的効率性が満たされない状況が生まれていることがわかる。

　次に，東部・中部・西部という地域ごとのデータを用いて[11]，それぞれの動学的非効率性の動向を見てみよう（図 8-7）。ここでは，93SNA を用いて計算された数値のみを示している。

　この図からは，東部に関しては 1990 年代以降も一貫して動学的に効率的，すなわち資本過剰とはいえない状態にあったことがわかる。しかし，中部およ

---

11) 中国の GDP の分配面のデータは，省ごとのデータしか入手できない。したがって，ここで示した図では，それらを全国あるいは地域ごとに集計したデータを用いていることを断っておく。

び西部，特に西部地域は，1990年代後半以降急激に動学的効率性の指標が低下して対GDP比でも大きなマイナスの値をとるようになっており，深刻な「資本過剰」の状況に見舞われていることがわかる。図8-6と図8-7の結果を比較すれば，2003年および2006年と2007年に関しては，内陸部における「資本過剰」が，中国全体でも動学的な効率性が満たされない状況をもたらしているということが理解できる。これは，1998年に，政府がアジア通貨危機の影響による深刻な不況から立ち直るために積極的な財政政策に転換し，内陸部に対し重点的な投資が行われたこと，ならびに地域間格差を緩和するために西部大開発などの内陸開発プロジェクトが実行に移されたことの影響を表しているものといってよいだろう。これはまた，政策的な投資が西部地域に集中するようになったものの，現時点ではそれが必ずしも生産性の上昇と結びついておらず[12]，むしろ資本の収益率が低下しているという状況を示している[13]。

図8-6，8-7の結果が示すように，2003年・2006年・2007年において動学的効率性の条件が成り立っていなかったと考えられる。このことは2003年から2004年にかけて中国各地で発生した不動産価格の高騰（第7章参照），あるいは2006年より生じた株式市場の乱高下（図8-8）について，典型的な「合理的バブル」として理解できるということを示唆していよう。すなわち，前章でとりあげたような地方政府の介入を背景とした不動産市場における「バブル」の発生は，確かに静学的には厚生損失を生み出しているように見えても，動学

---

12) Dollar=Wei（2007）は，120都市，12,000社あまりの鉱工業企業の2002年から3年間の財務データをもとに，企業の生産関数を推計して，地域・部門間の資源配分の効率性を分析した。まず，企業の限界資本収益率は都市ごとに大きなバラツキを示し，地域間で自由な資本移動が実現していないことが示される。さらに資本ストック1単位当たりの利潤額を従属変数にし，地域ダミーを説明変数とした回帰分析を行ったところ，東部・中部・西部の3地帯の区分として用いた推計式では東部の企業の限界資本収益率が最も高く，また7大経済圏を区分として用いた場合にも渤海地域と長江流域（どちらも東部）の限界収益率が有意に高いという結果が得られた。
13) Bai=Hsieh=Qian（2006）は，各省のGDP，資本所得，価格などのデータを用いて資本の実質収益率の推計を行っている。彼らは，資本所得から税額を控除しない場合の資本収益率は，90年代後半から低下しているとはいえ20％前後を維持しており，他国と比べても高い水準にあると主張している。ただし，税額を控除した場合の収益率はそれよりも10％ほど低下し，現実の実質成長率を下回るケースもあったものと考えられる。

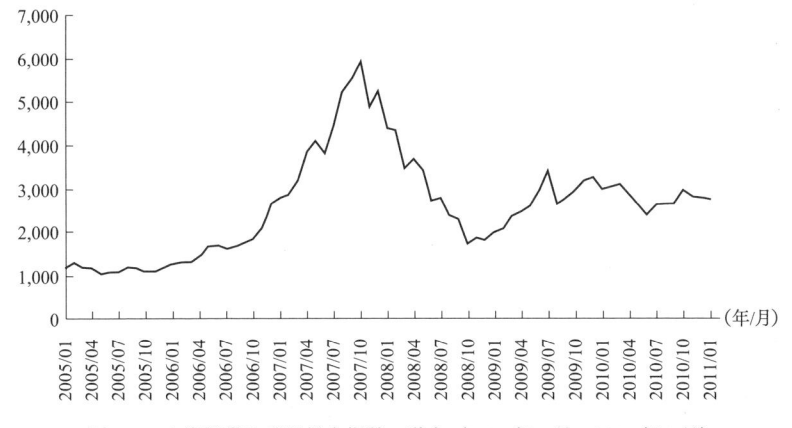

図 8-8　上海証券取引所総合指数の動向（2005年1月 – 2011年1月）
出所）CEIC Data.

的に非効率な状況の下では，むしろ資源配分の効率性を高め，高成長率を支える効果をもっていたと考えられるのである。

　このように1990年代後半以降には，中国の多くの地域で「動学的非効率性」の条件が成立していたと考えられる。このことは，実際の資本の収益率は沿海部のほうが高かったとしても，中国経済が全体として動学的に非効率な状態にあるならば，内陸部の不動産市場などにおいて資産バブルを生じさせることによって，むしろ余剰資金を沿海部に投資するよりも高い成長率を実現できる可能性を示している。実際，沿海部における不動産市場への引き締めが行われた2005年以降においては，不動産市場の加熱はむしろ中西部において生じる傾向があることが指摘されている（森田・陳，2008）。

　1990年代以降の中国国内，特に内陸部において動学的に非効率な状況が生じている，という事実の発見は，前節で紹介した，中国を含む新興国の急激な投資効率性の低下こそがグローバル不均衡拡大の原因である，というカバレロらの議論とも整合的である。動学的に非効率な状況の下では，たとえ投資の効率性が低下していても政府が強制的に貯蓄を投資に振り向けることによって，資源の効率的な配分を実現することが可能になるが，そのような政府主導による投資が大規模に行われることにより，いっそう中国国内の投資効率性は低下

していったと考えられるからである。

　ただし，カバレロらのように，まず投資効率の低下した新興国から米国へと資本の流出が生じ，それが経常収支の不均衡を生みだす，という資本市場の動きだけで，現実のグローバル不均衡の発生を説明するのは若干無理があるように思われる。たとえば中国の場合，巨額の外貨準備で購入を行っているのは主に米国政府の財務証券であり，カバレロらが想定しているように高利回りを求めて資金が流出しているとは考えにくいからである。

　2000年代において米中両国で生じた現実を説明するには，資本市場の動きだけでなく，むしろ国内の持続的な投資効率の低下が中国のISバランスを変化させ，それが経常収支の黒字を生み出している，という実物面でのメカニズムも想定したほうが自然であろう。このことはまた，国内における「投資機会の不足」がグローバルな不均衡の原因であるとしても，それを為替レートの調整によって解消することは難しい，ということを示唆していよう。小川・岩壷 (2010) が指摘するように，米中両国において価格・賃金が十分に伸縮的であり，国内経済が均衡状態のもとで貯蓄過剰＝対外経常黒字を記録しているのならば，為替レートの変動によって経常黒字を減らすことはできないからである。

　以上のような考察から導かれる，アジア通貨危機以降のグローバル不均衡の拡大と，中国国内における過剰投資と資産バブルの発生との関係を，図8-9に基づいて整理しておこう。

　1990年代後半以降，米国はグリーンスパンFRB議場が実施した低金利政策と金融緩和政策のもとで，住宅など資産市場の好調に支えられ高い成長を続けた。同時に，米国国内の旺盛な消費需要は経常収支赤字の拡大をもたらし，それらが中国など新興国や産油国からの資金流入により支えられるという状況がもたらされた。

　一方中国は，事実上のドル・ペッグ制を採用し，比較的低価格な国際価格と米国国内消費の旺盛な伸びに支えられて巨額の経常収支黒字を記録した。その一方で，アジア通貨危機における国内経済の下支えのために内陸部に多額の投資が行われるようになったものの，国内資源の効率的な配分を行う金融部門が未発達のため，必ずしも内需に結びつくものではなかった。このため，ますま

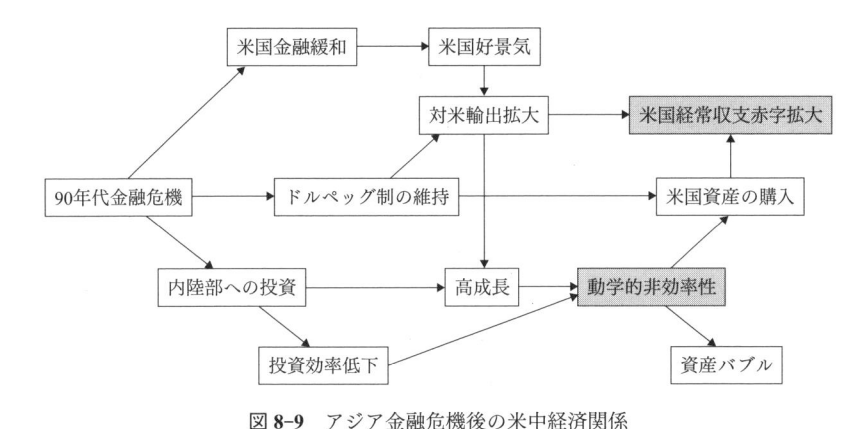

図8-9　アジア金融危機後の米中経済関係

出所）筆者作成。

す国内の貯蓄－投資のギャップが拡大し，米国など海外への資本流出につながったと考えられる。このように，中国のWTO加盟以降は，米中両国の国内の貯蓄－投資をめぐる状況および，国際収支の動向が相互に影響しあうという，「もちつもたれつ」の関係が顕著になったものと理解できよう。

小　括

　本章で行った，中国国内の「動学的効率性」をめぐる考察によれば，21世紀に入ってから顕著になってきた中国における地方政府主導の過剰ともいえる不動産開発や固定資本投資の拡大，それに伴う資産バブルの発生は，ある程度「合理的」なものであった可能性が強い。

　ただし，このような資本市場におけるバブルの発生は，それがたとえ「合理的」なものであったとしても，バブルである以上，それが何らかの理由で大きな価格の下落を経験する可能性があり，そのことが大きな社会不安を引き起こすリスクがあることは否定できない。実際に，2006年から2007年にかけて上海，深圳の市場における株価が高騰した際には，全財産を株式市場につぎ込むなど極めて投機性の高い投資行為を行う「股民」と呼ばれる人々が出現し，一

種の社会問題となった。このような「股民」たちの一部は，その後の当局の金融引き締めに伴う調整局面でその財産の大部分を失ったと考えられる。

また，本章で見てきたような21世紀以降に顕著になってきた内陸地域・農村部における資本過剰の存在は，単に政府財政基金を投じた大型の公共事業が飽和状態にある，ということを示しているだけではなく，社会保障制度の整備の遅れなどにより，投資の拡大＝供給能力の増大が，必ずしも現地における消費＝需要の拡大に十分に結びつかない状況によってもたらされていることを示唆するものである。

このように考えると，2008年の金融危機以降，特に注目されるようになってきた中国の大規模な内需拡大政策は，単に中国国内の問題にとどまらず，これ以上のグローバル不均衡の拡大を抑え，世界的な金融危機発生のリスクを引き下げるという面でも大きな意義をもっていることが分かる。また，その内需拡大政策が，農村における社会保障制度の整備も含めた広い意味での社会インフラへの投資を必要とするものであるということも，改めて強調しておく必要があるだろう。

終章　金融危機後の世界経済と中国の財政金融システム

　ここで，これまでの本書の内容を簡単にまとめておこう。

　改革開放後の中国では，市場は基本的に完全競争の状態にはなく，政府規制によるレントシーキングの余地が絶えず存在していた。特に金融などの要素市場においては，深刻な地域間の分断性の問題が生じていた。また，地方分権的な財政改革が行われたものの，正規の税収が必ずしも十分ではない状況の下で，地方政府には自主財源の拡大を目標とした経済アクターとして行動するインセンティヴが働いてきた。このような状況の下で，各地方政府は，要素市場への介入を通じた税収以外のレント＝予算外資金の獲得を求めて互いに競い合うことになった。特に1980年代には，地方政府が地元金融機関への働きかけを通じて資金動員を行い，郷鎮企業などの発展に大きな役割を果たしたと考えられる。

　1990年代になると，財政金融面での制度的規範化および，中央政府の再分配機能とマクロコントロールの強化を目的とした一連の制度改革が行われたが，全国的な要素市場の統合はいまだ十分ではなく，依然として地方政府が介入することによって自主財源を獲得する余地が残されていた。ただ，1980年代との大きな違いは，地方政府の介入の主な対象となるのが金融市場ではなく，土地・不動産市場であったということである。

　同時に，1992年の南巡講話，および2001年のWTO加盟といった動きを経て急速に進んだ世界経済とのリンケージは，国際収支や為替レート動向といっ

た対外的な要素が中国国内の経済パフォーマンスに大きな影響を及ぼす，という状況をもたらした。また，世界経済とのリンケージが深まる中でも要素市場と地域間の資源配分に関する地方政府の積極的な介入という国内の「地域的要因」は引き続き存続し，そういった「国際的要因」との間で相互に影響を及ぼしあうことになった。たとえば，地方政府が土地市場を通じたレントシーキングを行うという，本来ならば経済厚生を損なうような行為は，世界的な金融緩和の下で高成長する米国経済との結びつきを深め，好調な輸出に支えられ，合理的なバブルが発生しやすい状況におかれてきた，という中国を取り巻く国際環境と密接に結びついていたと考えられる。

2008年の金融危機後の中国経済をめぐる動きは，上記のような国内の要因とグローバルな要因との相互の結びつきがいっそう密接になったことを印象付けるものであった。これは一方で，世界経済で米国に次ぐ規模と地位を身につけつつある中国経済が，単に世界経済のルールの受容者というだけではなく，積極的に影響を及ぼすプレイヤーとしても存在感を増してきたということを反映している。

以下では，地方政府による積極的な土地開発行為，人民元改革と米中経済摩擦の動向，さらにはIMF改革に代表される国際金融秩序の改革，という3つの観点から，2008年の世界金融危機後の中国経済をめぐる状況の変化を整理しておきたい。

地方政府による土地開発と「融資プラットフォーム」

2007年のサブプライム・ローンの破綻に続く資本市場の不安定化の中，2008年9月における米投資銀行リーマン・ブラザーズの経営破綻，いわゆる「リーマン・ショック」によって顕在化した米国発の金融危機は，世界中に大きな影響を与えた。米国への輸出に多くを依存する中国経済の受けた影響も深刻なものであった。それまで中国政府は，不動産市場をはじめとした資本市場の高騰，および世界的な原材料価格の高騰による物価上昇に対し懸念を示し，長い間続いていた「穏健な金融政策」のスタンスを引き締めに転じていた[1]。金利および預金準備率を引き上げた他，銀行貸出の総量規制も行い，その効果

により 2008 年の半ばには景気は下降局面に転じていた。特に広東省など沿海南部の輸出企業は金融危機以前からかなり深刻な不況に苦しんでいたと思われる。世界的な金融危機の発生はそのような中国経済の景気悪化に追い討ちをかける効果をもたらしたのである。

しかし，沿海部の輸出企業を中心に金融危機の大きな影響を目の当たりにした中国政府の政策的な対応は迅速であった。まず 9 月に法定金利の引き下げが行われ，それまでの金融引き締め政策は 1 年足らずで終止符が打たれた。

そして 2008 年 11 月には，政府（国務院）によって，総額 4 兆元，10 項目にわたる財政出動を通じた景気刺激策のパッケージが発表された。この景気対策の内容は，低所得者向けの商品住宅の提供，内陸部におけるインフラ投資，省エネ関連の設備投資，教育への投資，四川大地震への援助金，農村などの社会保障費，などを含むものであった。

また，同時に中央銀行である中国人民銀行による国債レポ取引を中心とした公開市場操作も盛んに行われ，インターバンク市場に流動性が潤沢に供給された結果，インターバンク市場の金利はこれまでにない低水準の状況が約半年間にわたって持続した。これを受けて，2009 年第 1 四半期の金融機関新規貸出額の累計は 4 兆 5,800 億元となり，1 四半期だけで 2008 年 1 年間の総額（4 兆 9,100 億元）にほぼ匹敵する規模となった。3 月末の通貨供給量も前年同期比 25.5％増で，マネーサプライの月次データが公表されるようになった 1999 年以降で最大となる伸び率となった。

このような一連の政策を，第 3 章で詳しく述べたアジア通貨危機後のそれと比較すると，その差は歴然としている。景気回復のために大規模な財政出動が行われながら，流動性の供給が不足していたために物価と実質金利の上昇を招いた当時の対応とは異なり，2008 年から 2009 年にかけての経済危機においては，財政と金融が手を携えて大胆な緩和を行うポリシー・ミックスが実現したのである。

1）2007 年 12 月 6 日付の『人民日報』は，北京において開催された「中央経済工作会議」で，従来の「穏健（安定的）」な金融政策を 10 年ぶりに転換し，融資総量規制などを含む「従緊（引き締め）」策に乗り出すことを決めたと報じた。

ただ，その際に重要なのは，景気回復のための財政出動において中央政府だけではなく，初めから地方政府にも大きな役割が期待されていた点である。そもそも，景気刺激策の方針が打ち出された当時から中央政府の財政支出拡大の余地は限定的であり，4 兆元の公共事業の実施にあたっては地方の旺盛な投資活動に期待するよりなかった。具体的には，中央の予算による支出が 1 兆 1,800 億元であり，残りの 2 兆 8,200 億元は地方財政支出，地方債の発行，政策性融資，銀行からの借り入れなどにより実行されるとされたのである。特に，この財政出動をきっかけにして，それまで厳しく制限された地方債の発行が大々的に認められたことは特筆すべき現象である[2]。それと前後して，不動産開発の規制から容認への転換の方針が打ち出された他，消費刺激のための「消費券」の配布なども各地域において実行された。これらはいずれも，地方政府主導による内需拡大政策の実施に中央政府が事実上ゴーサインを出したものとして理解できよう。

このような地方政府による各種の景気拡大策により，金融機関の貸出が急激に上昇し，マネーサプライが伸びている状況は，本書第 2 章で詳述したような，1980 年代における地域ごとの金融政策による経済の活性化を髣髴とさせるような動きである。このため，2009 年になると早くも地方政府による野放図な投資拡大や，バブルの再燃を懸念する声があがるようになった。

特に注目を浴びているのが，「融資プラットフォーム（中国語で「融資平台」）」と呼ばれるノンバンク企業を利用した，中国独自の資金調達の仕組みである。これは 2010 年になり，『ウォールストリートジャーナル』紙などが報じたことで，国際的にも知られるようになったが，2009 年 6 月の段階で『財経』誌が詳しい特集記事を組んでいた（「地方政府融資的狂歓」『財経』2009 年 12 期）。

その記事によると，2008 年末に 4 兆元の景気刺激策の実施が打ちだされて以来，省から市，県に至る各地方政府は，「融資プラットフォーム」という手法を積極的に利用して税収以外の財源を稼ぎ出してきた。その具体的な方法としては，まず政府が出資者となって「都市建設投資集団」といった名目の「融

---

2) ただし，地方政府が債券を直接市中で消化することは認められておらず，発行は必ず中央政府が代行することとなっている。

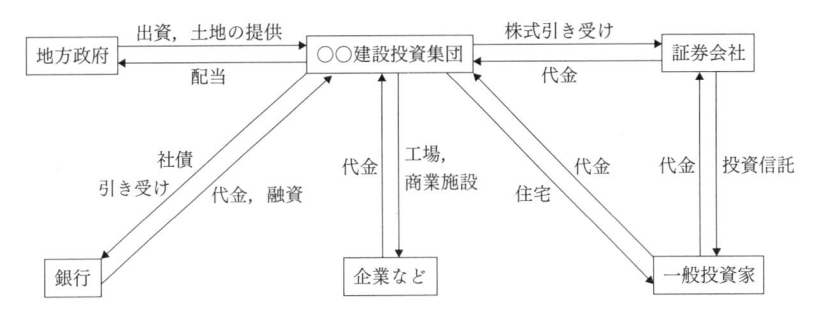

終章　金融危機後の世界経済と中国の財政金融システム——215

図終-1　「融資プラットフォーム」と地方の都市開発

出所）著者作成。

資プラットフォーム企業（以下，「プラットフォーム」）を設立し，その企業が発行した社債を地元の銀行支店に引き受けさせて都市開発の資金を捻出する方法があげられる。そして，もうひとつは証券会社などに，プラットフォームの株式を対象とした投資信託を発売させ，一般の投資家から資金を集めるというやり方もあるという。いずれも，担保となる土地資産が将来にわたり値上がりするという期待に支えられた行為だという意味で，極めてバブルを誘発しやすい手法である（図終-1）。

　このような地方政府による「錬金術」が行われる背景には，2008年末の景気刺激策を実行するために，地方政府も多額の地方債を発行して資金の応分な負担を認められる一方で，現状では中央政府が代わりに発行することになっており，地方政府が自由に市中消化することはできないなど，発行に厳しい制限が課せられているという事情がある。また，企業債の発行についても，発行額が資産額の40％を上回ってはならないなどの厳しい規制下におかれている。

　しかし，上記のような政府が投資主体となった「プラットフォーム」では，地方政府によって収用された土地資産や，さらには財政資金までを資産として組み入れることができるなど，政治的な手法により資産総額を膨らませることができる，とされる。2010年に入ると，各メディアは，このような「プラットフォーム」が全国ですでに8,000社を超え，このようなプラットフォームを通じた地方政府の債務の合計は7兆元を超えていると報じた[3]。

　一般に，資産価格がファンダメンタルズを大きく超えて上昇しても，投資主

体が自ら借り入れを行って投資をする，いわゆるレバレッジの拡大が制限されていれば，それが急に「崩壊」しても，必ずしも大きな信用危機にはつながらない。すでに述べたように，中国各地の不動産価格は 2003 年以降，しばしばバブルが指摘されるほど高騰したが，その要因は主に土地使用権の供給が地方政府により制限されていた点にあった。特に近年には銀行を通じた不動産融資はかなりの制限を受けており，その意味では信用危機をもたらしかねないようなレバレッジの拡大が見られたわけではない。しかし，上記のように「融資プラットフォーム」という抜け道を通じて，レバレッジの大きな不動産投資が大手を振って行われるようになると，そこから生じた「バブル」の崩壊は，中国経済全体に影響を与えるような信用不安につながりかねないといえる[4]。

人民元改革と米中経済摩擦の動向

一方，中国の世界経済との結びつきに目をやると，金融危機後の景気回復への足取りが重いアメリカによる人民元（以下，「元」）切り上げへの圧力も加速してきたことに注目せざるを得ない。第 3 章で述べたように，2005 年に元が対ドルレートで 2% 切り上げられて以来，元はドルに対して緩やかに増価を続けていた。しかし，2008 年の 7 月以来，国内の金融引き締め政策の効果により海外の投機的な資金の流入が止まったことと，そのあとすぐに生じた米国発のいわゆるリーマン・ショックに始まる金融危機後の混乱の中でむしろ元がドルに対して売られる傾向にあったことから，元／ドルレートは 1 ドル = 6.8 元の前後で事実上ペッグする状況が続いた。

2009 年に入り，中国経済が世界に先駆けて力強い回復の様子を見せると，再び将来の元の切り上げを見越した投資資金が流入するようになった。そして 2009 年末より，米国の低金利政策を利用したいわゆる「ドル・キャリー・ト

---

3) 2011 年 6 月，中国人民銀行は 2010 年度の「融資プラットフォーム」を通じた金融機関の融資残高が，約 14 兆元に達すると公表した。

4) このため，国家発展改革委員会は 2010 年 11 月に，「地方政府投融資プラットフォーム企業の債券発行をいっそう規範化することに関する通知」を発表し，本格的な規制に乗り出している。

レード」などの影響により，ドルが円などに対し全面安の展開を見せる中で，ドルに対し事実上のペッグを続ける人民元の切り上げ問題が再燃してきたのである。

その後，米中をはじめ主要国の首脳による人民元の切り上げ問題に関する発言が相次ぐなど，人民元の切り上げは，さながら世界で最重要の通商問題となった感がある。しかしここでは，そういった政治的な背景を探るのではなく，元の切り上げ問題をめぐる意見の対立を教科書的な経済学の視点から改めて整理しておこう。

この問題を考えるにあたっては，国際マクロモデルに関する新古典派とケインジアンの伝統的な論点の対立を踏まえておくことが有用である。ごく簡単にまとめると，新古典派モデル[5]では，価格が伸縮的であり，国内には需要不足が存在せず，経済は常に自然失業率の状態にあると仮定する。また財市場は国内外で十分に統合されていて，中長期的に購買力平価が成り立つとされる。このモデルでは為替レートの変化は直ちに物価水準の変化に反映され，経常収支には影響を与えない。すなわち一国の経常収支は国内のISギャップと等しくなるように決まり，実質為替レートは両者をバランスさせる水準に内生的に決まるとされる。

それに対し，国内経済には需要制約が働いているため，為替レートの切り下げは総需要を増加させることで自国GDP水準を押し上げる効果をもち，その効果を通じて経常収支の値に影響を与える，と主張するのがケインジアンモデルである[6]。

上記のようなケインジアンモデルに基づき，米国の完全雇用の実現のために元／ドルレートの大幅な切り上げが必要だと主張する，いわゆる「弾力性アプローチ」を採用する代表的な論者が，ノーベル経済学賞受賞者のポール・クルーグマンである。彼が2009年末から，新聞のコラムなどで繰り返し行っている発言の趣旨をまとめると，以下のようになるだろう。

---

5) 国際経済学のテキストではマネタリー・アプローチ，あるいはグローバル・マネタリズムと呼ばれている場合が多い。
6) 詳しくは，ケイブズ＝フランケル＝ジョーンズ（2003）参照。

すなわち，元をドルに対して低めにペッグさせる中国の為替政策は，近隣窮乏政策的なものであり，このまま元安政策を続けることは世界経済全体のためにならない。一方中国の景気刺激策は金融危機後の世界経済を反転させたように見えるが，その勢いは十分なものではない。そして元の過小評価は，回復しつつある世界経済の需要を中国製品に向かわせ，他国の回復を遅らせる効果がある，というわけである。元の過小評価が米国をはじめ世界経済の打撃を受けた諸国の回復の足かせになっているという点については，米民主党の経済ブレーンを長年務めてきたエコノミスト，ロバート・ライシュなども，同じ趣旨の発言を行っている。

　ここで注意すべき点が 2 つある。ひとつは，米中間の貿易不均衡，いわゆるグローバル不均衡を世界経済の不安定要因として問題視する視点と，元の過小評価こそが不均衡の原因だ，という主張とは本来別のものだという点である。次に，前者の論点については著名な経済学者の見解はほぼ一致するものの，後者のような主張を行うのはむしろ少数だという点である。

　すでに述べた新古典派モデルのように，国内価格が伸縮的であり，実質為替レートの水準がそれほど変化しないと考えるのであれば，為替レートの変化はあくまで IS バランスにより決定され，経常収支に影響を与えないはずである。たとえばケネス・ロゴフやオリヴィエ・ブランシャールは，新古典派的な IS ギャップ論の立場から人民元の切り上げの効果に疑問を投げかけ，経常収支の不均衡については，米国が肥大化した財政支出を抑制する一方で，中国は社会保障を充実させて内需を増やし，貯蓄率を下げる，といった両国の政策転換によって対処すべきことを説いている。特に IMF のチーフエコノミストであるブランシャールの主張は中国政府筋のお眼鏡にもかなったのか，政府系英字紙の『チャイナ・デイリー』も彼の発言をやや詳しく報じている[7]。

　「弾力的アプローチ」に対するより具体的な批判としては，メンジー・チンらが，綿密な実証分析に基づき，元切り上げが米中貿易不均衡の是正に及ぼす影響について試算を行っている。チンらによれば，2000 年から 2006 年までの

---

7) *China Daily*, 2 月 16 日 "Appreciation of RMB no cure-all for U. S. economy" (http://www.chinadaily.com.cn/china/2010-02/16/content_9471489.htm).

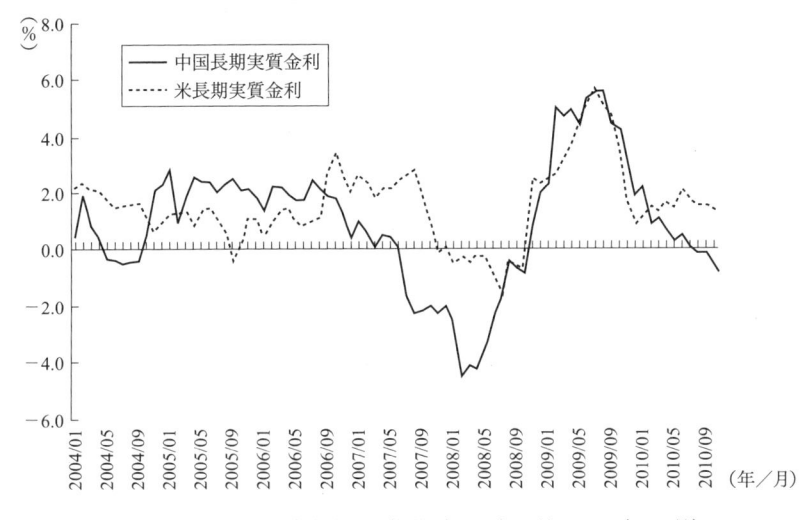

終章　金融危機後の世界経済と中国の財政金融システム——219

図終-2　米中長期実質金利の推移（2004年1月‐2010年11月）
出所）CEIC data, 米FRBウェブサイト（http://www.federalreserve.gov）。
注）数値はいずれも10年国債の利回りを当月のCPIで実質化したもの。

　米中間貿易において，元の10％の増価は，約4,000億ドルの貿易不均衡を約3,550億ドルに減少させる程度の効果しかもたなかった。そして，貿易不均衡の是正に関しては，社会保障制度の充実などを通じた中国のいっそうの内需拡大が不可欠であるとの見解を示している[8]。

　このような為替政策をめぐる問題は，単に米中両国の通商問題にとどまらず，中国国内のマクロ経済政策の運営に直結する。たとえば，第3章でも指摘したように，現在のように投機的な元の売買が積極的に行われている下では，中国の政府当局は，為替相場の安定を図ろうとする限り，金融政策の独自性を事実上放棄し，米FRB（連邦準備制度理事会）の行う金融政策に追随せざるを得ない状況におかれている。図終-2が示すように，2008年秋から2010年初めまでの人民元がドルにペッグされていた期間を通じ，米中の実質金利はほぼ連動し

---

[8] "China, the Renminbi, and Global Imbalances: A Quantitative View", November 19, 2009 (http://www.econbrowser.com/archives/2009/11/china_the_renmi.html). 彼らの議論の元になっている実証分析に関しては，Cheung=Chinn=Fujii（2008）参照。

ていることが分かる。これはもちろんFRBの金融政策が中国の金融政策に影響を与えているのであり，その逆ではない。
　このことは，必ずしも悪い結果をもたらすわけではない。すでに述べた総額4兆元の景気刺激策は，大規模な公共事業に代表される積極的な財政支出という面ばかりが強調される傾向があるが，それがその後一定の効果を及ぼしたのは，米FRBが金融危機後一貫して行ってきた大胆な金融緩和政策に対し，為替をペッグしている中国も追随してきたからにほかならない。この点，危機後も米中のような大胆な金融緩和策を行ってこなかった日本の景気回復が遅れてしまったのとは対照的である。ただし，中国がいち早くV字型の回復を遂げた後も，米国の金融緩和政策にこのまま追随を続けていくならば，当然ながらバブルやインフレ発生の懸念が生じてこよう。2010年の後半にFRBがQE2と呼ばれる大規模な量的緩和政策に踏み切ったとき，中国をはじめとした新興国は軒並み激しい反発を示したが，その背景には明らかにこのような「米国の金融政策への従属」を続けざるを得ない状況への苛立ちがある。
　その意味では，金融政策の自由度を拡大させる為替制度の弾力化は確かに望ましい動きであるといえる。ただし，元の増価期待が高まっている状態のもとで，それより低い小刻みな元高が続くと，それはむしろホットマネーの流入を促し，インフレ圧力をますます加速させてしまう可能性がある。小刻みな元高が持続的に生じた2006年から2008年夏までの時期に，まさにこのような現象が生じている。元が対ドルで年数％切り上がっていたこの時期，中国のCPIはアメリカのそれをやはり年数％一貫して上回り，それが両国の実質金利の差に反映されたのである（図終-2）。
　では，元の増価期待に見合うだけの切り上げを一気に行い，その後為替レートを変動させるというやり方がよいのだろうか。しかし，その場合の輸出産業に与えるショック，およびドル資産の資産価値の低下による資産デフレ効果がどの程度になるかは未知数であり，大幅な元の切り上げはかなりリスクの大きいやり方だといわざるを得ない。
　金融危機後，先進諸国にさきがけて好調に経済成長を続け，経済大国としての地歩を着々と固めつつあるかのように見える中国が，一方でこのような為替

政策と国内の金融政策の間の深刻なジレンマに直面しているということを忘れてはならないだろう。

IMF 改革への積極的なコミットメント

　世界金融危機後の中国政府の対応としてもうひとつ特筆すべきことは，IMF 改革への発言をはじめとして，危機後の世界的な国際金融秩序の構築において，積極的に発言していこうという姿勢が見られたことである。

　2009 年 4 月に行われた G20 の席上で，温家宝首相はドルが基軸通貨になっていることが，新興国の為替制度を硬直的なものとし，外貨準備を膨らませ，世界的な過剰流動性をもたらしていると発言し，IMF 改革の必要性を訴えた。その背景には，周小川・中国人民銀行行長らの国際通貨体制に関する見解が存在したものと考えられる（Zhou, 2009；余, 2009）。これは，IMF への新興国の拠出金を増額すると同時に，SDR（特別引出し権）の貸出枠を増価し，将来的には，新興国の外貨準備を SDR 建てのものに切り替えていくという構想を示したものである。この提言に基づき，2009 年 7 月には，IMF 理事会が SDR 建ての債券を発行することを決定し，9 月のロンドン G20 財務相・中央銀行総裁会議では中国，インド，ブラジル，ロシアの BRICs 4 カ国が 800 億ドル分の購入を表明した。さらには，同年 10 月にイスタンブールで開催された IMF・世界銀行年次大会（イスタンブール）では，IMF への新興国の出資比率を最低 5％増やすことが決定された。

　このような IMF 改革への中国をはじめとした新興国の積極的なコミットメントは，上述のようにドルを準備通貨として大量に保有せざるを得ない中で，金融政策の自由度を事実上奪われているという「ドルの足かせ」ともいうべき状況にあることを認識し，ドルが唯一の基軸通貨となっている現在の国際通貨体制自体の見直しを図っていこう，という政策当局の姿勢を反映しているものと理解できる。現段階ではその効果は未知数であるものの，中国の国内問題だけではなく，国際的な金融危機の発生の温床になりかねないグローバル不均衡の是正にも直結する問題であり，その動向には全世界の注目が集まっている。

これまで見てきたように，現在の中国経済は，グローバル経済への統合と関与という海外要因および視点と，中央－地方関係に代表される「地域的要因」にとらわれる国内事情のどちらも抜きにしては考えられない状況におかれている。今後の財政金融政策もその2つの方向性の間で揺れ続けていくと思われるが，そのことが，2008年の世界同時不況によっていっそう明らかになりつつあるといえよう。ただ，かつての中国を取り巻く状況と現在が決定的に異なるのは，アジア通貨危機の頃までは，中国は通貨制度も含めた世界経済の「ゲームのルール」を，ただ受動的に受け入れる存在でしかなかったものが，いまや積極的にルールの構築にかかわるほどの力を確実につけてきた，というところにある。

　ただし，このように国際的な市場におけるゲームのルールの主体的なプレイヤーとなった中国は，国内に先進国とは異なった形のさまざまな問題を抱えているため，したがって当然ながらその問題をいかに解決するか，という問題意識が，国際社会を舞台としたゲームにおける振る舞いにも影響せざるを得ない。このことからも，一見して「わかりにくい」中国国内の財政金融をはじめとした経済システムが，実際にどのようなロジックによって動いており，その結果どのような問題を抱え込んでいるのか，ということを理解することが，現在ほど必要とされているときはない，といってよいだろう。このいささか陳腐すぎる認識をもって，この小著の締めくくりとしたい。

参考文献

日本語

アイケングリーン,バリー（2010）『グローバル・インバランス』（畑瀬真理子・松林洋一訳）東洋経済新報社

青木昌彦・金瀅基・奥野（藤原）正寛編（1997）『東アジアの経済発展と政府の役割』（白鳥正喜監訳）日本経済新聞社

阿古智子（2009）『貧者を喰らう国――中国格差社会からの警告』新潮社

足立啓二（1998）『専制国家史論』柏書房

天児慧（1992）『東アジアの国家と社会1 中国』東京大学出版会

天児慧編（2000）『現代中国の構造変動4 政治――中央と地方の構図』東京大学出版会

石川滋（1997）「市場経済発展促進アプローチ――理論的位置づけとその応用」『開発援助研究』Vol. 4, No. 1

磯部靖（2008）『現代中国の中央・地方関係――広東省における地方分権と省指導者』慶應義塾大学出版会

伊藤隆敏（2006）『人民元改革の分析』RIETI Discussion Paper Series, 06-J-028

伊藤隆敏・林伴子（2006）『インフレ目標と金融政策』東洋経済新報社

今井健一・渡邊真理子（2006）『シリーズ現代中国経済4 企業の成長と金融制度』名古屋大学出版会

岩井茂樹（2004）『中国近世財政史の研究』京都大学学術出版会

岩井茂樹（2009）「中華帝国財政の近代化」飯島渉・久保亨・村田雄二郎編『20世紀中国史1 中華世界と近代』東京大学出版会

上原一慶（2009）『民衆にとっての社会主義』青木書店

袁堂軍（2002）「移行経済における資源再配分効果と経済成長」『アジア経済』第43巻第1号

袁堂軍（2010）『中国の経済発展と資源配分 1860-2004』東京大学出版会

王紅・長井滋人（2007）「中国における金融市場調節――金融政策か為替政策か」日本銀行ワーキングペーパーシリーズ No. 07-J-5

大塚啓二郎・劉徳強・村上直樹（1995）『中国のミクロ経済改革――企業と市場の数量分析』日本経済新聞社

大西義久（2003）『円と人民元――日中共存へ向けて』中央新書ラクレ

大橋英夫（2000）「中央・地方関係の経済的側面」（天児慧編『現代中国の構造変動4 政治』東京大学出版会）

大橋英夫・丸川知雄（2009）『叢書・中国的問題群6 中国企業のルネサンス』岩波書店

岡崎哲二（2005）『コア・テキスト経済史』新世社

小川英治・岩壷健太郎（2010）「東アジア諸国の経常収支と人民元」藤田誠二・岩壷健太郎

編『グローバル・インバランスの経済分析』有斐閣
小野寺淳（1997）「中国における土地制度改革と都市形成」『アジア経済』第38巻第6号
カーン，H. ムスタク＝ジョモ K. サンダラム（2007）『レント，レント・シーキング，経済開発——新しい政治経済学の視点から』（中村文隆・武田巧・堀金由美訳）人間の科学社
梶谷懐（1997）「中国のインフレーションと地域間経済格差」『アジア研究』第43巻第2号
梶谷懐（2000）「改革開放期における中国の金融システム——国内資金動員と市場分配メカニズム」『神戸学院経済学論集』第32巻第1・2号
梶谷懐（2002）「中国の経済発展における地方政府の役割の再検討」『現代中国』第76号
梶谷懐（2003a）「中国の「市場経済移行」の評価をめぐって——公式GDP統計の信頼性に関する議論より」『比較経済体制研究』第10号
梶谷懐（2003b）「現地化が進む部材調達」㈶日中経済協会編『対中ビジネスの経営戦略』蒼蒼社
梶谷懐（2004a）「第7章　財政・金融からみた中央と地方」加藤弘之・上原一慶編『中国経済論』ミネルヴァ書房
梶谷懐（2004b）「中国の地域間経済格差と中央－地方関係——「ソフトな予算制約」と地域経済のパフォーマンス」『神戸学院経済学論集』第36巻第1・2号
梶谷懐（2005a）「中国の内陸開発と政府間財政関係——分税制導入以降の変化」（平成14-16年度科学研究費補助金（基盤研究A1）研究成果報告書『中国内陸部における地域開発に関する総合的研究——新たな地域開発モデルの構築を目指して』）
梶谷懐（2005b）「中国の財政・金融改革と地域間消費平準化」『アジア研究』第51巻第4号
梶谷懐（2007a）「中国の人民元改革とマクロ経済政策」『神戸学院経済学論集』第38巻第3・4号
梶谷懐（2007b）「人民元改革と財政・金融政策——地域研究からの視点」『近きに在りて』第51号
梶谷懐（2008a）「中国の土地市場をめぐる諸問題と地方政府——「地方主導型経済発展」の変容」『現代中国研究』第23号
梶谷懐（2008b）「積極果敢な楽観主義者としての地方政府——地方主導型発展パターンの変容」『中国経済研究』第5巻第1号
梶谷懐（2009）「中国の予算外財政資金と地域間経済格差」『中国21』第30号
梶谷懐・星野真（2009）「中国内陸部における政府間財政移転の決定要因と再分配効果——県レベルデータを用いた実証分析」『アジア研究』第55巻第1号
加島潤（2007）「政権交代と上海市財政構造の変動（1945〜56年）」『アジア経済』第48巻第7号
何清漣（2002）『中国現代化の落とし穴』（坂井臣之助・中川友訳）草思社
何清漣（2007）『中国の闇』（中川友訳）扶桑社
加藤弘之（1997）『中国の経済発展と市場化』名古屋大学出版会
加藤弘之（2003）『シリーズ現代中国経済6 地域の発展』名古屋大学出版会
加藤弘之・久保亨（2009）『叢書・中国的問題群5 進化する中国の資本主義』岩波書店
加藤弘之・陳光輝（2002）『東アジア長期統計12：中国』勁草書房
金子肇（1988）「中国の統一化と財政問題——「国地財政劃分」問題を中心に」『史学研究』

第 179 号
金子肇（2008）『近代中国の中央と地方——民国前期の国家統合と行財政』汲古書院
柯隆（1996）「市場経済を目指す中国の金融制度改革」長銀総合研究所『総研調査』第 52 号
柯隆（2007）『中国の不良債権問題』日本経済新聞出版社
川井伸一（1996）『中国企業改革の研究』中央経済社
菊池道樹（1998）「新制度学派の中国経済論」『経済志林』第 66 巻第 2 号
許憲春（2009）『詳説 中国 GDP 統計——MPS から SNA へ』（作間逸雄・李潔訳）新曜社
久保亨（1995）『中国経済 100 年のあゆみ——統計資料でみる中国近現代経済史〔第 2 版〕』創斯出版
黒田明伸（1994）『中華帝国の構造と世界経済』名古屋大学出版会
黒田東彦（2004）「円高の経験と中国にとっての教訓」関志雄・中国社会科学院世界経済政治研究所『人民元切り上げ論争——中・日・米の利害と主張』東洋経済新報社
桑澤秀武（2007）「中国における農地徴収と補償制度」『亜細亜大学大学院経済学研究論集』第 31 号
ケイブズ，リチャード・E.＝ジェフリー・A. フランケル＝ロナルド・W. ジョーンズ（2003）『国際経済学入門 II 国際マクロ経済学編』（伊藤隆敏監訳，田中勇人訳）日本経済新聞社
孔麗（2008）『現代中国経済政策史年表』日本経済評論社
国分良成（2003）『現代中国の政治と官僚制』慶應義塾大学出版会
呉軍華（1996）「改革期における中国の地域政策の展開とその影響——財政政策を中心に」『アジア経済』第 37 巻第 7/8 号
澁谷由里（2005）『馬賊で見る「満洲」』講談社選書メチエ
清水聡（2006）「人民元の均衡実質為替レートの推計」『アジア経済』第 47 巻第 11 号
清水美和（2002）『中国農民の反乱』講談社
徐涛（2009）「中国鉱工業企業公表統計データの吟味」『アジア経済』第 50 巻第 2 号
鐘非（2005）『現代中国経済論』新世社
白井早由里（2004）『人民元と中国経済』日本経済新聞社
新光総合研究所（2007）「土地増値税の清算強化，租税回避防止等」『SRI アジア経済ウォッチ』No. 07-5
神野直彦（1999）「中国の「分税制」改革」総合研究開発機構編『中国市場経済の成長と課題』NTT 出版
スティグリッツ，ジョセフ・E.＝ブルース・グリーンワルド（2003）『新しい金融論——信用と情報の経済学』（内藤純一・家森信善訳）東京大学出版会
孫一萱（2001）「「分税制」改革以後の中国の地方財政に関する考察——天津市地方財政を中心に」『アジア研究』第 47 巻第 2 号
高橋五郎（2009）『農民も土も水も悲惨な中国農業』朝日新書
高原明生（1996）「改革・開放以後の中国の歴史的位相——中央・地方関係から見た社会主義開発指向型国家の変容」『国際政治』第 112 号
高原明生（1999）「アジア金融危機の政治経済学——中国の場合」『アジア研究』第 45 巻第 2 号
高原明生（2001）「移行経済の政策過程——中国の企業改革と財政改革の連動に見る中央＝

地方＝企業の利益構造」『立教法学』第 58 号
高屋和子（2004）「中国郷鎮政府における行財政改革」『現代中国』第 78 号
竹森俊平（2006）『世界デフレは三度来る』講談社
竹森俊平（2007）『1997 年——世界を変えた金融危機』朝日新書
竹森俊平（2008）『資本主義は嫌いですか』日本経済新聞出版社
田島俊雄（1994）「中国の国有企業改革と政府間財政関係」『中国研究月報』4 月号
田島俊雄（2000）「中国の財政金融制度」中兼和津次編『現代中国の構造変動 2 構造変動と市場化』東京大学出版会
田島俊雄（2002）「財政改革下の地方政府間財政関係」中兼和津次編『中国農村経済と社会の変動——雲南省石林県のケース』御茶の水書房
田島俊雄（2005）「地方財政の構造と公租公課改革」田島俊雄編『構造調整下の中国農村経済』東京大学出版会
田中修（2007）『検証 現代中国の経済政策決定——近づく改革開放路線の臨界点』日本経済新聞出版社
谷内満（2009）『グローバル不均衡とアジア経済』晃洋書房
田原史起（2004）『中国農村の権力構造——建国初期のエリート再編』御茶の水書房
田原史起（2006）「中国農村政治の構図——農村リーダーから見た中央・地方・農民」『現代中国研究』第 19 号
チエン・インイー＝バリー・ワインガスト（1997）「制度・政府行動主義と経済発展——中国国有企業と郷鎮企業の比較」（青木昌彦・金瀅基・奥野正寛編『東アジアの経済発展と政府の役割』日本経済新聞社）
張玉林（2007）「蝕まれた土地」愛知大学現代中国学会編『中国 21』Vol. 26, 風媒社
趙宏偉（1998）『中国の重層集権体制と経済発展』東京大学出版会
趙宏偉（2004）「中国の「農村税費改革」と政治体制」『中国研究月報』2 月号
陳桂棣・春桃（2004）『中国農民調査』（納村公子・椙田雅美訳）文藝春秋社
津上俊哉（2004）「中国地方財政制度の現状と問題点——近時の変化を中心に」RIETI Discussion Paper Series 04-J-020
土居丈朗（2000）『地方財政の政治経済学』東洋経済新報社
唐成（1998）「中国都市部における高貯蓄率の要因分析」『経済学論究〈筑波大学〉』第 20 号
唐成（2005）『中国の貯蓄と金融——家計・企業・政府の実証分析』慶應義塾大学出版会
豊田利久（1990）「日本の貨幣需要，1900-1988 年」『国民経済雑誌』第 162 巻第 4 号
豊田利久（1993）「日本の長期貨幣需要」『国民経済雑誌』第 168 巻第 4 号
内藤二郎（2004）『中国の政府間財政関係の実態と対応——1980～90 年代の総括』日本図書センター
中兼和津次（1999）『中国経済発展論』有斐閣
中兼和津次（2010）『体制移行の政治経済学——なぜ社会主義国は資本主義に向かって脱走するのか』名古屋大学出版会
南部稔（1991）『現代中国の財政金融政策』多賀出版
西村清彦・三輪芳郎編（1990）『日本の株価・地価』東京大学出版会
日本総合研究所調査部（2005）「不動産バブルと中国的改革」JRI news release
任哲（2009）「中国不動産業界における政府関与のジレンマ」『アジア研究』第 55 巻第 1 号

狭間直樹・岩井茂樹・森時彦・川井悟（1996）『データでみる中国近代史』有斐閣選書
日置史郎（2003）「中国の市場分断——既存研究の吟味と現状をめぐる考察」岡本信広編『中国の地域間産業構造——地域間産業連関分析（II）』アジア国際産業連関シリーズ No. 63, 日本貿易振興会アジア経済研究所
藤田誠一・岩壷健太郎編（2010）『グローバル・インバランスの経済分析』有斐閣
ヘルマン，トーマス＝ケヴィン・マードック＝ジョセフ・E. スティグリッツ（1997）「金融抑制——新しいパラダイムに向けて」（青木昌彦・金瀅基・奥野正寛編『東アジアの経済発展と政府の役割』日本経済新聞社）
實劔久俊・蘇群（2008）「中国における農村信用社改革と農家の借入行動」『アジア経済』第49巻第10号
松林洋一（2010）『対外不均衡とマクロ経済』東洋経済新報社
丸川知雄（1996）「中国の国有企業改革の動向」長岡貞男・馬成三・S. ブランギンスキー編著『中国とロシアの産業変革——企業改革と市場経済』日本評論社
丸川知雄（2007）『現代中国の産業』中公新書
マンキュー，グレゴリー（2004）『マンキュー マクロ経済学〈2〉応用篇』（足立英之他訳）東洋経済新報社
三宅康之（2006）『中国・改革開放の政治経済学』ミネルヴァ書房
村松祐次（1949）『中国経済の社会態勢』東洋経済新報社
森田憲・陳雲（2009）『中国の経済改革と資本市場』多賀出版
姚洋（2007）「中国の土地所有制度と問題点」愛知大学現代中国学会編『中国21』Vol. 26, 風媒社
余永定（2006）「中国の成長見通しと経済調整」深尾光洋編『中国経済のマクロ分析』日本経済新聞社
吉川洋（1992）『日本経済とマクロ経済学』東洋経済新報社
吉川洋編（1996）『金融政策と日本経済』日本経済新聞社
吉川洋（2000）『現代マクロ経済学』創文社
吉冨勝（2005）「アジアの経済統合と世界の新しい経常収支不均衡の解決——貿易構造と通貨調整のリンケージ」RIETI Policy Analysis Paper, No. 1
李昌平（2004）『中国農村崩壊』（吉田富雄監訳）NHK出版
林家彬・林薫（2001）「中国の中小企業の現況について」『開発金融研究所報』第7号
ローマー，デビッド（1998）『上級マクロ経済学』（堀雅博・岩成博夫・南條隆訳）日本評論社
渡辺真吾・小倉将信（2006）『アジア通貨単位から通貨統合までは長い道か』日本銀行ワーキングペーパーシリーズ，No. 06-J-21
和田義郎（1997）「中国国有企業の分析——経済開発と企業」『開発援助研究』Vol. 4, No. 4

中文（統計資料）
宝鶏年鑑編纂委員会編（各年版）『宝鶏年鑑』陝西人民出版社
財政部総合計画司編（1992）『中国財政統計（1950-1991）』科学出版社
財政部予算司編（各年版）『全国地市県財政統計資料』中国財政経済出版社
重慶市統計局編（各年版）『重慶統計年鑑』中国統計出版社

甘粛年鑑編委会編（各年版）『甘粛年鑑』中国統計出版社
貴州年鑑編輯部編（各年版）『貴州年鑑』貴州人民出版社
貴州省統計局編（各年版）『貴州統計年鑑』中国統計出版社
国家統計局編（各年版）『中国統計年鑑』中国統計出版社
国家統計局（各月版）『中国経済景気月報』中国統計出版社
国家統計局農村社会経済調査司編（2006）『中国農村貧困観測報告2006』中国統計出版社
国家統計局城市社会経済調査総隊編（各年版）『中国城市統計年鑑』中国統計出版社
国家統計局国民経済核算司編（1996）『中国国内生産総値核算歴史資料1952-1995』東北財経大学出版社
国家統計局国民経済核算司編（2003）『中国国内生産総値核算歴史資料1996-2002』中国統計出版社
国家統計局国民経済核算司編（2007）『中国国内生産総値核算歴史資料1952-2004』中国統計出版社
国家統計局国民経済総合統計司編（2005）『新中国五十五年統計資料彙編』中国統計出版社
国家統計局国民経済総合統計司編（2010）『新中国六十年統計資料彙編』中国統計出版社
国家統計局農村社会経済調査総隊編（2001）『中国県（市）社会経済統計年鑑2001』中国統計出版社
国務院人口普査弁公室・国家統計局人口和社会科技統計司編（2003）『2000年人口普査分県資料』中国統計出版社
国土資源部（各年版）『中国国土資源統計年鑑』中国地質出版社
楼継偉主編（2000）『新中国50年財政統計』経済科学出版社
内蒙古自治区統計局編（各年版）『内蒙古統計年鑑』中国統計出版社
内蒙古年鑑編輯委員会編（各年版）『内蒙古年鑑』内蒙古人民出版社
寧夏回族自治区統計局編（各年版）『寧夏統計年鑑』中国統計出版社
寧夏年鑑編輯委員会編（各年版）『寧夏年鑑』方志出版社
青海省地方志編纂委員会編（各年版）『青海年鑑』青海人民出版社
青海省統計局編（各年版）『青海統計年鑑』中国統計出版社
陝西省統計局編（各年版）『陝西統計年鑑』中国統計出版社
四川省統計局編（各年版）『四川統計年鑑』中国統計出版社
西安年鑑編纂委員会編（各年版）『西安年鑑』陝西人民出版
西寧市統計局編（各年版）『西寧統計年鑑』中国統計出版社
西藏年鑑編輯委員会編（各年版）『西藏年鑑』西藏人民出版社
西藏自治区統計局編（各年版）『西藏統計年鑑』中国統計出版
夏宇・張正路主編（各年版）『陝西年鑑』陝西年鑑社
新疆維吾尓自治区地方志編纂委員会編（各年版）『新疆年鑑』新疆人民出版社
新疆維吾尓自治区統計局編（各年版）『新疆統計年鑑』中国統計出版社
雲南省統計局編（各年版）『雲南統計年鑑』中国統計出版社
中華人民共和国民政部編（2004）『中華人民共和国行政区劃簡冊2004』中国地図出版社
中国金融学会編（各年版）『中国金融年鑑』中国金融年鑑編集部
中国人民銀行（各月版）『中国金融』中国金融社
中国人民銀行調査統計司（各季版）『中国人民銀行統計季報』中国金融出版社

中国人民銀行総合計画司編（1988）『全国市場貨幣流通量分布調査 1979-1986』中国金融出版社

中文（その他）
白重恩・銭震傑（2009）「国民収入的要素分配：統計数拠背後的故事」『経済研究』第 3 期
北京天則経済研究所≪中国土地問題課題組≫（2007）「城市化背景下土地産権的実施和保護」『管理社会』第 12 期
陳潮編（2000）『中国行政区劃沿革手冊』中国地図出版社
戴相龍主編（1999）『中国貨幣政策報告 1999』中国金融出版社
戴相龍主編（2001）『領導幹部金融知識読本』中国金融出版社
鄧英淘・姚鋼・徐笑波・薛玉煒（1990）『中国予算外資金分析』中国人民大学出版社
杜恂誠（2002）『中国金融通史 第 3 巻・北洋政府時期』中国金融出版社
高波（2007）『現代房地産経済学導論』南京大学出版社
高聖平・劉守英（2007）「集体建設用地進入市場：現実与法律困境」『管理社会』第 3 期
郭書田（2005）「要保護農民的財産権」田永勝編『中国之重』光明日報出版社
海聞主編（1997）『中国郷鎮企業研究』中華工商聯出版社
韓俊（2005）「公共財政危機与農村発展」加藤弘之・郭暁鳴主編『全球化与中国内陸区域経済発展論文集』四川人民出版社
黄佩華・迪帕克編著（2003）『中国：国家発展と地方財政』中信出版社
黄小虎主編（2006）『新時期中国土地管理研究（上，下）』当代中国出版社
賈康・白景明（2000）『中国発展報告：財政与発展』浙江人民出版社
賈康・白景明・馬暁玲（1999）「"費改税"与政府収入規範化思路」『管理世界』第 4 期
賈康・趙全厚（2006）『中国財政通史：当代巻』中国財政経済出版社
蒋省三・劉守英・李青（2007）「土地制度改革与国民経済成長」『管理世界』第 9 期
蒋月他（2006）『農村土地請負法実施研究』法律出版社
焦瑾璞・孫天埼・劉向耘（2006）「貨幣政策執行効果的地区差別分析」『金融研究』第 3 期
李含琳・魏奮子・李印峰（2003）『中国西部財政供養人口適度比例研究』人民出版社
李鵬（2006）『立法与監督：李鵬人大日記（上）』新華出版社
李萍主編（2006）『中国政府間財政関係図解』中国財政経済出版社
李揚・王国剛他（2008）『中国金融改革開放 30 年研究』経済管理出版社
李燕瓊・嘉蓉梅（2006）「城鎮化過程中土地征用与管理問題的理性反思：対我国東，中，西部 1538 失地農戸的調査分析」『経済学家』第 5 期
厲以寧主編（1992）『中国宏観経済的実証分析』北京大学出版社
劉洪玉・張紅（2006）『房地産業与社会経済』清華大学出版社
劉孝誠（2006）『中国財政通史 中華民国巻』（項懐誠主編），中国財政経済出版社
劉佐（2006）『中国房地産税収』中国財政経済出版社
盧洪友（1998）「非財税収入研究」『経済研究』第 6 期
馬海濤・李燕・石剛・徐煥東編（2003）『収支両条線管理制度』中国財政経済出版社
秦虹・李暁煒（2007）「我国房地産税収政策研究」上海社会科学院房地産業研究中心・上海市房産経済学会編『土地供給在宏観調控中的伝道』上海社会科学院出版社
孫潭鎮主編（1995）『現代中国農村財政問題研究』経済科学出版社

王広謙・郭田勇編（2008）『中国経済改革 30 年：金融改革巻』重慶大学出版社
王国林（2006）『失地農民調査』新華出版社
呉国光・鄭永年（1995）『論中央－地方関係』牛津大学出版社
呉漢洪・崔永（2006）「中国的鋳幣税与通貨膨張：1954-2004」『経済研究』第 9 期
謝平（1996）『中国金融制度的選択』上海遠東出版社
謝平・張暁朴（2002）「貨幣政策与匯率政策的三次衝突：1994-2000 年中国的実証分析」謝平・焦瑾璞主編『中国貨幣政策争論』中国金融出版社
許健（1995）『金融深化論』中国金融出版社
徐笑波・鄧英淘・薛玉煒・劉建進・胡斌（1994）『中国農村金融的変革与発展』当代中国出版社
楊希天他編（2002）『中国金融通史：第 6 巻 中華人民共和国時期（1949～1996）』中国金融出版社
易剛（1996）「中国金融資産結構分析及政策含意」『経済研究』第 12 期
易綱（2004）『中国的貨幣化進程』商務印所館
余永定（2009）「避免美元陷穽」『財経』第 235 期
張冬梅・陳穎（2006）『少数民族経済発展中的財政政策』中央民族大学出版社
張国輝（2003）『中国金融通史 第 2 巻・清鴉片戦争時期至清末時期』中国金融出版社
鐘成勲主編（1993）『地方政府投資行為研究』中国財政経済出版社
中華人民共和国民政部編（2004）『中華人民共和国行政区劃簡冊 2004』中国地図出版社
中国経済増長与宏観穏定仮題組（2009）「全球失衡，金融危機与中国経済的復蘇」『経済研究』第 5 期
周正慶（1993）『中国貨幣政策研究』中国金融出版社
朱秋霞（2007）『中国土地財政制度改革研究』立信会計出版社
「城市土地之秘」『財経』第 76 期，2003 年 1 月 20 日
「房貸秘密」『財経』第 87 期，2003 年 7 月 5 日
「物業税起歩」『財経』第 99 期，2004 年 1 月 5 日
「土地解密」『財経』第 153 期，2006 年 2 月 20 日
「重分 "土地出譲金"」『財経』第 155 期，2006 年 3 月 20 日
「"人民元先生"」『財経』第 169 期，2006 年 10 月 2 日
「両難任務」第 179 期，2007 年 2 月 19 日
「真実的物業税」『財経』第 179 期，2007 年 2 月 19 日
「寧夏 "土地銀行" 実験」『財経』第 203 期，2008 年 1 月 21 日
「地権回帰」『財経』第 222 期，2008 年 10 月 13 日
「地方政府融資的狂歓」『財経』第 239 期，2009 年 6 月 8 日

英 文

Abel, Andrew B., N. Gregory Mankiw, Lawrence H. Summers and Richard J. Zeckhauser (1989), "Assesing Dynamic Efficiency : Theory and Evidence," *Review of Economic Studies*, Vol. 56, pp. 1-20.
Asdrubali, Piefederico, Bent E. Sørensen and Oved Yosha (1996), "Channels of interstate risk sharing : United States 1963-1990," *Quarterly Journal of Economics*, Vol. 111, pp. 1081-1110.

Bai, Chong-En, Yingjuan Du, Zhigang Tao, Sarah Y. Tong (2004), "Local Protectionism and regional specialization : evidence from China's industries," *Journal of International Economics*, Vol. 63, pp. 397-417.

Bai, Chong-En, Chang-Tai Hsieh and Yingyi Qian (2006), "The Return to Capital in China," *Brookings Papers on Economic Activity*, September 22.

Barsky, Robert and Jeffrey A. Miron (1989), "The Seasonal Cycle and the Business Cycle," *Journal of Political Economy*, Vol. 97, pp. 503-534.

Bates, Robert (1988), "Government and Agricultural rural Africa," in Bates ed. *Towards a Political Economy of Development : A Rational Choice Perspective*, Berkeley : University of California Press.

Bayoumi, Tamim and Paul R. Masson (1995), "Fiscal Flows in the United States and Canada : Lesson for Monetery Union in Europe," *European Economic Review*, Vol. 39, pp. 253-274.

Bernanke, Ben S. (2005), "The Global Saving Glut and the U. S. Current Account Deficit," SandridgeLecture, Virginia Association of Economics, Richmond, Virginia, Federal Reserve Board, March 2005.

Bernanke, Ben S. (2006), "The Chinese Economy : Progress and Challenges," in the speech at the Chinese Academy of Social Sciences, Beijing, China, December 15 (http://www.federalreserve.gov/boarddocs/speeches/2006/20061215/default.htm).

Bhalla, Ajit S. and Qiu Shufang (2006), *Poverty and Inequality among Chinese Minorities*, New York : Routledge.

Blanchard, Olivier and Francesco Giavazzi (2005), "Rebalancing Growth in China : a Three-Handed Approach," *Massachusetts Institute of Technology Department of Economics Working Paper Series*, 05-32.

Bordo, Michael D. and Lars Jonung (1990), "The Long-Run Behavior of Velocity : The Institutional Approach Revisited," *Journal of Policy Modeling*, Vol. 12, pp. 165-197.

Boyreau-Debray, Geneviève and Shangjin Wei (2005), "Pitfalls of a State-dominated Financial System : the Case of China," *NBER Working Paper*, 11214.

Brandt, Loren and Xiaodong Zhu (2000), "Redistribution in a Decentralized Economy : Growth and Inflation in China under Reform," *Journal of Political Economy*, Vol. 108, No. 2, pp. 422-439.

Brandt, Loren and Carsten A. Holtz (2006), "Spatial Price Differences in China : Estimates and Implications," *Economic Development and Cultural Change*, 55 (1), pp. 43-86.

Byrd, William A. and Lin Qingsong eds. (1990), *China's Rural Industry : Structure, Development, and Reform*, Oxford : Oxford University Press.

Caballero, Ricardo J., Emmanuel Farhi and Pierre-Olivier Gourinchas (2008a), "An Equilibrium Model of 'Global Imbalances' and Low Interest Rates," *American Economic Review*, Vol. 98, pp. 358-393.

Caballero, Ricardo J., Emmanuel Farhi, and Pierre-Olivier Gourinchas (2008b), "Financial Crash, Commodity Prices, and Global Imbalances," *Brookings Papers on Economic Activity*, Fall, pp. 1-55.

Cai, Hongbin, J. Vernon Henderson and Qinghua Zhang (2009), "China's Land Market Auctions : Evidence of Corruption," *NEBR Working Paper*, 15067.

Chen, Chien-Hsun (1989), "Monetary Aggregates and Macroeconomic Performance in Mainland China," *Journal of Comparative Economics*, Vol. 13, pp. 314-324.

Cheung, Yin-Wong, Menzie D. Chinn and Eiji Fujii (2008), "China's Current Account and Exchange Rate," *CESIFO Working Paper*, No. 2587.

Chow, Gregory C. (1987), "Money and Price Level Determination in China," *Journal of Comparative Economics*, Vol. 11, pp. 319-333.

Dobson, Wendy and Anil Kashap (2006), "The Contradiction in China's Gradualist Banking Reforms," prepared for the Brookings Panel on Economic Activity (http://faculty.chicagogsb.edu/anil.kashyap/research/chinabanksoctfullpaper.pdf).

Dollar, David and Shang-Jin Wei (2007), "Das (Wasted) Kapital : Firm Ownership and Investment Efficiency in China," IMF *Working Paper*, WP/07/09.

Dooley, Michael, David Folkerts-Landau, and Peter Garber (2003), "An Essay on the Revived Breton Woods System," *NBER Working Paper*, No. 9971, September.

Dunaway, Steven and Xiangming Li (2005), "Estimating China's 'Equilibrium' Real Exchange Rate," *IMF Working Paper*, WP/05/202.

Eichengreen, Barry (2006), "China's Exchange Rate Regime : The Long and Short of It," paper for Columbia University's conference on Chinese money and finance held in New York (http://www.econ.berkeley.edu/~eichengr/research/short.pdf).

Eichengreen, Barry and Ricardo Hausmann (2004), *Other People's Money : Debt Denomination and Financial Instability in Emerging Market Economies*, Chicago : University of Chicago Press.

Feldstein, Martin, and Charles Horioka (1980), "Domestic Saving and International Capital Flows," *The Economic Journal*, Vol. 90, pp. 314-329.

Feltenstein, Andrew and Jiming Ha (1991), "Measurement of Repressed Inflation in China," *Journal of Development Economics*, Vol. 36, pp. 279-294.

Feltenstein, Andrew, David Lebow and Sweder Wijnbergen (1990), "Savings, Commodity Market Rationing, and the Real Rate of Interest in China," *Journal of Money, Credit and Banking*, Vol. 22, pp. 234-252.

Girardin, Eric (1996), "Is There a Long Run Demand for Currency in China ?," *Economic Planning*, Vol. 29, pp. 169-184.

Goodfriend, Marvin and Eswar Prasad (2006), "A Framework for Independent Monetary Policy in China," *IMF Working Paper*, WP/06/111.

Guerineau, Samuel and Sylviane Guillaumont-Jeanney (2005), "Deflation in China," *China Economic Review*, Vol. 16, pp. 336-363.

Gustafsson, Bjorn and Li Shi (2003), "The Ethnic Minority-Majority Income Gap in Rural China during Transition," *Economic Development and Cultural Change*, Vol. 51, No. 4, pp. 805-822.

Hashiguchi, Yoshihiro and Shigeyuki Hamori (2009), "Saving-investment relationship and capital mobility : Evidence from Chinese provincial data, 1980-2007," *Economics Bulletin*, Vol. 29, No. 3, pp. 1986-1994.

Heilmann, Sebastian (2005), "Regulatory Innovation by Leninist Means : Communist Party Supervision in China's Financial Industry," *The China Quarterly*, Vol. 181, pp. 1-21.

Holz, Carsten A. (2006), "No Razor's Edges : Reexamining Alwyn Young's Evidence for Increasing

Inter-Provincial Trade Barriers in China," mimeo.
Hoshino, Masashi (2011), "Measurement of GDP Per Capita and Regional Disparities in China, 1979-2009," mimeo.
Hsiao, Katherine H. (1972), *Money and Monetary Policy in Communist China*, New York : Columbia University Press.
Iwamoto, Yasushi and Eric van Wincoop (2000), "Do Borders Matter ? : Evidence from Japanese Regional Net Capital Flows," *International Economic Review*, Vol. 41, No. 1 pp. 241-269.
Jin, Hehui, Yingyi Qian and Barry R. Weingust (2005), "Regional Decentralization and Fiscal Incentives : Federalism, Chinese Style," *Journal of Public Economics*, Vol. 89, pp. 1719-1742.
Keidel, Albert (2008), "China's Economic Rise : Fact and Fiction," *Carnegie Policy Brief 61, July, 2008*.
Kiril Tochkov (2007), "Interregional transfers and the smoothing of provincial expenditure in China," *China Economic Review*, Vol. 18, pp. 54-65.
McKinnon, Ronald I. (2005a), *Exchange Rates under the East Asian Dollar Standard : Living with Conflicted Virtue*, Cambridge : MIT Press.
McKinnon, Ronald I. (2005b), "China's New Exchange Rate Policy : Will China Follow Japan into a Liquidity Trap ?," mimeo (http: //www. stanford. edu/~mckinnon/papers/Weekly_Economist_Oct_2005.pdf).
Modigliani, Franco and Shi Larry Cao (2004), "The Chinese Savings Puzzle and the Life Cycle Analysis," *Journal of Economic Literature*, Vol. 42, pp. 145-170.
Montinola, Gabriella, Yingyi Qian and Barry Weingust (1995), "Federalism, Chinese Style : The Political Basis for Economic Success in China," *World Politics*, Vol. 48, No. 1, pp. 50-81.
Naughton, Barry (2000), "How much can regional integration do to unify China's Market ?," *Center for Research on Economic Development and Policy Reform Working Paper*, No. 58, pp. 1-38.
Naughton, Barry (2007), *Chinese Economy : Transitions and Growth*, Cambridge : MIT Press.
North, Douglass C. (1990), *Institution, Institutional Change and Economic Performance*, Cambridge : Cambridge University Press.
Obstfeld, Maurice and Kenneth Rogoff (2004), "The Unsustainable US Current Account Position," *NBER Working Paper*, No. 10869.
Ogawa, Eiji and Michiru Sakane (2006), "The Chinese Yuan after the Chinese Exchange Rate System Reform," *Discussion papers 06019*, Research Institute of Economy, Trade and Industry.
Oi, Jean (1992), "Fiscal Reform and the Economic Foundations of Local State Corporatism in China," *World Politics*, Vol. 45, pp. 118-122.
Oi, Jean (1998), "The Evolution of Local State Corporatism," in Andrew Walder ed., *Zouping in Transition*, Cambridge : Harvard University Press.
Oi, Jean (1999), *Rural China Takes off*, Berkeley : University of California Press.
Oksenberg, Michael and James Tong (1991), "The Evolution of Central-Provincial Fiscal Relations in China, 1971-1984 : The Formal System," *China Quarterly*, No. 125 (March 1991).
Ouyang, Alice Y., Ramkishen S. Rajan and Thomas D. Willett (2010), "China as a Reserve Sink : The Evidence from Offset and Sterilization Coefficients," *Journal of International Money and Finance*, Vol. 29, No. 5, pp. 951-972.

Park, Albert and Kaja Sehrt (2001), "Tests of Financial Intermediation and Banking Reform in China," *Journal of Comparative Economics*, Vol. 28, No. 4, pp. 608-644.

Podpiera, Richard (2006), "Progress in China's Banking Sector Reform : Has Bank Behavior Changed ?," *IMF Working Paper*, WP/06/71.

Poncet, Sandra (2003), "Measuring Chinese Domestic and International Integration ?," *China Economic Review*, Vol. 14, No. 1, pp. 1-22.

Ports, Richard and Anita Santorum (1987), "Money and the Consumption Goods Market in China," *Journal of Comparative Economics*, Vol. 11, pp. 354-371.

Prasad, Eswar, Raghuram Rajan and Arvind Subramanian (2007), "Foreign Capital and Economic Growth" Discussion Paper.

Qian, Yingyi (1988), "Urban and Rural Household Saving in China," *IMF Staff Papers*, December, pp. 592-627.

Qian, Yingyi and Gerard Roland (1998), "Federalism and the Soft Budget Constraint," *The American Economic Review*, Vol. 88, pp. 1143-1162.

Qin, Duo (1993), "Money Demand in China : The Effect of Economic Reform," *Journal of Asian Economics*, Vol. 5, pp. 253-271.

Rawski, Thomas G. (2001), "What is Happening to China's GDP Statistics," *China Economic Review*, Vol. 12, pp. 347-354.

Shiroyama, Tomoko (2008), China during the Great Depression : Market, State, and the World Economy, 1929-1937, Harvard University Asia Center.

Shleifer, Andrei, and Robert W. Vishny (1998), *The Grabbing Hand*, Cambridge : Harvard University Press.

Tirol, Jean (1985), "Asset Bubbles and Overlapping Generations," *Econometrica*, Vol. 53, No. 6, pp. 1499-1528.

Tsui, Kaiyuen (1993), "Decomposition of China's Regional Inequalities," *Journal of Comparative Economics*, Vol. 17, No. 3, pp. 600-627.

Tsui, Kaiyuen (2005), "Local Tax System, Intergovernmental Transfers and China's Local Fiscal Disparities," *Journal of Comparative Economics*, Vol. 33, pp. 173-196.

Weingast, Barry (1995), "The Economic Role of Political Institutions : Market Preserving Federalism and Economic Development," *The Journal of Law, Economics, and Organization*, Vol. 11, No. 1. pp. 1-31.

Whiting, Susan H. (2001), *Power and Wealth in Rural China : The Political Economy of Institutional Change*, Cambridge : Cambridge University Press.

Wincoop, Eric van (1999), "How Big are Potential Welfare Gains from International Risk-sharing ?," *Journal of International Economics*, Vol. 47, pp. 109-135.

Wong, Christine ed. (1997), *Financing Local Government in the People's Republic of China*, Hong Kong : An Asian Development Bank Publication.

World Bank (1994), *China : Internal Market Development and Regulation*, Washington, D. C. : The World Bank.

Xie, Ping (2004), "China's Monetary Policy : 1998-2002," *Stanford Center for International Development Working Paper*, No. 217.

Xu, Yingfeng (1998), "Money Demand in China : A Disaggregate Approach," *Journal of Comparative Economics*, Vol. 26, pp. 544-564.

Yi, Gang (1994), *Money, Banking, and Fiscal Market in China*, Boulder : Westview Press.

Young, Alwyn (2000), "The Razor's Edge : Distortions and Incremental Reform in the People's Republic of China," *Quarterly Journal of Economics*, Vol. 114, pp. 1091-1135.

Yu, Qiao (1997), "Economic Fluctuation, and Monetary Policy in the Transitional Chinese Economy," *Journal of Comparative Economy*, Vol. 25, pp. 180-195.

Yu, Qing and Kaiyuan Tsui (2005), "Factor Decomposition of Sub-provincial Fiscal Disparities in China," *China Economic Review*, Vol. 16, No. 4, pp. 403-418.

Zhang, Xiaobo (2006) "Fiscal Decentrazation and Political Centralization in China : Implications for Growth and Inequality," *Journal of Comparative Economics*, Vol. 34, pp. 713-726.

Zhou, Xiaochuan (2009) "Reform the International Monetary System," (http://www.pbc.gov.cn/english/detail.asp?col = 6500&id = 178).

Zhuravskaya, Ekaterina (2000), "Incentives to Provide Local Public Goods: Fiscal Federalism Russian Style," *Journal of Public Economics*, Vol. 76, pp. 337-368.

あとがき

　筆者が初めて中国の地を踏んだのは，1994年の夏のことだった。夏休みを利用した短期の語学研修のプログラムへの参加で，他の参加者はすべて飛行機で北京に到着したが，何事にもへそ曲がりだった筆者は，まったく中国語が話せなかったにもかかわらず1人だけ神戸発の燕京号に乗り込んで天津から上陸した。だがそこからが思いのほか大変だった。もちろん，神戸のように港からポートライナーのような便利な公共交通手段があって，電車を乗り継いでいけばスムースに北京まで到着できる，と思っていたわけではない。が，「何とかなるだろう」と甘く考えていたのも事実で，天津の港に降り立ってからは，北京はおろか天津の駅までどうやって行けばよいのか見当がつかず，途方に暮れてしまった。結局，同じ船に乗り合わせた日本語の堪能な中国人ビジネスマンにその日のホテルを探してもらっただけでなく，翌日は駅まで送ってもらい，ようやく北京行きの列車に乗り込むことができた。もっとも，北京到着後も目的地である大学に着くまで一苦労で，まだ舗装が十分になされていないガタガタした北京の道をトランクを引きずりながら半日歩き回ることになってしまい，着いたとたんに体調を崩して2日間寝込むことになってしまった。そのせいで，歓迎会で出された北京ダックにまったく手をつけられなかったことをいまも覚えている。

　いまだに，「あの国」を相手にする際には，直感的なものを信じて行き当たりばったり進んでいっても何とかなるのではないか，いや，最初から綿密なプランを立てて臨むよりも，むしろそちらの方がいい結果を出せるのではないか，とどこかで楽観的に考えているところがあるのも，そのときの原体験が尾を引いているからかもしれない。

本書のタイトルに表れているように，筆者の研究は，改革開放以降の中国経済を，財政金融を通じた地域間の資金の流れに焦点を当てることで，できるだけ包括的（システマティック）に捉えようという問題意識から出発している。そのため，中国の財政金融に関する制度的，実証的な検討にとどまらず，新制度学派の理論を援用した地方政府の行動に関する分析，あるいは国際マクロ経済学に基づいた為替レートやグローバル不均衡の分析など，扱う内容および方法論もかなり多岐に渉らざるを得なかった。ここには，足かけ15年以上現代中国経済についての研究を続けていく中で，地方財政や金融の問題，さらには不動産市場や人民元の問題などといった個々のトピックを，それぞれ切り離して論じることで，何か抜け落ちてしまう点があるのではないか，という筆者なりの思いが反映されている。

　もとより，このような多岐に渉る学問領域について，自分が満足のいく知見を持ち合わせていないことは十分承知している。個々のトピックに関する記述が不十分であるだけではなく，それらの記述が全体として組み合わさり，まとまった像を結んでいるかどうかとなると，まったく心許ない限りである。にもかかわらず，中国研究の細分化が進む中，たとえ細部では穴だらけであっても，何らかの「全体像」といいうるものを志向するような研究者がいてもよいのではないか，という半ば開き直りのような気持ちで，ここ数年は研究を続けてきた。冒頭に記した，「直感的なものを信じて行き当たりばったり進んでいっても何とかなる」という原体験を，現在まで引きずっていたせいかもしれない。ともあれ，現時点での筆者の能力からすれば，ひとまずやれるだけのことはやり終え，少しだけ肩の荷を下ろしたような気がしているというのが正直なところである。

　本書にまとめた研究の出発点になるのは，2001年に神戸大学に提出した博士論文「改革開放期中国における資金循環メカニズムと地域経済」にさかのぼる。しかし，その論文は確かに財政や金融に関する実証分析らしきものを扱ってはいたものの，全体を見通せるような視点を獲得するには至らず，分析としてははなはだ不十分なものにならざるを得なかった。ようやくひとつの学術書に

まとまるものが書けるかもしれない，という見通しが自分の中でついてきたのは，2005年から2006年まで留学していたカリフォルニア大学バークレー校から帰国し，中国の土地問題と地方政府のかかわりについての分析に着手し，ある程度の整理ができてからである。それから本書の刊行までにさらに数年の時間を要してしまったのは，ひとえに筆者の怠惰と能力不足のためである。ただし，このところの中国経済の変化はあまりにも激しすぎて，このあたりで見切りをつけてまとめよう，という決断を下すにはそれなりの「勇気」が必要だったのだ，という言い訳を述べるのを許していただきたい。

その博士論文を指導していただいた加藤弘之先生（神戸大学教授）には，現在に至るまでさまざまな研究上のご配慮をいただけだけでなく，本書の出版に至る過程でもお骨折りをいただき，しかるべき感謝の言葉がみつからないほどの恩義を感じている。どちらかというと内にこもりがちであった筆者にとって，現地の中国研究者との積極的な対話を重視し，バランスのとれた中国理解を常に指向される先生の研究姿勢から，直接あるいは間接的に学んだことは数知れない。特に筆者にとって有り難かったのは，継続的に科学研究費のプロジェクトに加えていただき，貴重な現地調査の機会および現地の研究者との交流や対話の機会を与えられたことである。これらのプロジェクトでご一緒することになった日中の研究者との現地調査や研究集会での意見交流がなければ，筆者の現代中国に対する視点は，非常に表面的なものとなっていたに違いない。

この他，神戸大学大学院経済学研究科の在学中には，村上敦先生（神戸大学名誉教授），松永宣明先生（神戸大学教授），石垣健一先生（神戸学院大学教授）のゼミに参加し，開発経済学と金融論のディシプリンを身につける上で多くのことを学ばせていただいた。当時参加したゼミ・研究会・読書会の場で，あるいは大学院生時代の留学先である中国人民大学で交流のあった学友たちと交わした，学問上あるいは研究者人生に関する議論には，現在も筆者の記憶に残っているものが多い。

また，神戸大学の加藤ゼミの後輩であり，現代中国経済研究の同志でもある，藤井大輔（神戸学院大学非常勤講師），星野真（北海道大学スラブ研究センター研究員）の両氏には，本書の草稿に目を通して詳細なコメントをいただいた。星

野氏には，筆者との共著論文の内容を本書に掲載することに快諾をいただいた。記して感謝するとともに，筆者としても，日頃同じフィールドで切磋琢磨する間柄である彼らの研究が，今後大きな実を結ぶことを望みたい。

　言うまでもなく，筆者はこれまで一貫して経済学をディシプリンとして中国の現状を分析するという姿勢で研究活動を行ってきた。同時に，本書の記述にもしばしば現れているように，現代中国経済をめぐる諸制度が形成されてきた歴史的な背景にも，大きな関心を抱き続けてきた。筆者の歴史学への関心は，大学学部時代のゼミナールで現代ドイツ工業史の専門家である高橋秀行先生（神戸大学名誉教授）の指導を受け，特定の地域を理解する際の歴史的な実証研究の重要さについて繰り返し説いていただいたことにさかのぼる。また大学院に入ってからは，中国現代史研究会（理事長：田中仁大阪大学教授）への参加を通じて，ディシプリンの異なる中国研究者との交流を図ることができた。同研究会を通じて知遇を得た第一線で活動する近現代中国史研究者との交流は，中国史については素人同然であった筆者にとっては大きな財産となっている。また，2009年度から参加している，東洋文庫「現代中国の総合的研究」経済班の研究会（主査：中兼和津次東京大学名誉教授）では，これまでどちらかというと正面から向き合うのを避けていた，毛沢東時代における中国経済の分析に取り組む機会を与えていただいた。

　筆者の最初の勤務先である神戸学院大学では，中国経済のプロパーとして東アジア産業経済研究センター（センター長：中村恵神戸学院大学教授）の活動に参加し，中国およびタイにおける現地製造業企業の実態に触れることができた。神戸学院大学に職を得て間もない頃，日中経済協会の「中国経済調査研究会（関西委員会）」に参加し，数多くの現地企業を訪問する機会を得たことも，筆者の中国経済に対する理解が一面的になることを防いでくれたと思う。また，アジア経済研究所の研究プロジェクト「中国とインドの産業発展過程の比較研究」（主査：大原盛樹龍谷大学准教授）では，本書で展開したようなテーマに関して，アジアにおけるもうひとつの大国であるインドの現状との比較を通じて，より理解を深めることができた。その他，アジア政経学会，日本現代中国学会，

中国経済学会，比較経済体制学会などの諸学会で，折に触れ研究成果を発表する機会を得たことは，発展途上にある筆者の研究水準を少しでも高めるために不可欠な修練の場となってきた。その他，筆者が研究を続ける上でアドバイスを与えて下さり，また議論の相手になっていただいた多くの方々に，この場を借りてお礼を申し上げたい。

本書の刊行に当たっては，財団法人全国銀行学術研究振興財団の出版助成金（2010 年度）の交付を受けている。未熟な点の多い研究に目をとめて出版の機会を与えて下さったことに，改めて感謝を申し上げたい。名古屋大学出版会の三木信吾氏には，これまで単著の出版の経験がない筆者に，助成金の申請書類の書き方や表題の付け方に至るまでまさに手取り足取り的確なアドバイスをいただいた。同出版会は，これまでにも数多くの中国研究の名著を世に送り出しており，その中には筆者の研究活動に重要な影響を与えた著作も少なくない。その名古屋大学出版会から最初の単著を出版できることになったことは，非常に感慨深いものがある。

最後に，私事に渉って恐縮であるが，筆者のような者がこうして研究成果を世に問うことができるのも，わがままな研究生活をさまざまな面で支援してくれた家族の理解の賜物である。筆者が大学の学部時代までを過ごした大阪府高槻市の実家で，97 歳になる今もなお健在である祖母衣子に本書を捧げたいと思う。

2011 年 7 月末日

梶谷　懐

図表一覧

図 1-1	国家財政に占める中央政府予算の比率	30
図 1-2	財政収支の対 GDP 比率	37
図 1-3	省間の所得再分配効果（変動係数）の推移	37
図 1-4	予算外資金収入の動向	39
図 1-5	マクロ経済指標と「マーシャルの k」	45
図 2-1	マネーおよび実物経済指標の季節変動	65
図 2-2	国家銀行預金の構成	67
図 2-3	預金通貨の季節変動	67
図 2-4	現金／預金比率の推移	69
図 2-5	改革開放後におけるマクロ経済指標の変動	71
図 2-6a	M0 投入量	73
図 2-6b	M0 純流入量	73
図 2-7	地域別の金融機関預貸比率の推移	75
図 3-1	元／ドルレートと外貨準備額	82
図 3-2	通貨当局のバランスシート	87
図 3-3	ベースマネー成長の要因分解	88
図 3-4	各種金利の変動	93
図 3-5	金融指標の成長率（対前年比）	94
図 3-6	中国の国際収支の推移	96
図 3-7	財政収支の対 GDP 比率	97
図 4-1	1 人当たり GDP と消費の省間格差	113
図 4-2	各地域の IS ギャップの推移	121
図 4-3	地方財政税収の内訳	123
図 5-1	各地域の中央政府補助金依存度	127
図 6-1	地方政府の行動とソフトな予算制約	150
図 6-2	地域間財政力格差と予算外資金	155
図 6-3	「金融抑制」とレント獲得機会	158
図 6-4	国有企業への融資を通じた地方政府のレント獲得	164
図 6-5	1980 年代地方主導型の成長パターンとその帰結	165
図 7-1	不動産関連指標の動向（全国）	173
図 7-2	国有地使用権譲渡収入	178
図 7-3	国有地使用権譲渡面積	178
図 7-4	国有地の払い下げ面積（無償・有償）	181

図 7-5	土地市場における価格差別化	184
図 8-1	メッツラー・ダイアグラムによる国際間資金移動の分析	193
図 8-2	米経常収支赤字額とその内訳	195
図 8-3	地方政府管轄の基本建設投資	198
図 8-4	世代重複モデルⅠ	201
図 8-5	世代重複モデルⅡ：政府が経済成長率に等しい利払いの債権を発行するケース	202
図 8-6	各国の動学的効率性の推移	204
図 8-7	各地域の動学的効率性の推移	205
図 8-8	上海証券取引所総合指数の動向（2005年1月-2011年1月）	207
図 8-9	アジア金融危機後の米中経済関係	209
図終-1	「融資プラットフォーム」と地方の都市開発	215
図終-2	米中長期実質金利の推移（2004年1月-2010年11月）	219
表 1-1	分税制の下での各種税収の配分（主なもの）	41
表 1-2	1980年代の金利規制	47
表 1-3	ベースマネー供給源泉の寄与率	52
表 2-1	経済変数の季節変動に関する回帰分析	66
表 2-2	中央銀行によるベースマネー供給の源泉と寄与率	77
表 4-1	財政収支（1人当たり）の省間格差（変動係数）	104
表 4-2	中国における省間リスクシェアリング効果の変遷	114
表 4-3	地域間消費平準化の構造	118
表 5-1	政府間財政移転の要因分析	138-140
表 6-1	予算外資金（地方）の収入・支出（1990年）	161
表 7-1	不動産関連税収について	175
表 7-2	国有地有償譲渡に占める協議方式の割合	182
表 7-3	用途別に見た協議方式の比率（2005年）	182
表 7-4	異なる土地収用方法による土地需要関数の推計	186

索　引

A-Z

API（財政移転後所得）　105, 114-116
BPI（財政移転前所得）　105, 114-116
BRICs　189, 203, 221
CPI　220
FRB（連邦準備制度理事会）　189, 197, 208, 219-220
G20　221
GDP　23-24, 39, 45, 56-57, 105, 110-116, 118-120, 128, 133-134, 196, 203, 217
GNP　114
IMF　25, 63, 212, 218, 221
IS ギャップ　98, 120-121, 196, 217-218
M0　64
M2　45, 57, 62-64, 66, 92
M2＋CD　62-63
NBER（全米経済研究所）　9
OECD　107, 202
OECF　161
QDII（適格国内機関投資家）　53
QE2　220
QFII（適格国外機関投資家）　53, 84
SDR（特別引出し権）　221
SNA（旧SNA、93SNA）　203-204
WTO　52, 82, 209, 211

ア　行

アジア債券市場　192
アジア通貨危機　2, 91-92, 95-96, 169, 189-191, 206, 208, 213, 222
インセンティヴ　8, 25, 31, 35, 37, 39, 102, 112, 121, 146-148, 151, 154, 164, 211
インターバンク市場　48, 75-76, 120, 213
インフレ圧力　23, 28, 50, 55-57, 78, 85, 87, 122
インフレーション　56-58, 60, 78-79
インフレ・ターゲット政策　85
請負権　171
請負制　23, 31, 33, 36, 38, 91, 103, 128, 162

営業税　103, 122, 176
遠隔地市場圏　13
袁世凱　12, 15
「沿辺」「沿江」開発プロジェクト　42
温家宝　149, 221

カ　行

塊塊　4
改革開放期　4-6, 18, 22-23, 29, 31-33, 36, 39, 46, 50, 56, 97, 108, 148, 151, 154, 158, 174, 197
外貨準備　52, 81, 85, 88, 190, 208
外国為替制度　51, 80, 86
買い手独占　183
開放小国　96
価格差別化　183, 186
価格弾力性　184-186
過剰流動性　84, 167, 190, 192, 195-196, 198, 221
牙人（行）　19
課税ベース　2, 175
過渡期移転支払い　41, 124, 126, 131
株式市場　45, 53, 198, 209
貨幣化　24, 56-57, 60-61, 70, 151
貨幣需要関数　60
貨幣方程式　57, 60
貨幣流通速度　57
関税自主権　16
間接税　116
官銭票　14, 18
期間のミスマッチ　192
企業間信用　32
企業所得税　42, 104, 123-124
企業預金　63-64, 66
基金収入　178
季節変動　56, 61, 63-64, 66
客商　19
協議方式　170, 181-183, 185-186
強制貯蓄　57-59
郷鎮企業　25, 35, 151, 155-156, 158-160,

162-165, 187, 211
郷鎮自己調達資金　38, 153, 156
共通通貨単位　86-87
競売・入札　181-183
局地的市場圏　13
銀元　15
均衡為替レート　82-83
銀行主義　61
銀銭二貨制　13
金本位制　17
銀本位制　15-16
金融改革　52, 79, 107, 165
金融市場　7, 9-10, 20, 22, 24, 48, 56, 58, 76, 79-80, 98-101, 110, 121, 153, 157-159, 191, 194, 211
金融システム　31-33, 44-46, 48, 50-51, 62, 68-70, 74, 78, 80, 85-86, 90, 101-102, 119, 151, 199
金融・資本市場　20, 45, 51, 53, 55, 107
金融深化　57-58, 61, 194
金融政策　18, 22, 24, 54, 56, 61, 70-80, 85-86, 91-92, 94, 96-97, 99-101, 192, 195, 212, 214, 219-220
金融抑制　9, 147, 157-159, 163-165
グリーンスパン　197, 208
クレジット・チャネル　61
グローバル不均衡　10, 25, 189-191, 193, 195-196, 200, 207-208, 210, 218, 221
計画経済　4, 21, 29-33, 36, 46, 57-59, 62, 67, 107, 110, 112, 148, 153, 159
景気刺激策　2, 21, 25, 213-215, 218, 220
経済過熱　90, 99
経済特区　74
経常収支　10, 81, 86, 90, 95, 189-194, 196, 208, 218
ケインジアンモデル　217
現金通貨　62-64, 68-72, 74-78, 80, 87
現金取引　68-71
原罪　191
元／ドルレート　54, 81, 216
公開市場操作　22, 54, 94, 213
恒常所得仮説　118
更新改造資金　160-161
効率性と公正のトレードオフ　121
合理的バブル　190, 201, 206
コール市場　48, 51, 98
五カ年計画　42

胡錦濤　149
国際金融のトリレンマ　95
国際収支　25, 81, 84-85, 95-96, 189, 194, 196, 209, 211
国際通貨体制　10, 25, 82, 190-191, 221
国債レポ取引　54, 213
国地財政割分　12, 16, 18
国土資源部　176, 184
国幣則例　15
国務院　33, 99, 143, 169-170, 177, 213
国有企業　23, 25, 29-31, 37-39, 46, 48, 52, 67, 71, 92, 98, 100, 110, 151, 153-156, 159-165, 169, 171
国有企業専項基金　153-154, 160-161
国有企業の地方隷属化　30, 32-33
国有銀行　2, 39, 46, 51-53, 75, 77, 110-111
国有商業銀行　53, 86, 99
国有専業銀行　45, 47, 49, 51
個人所得税　41, 44, 123
コスト・プッシュ要因　79
国家エネルギー交通建設基金　160
国家開発銀行　51
国家の金庫番　32, 45
国家予算調節基金　160
固定資本減耗　105, 114-116, 203
固定資本投資　32, 92, 110, 161, 190, 198, 209
固定相場制　84, 95-96, 100, 190
股民　209-210
雇用者報酬　203-204

サ　行

『財経』　86, 167, 214
債権の株式化　53
財源のシェアリング　33-34
財政改革　102, 122, 152, 211
財政供養人口　133, 137
財政金融改革　1-2, 24, 28, 80, 116, 121, 149
財政金融システム　1, 21-24, 26, 29-30, 32-33, 55, 146, 149, 151, 165, 211
財政金融政策　1, 10, 18-19, 21-22, 80, 91, 97-98, 101, 146, 195, 222
財政システム　30-31, 33, 50, 55, 122, 150-151
財政政策　10, 22, 91-92, 101, 112, 206
財政の金融化　50
財政補助金　24, 125, 130, 133-134
再分配機能　23-24, 28, 40-41, 50, 55, 76, 102-105, 107, 121-122, 152, 211

財力性移転支払い　41, 126, 130-132, 141
「差額請負」方式　32
差額地代　175
雑種幣制　15-16
サブプライム・ローン　192, 212
三線建設　31
三直轄市　74-76, 78
三提五統　38, 43
「三低」政策　56
私営企業　29, 98-99
市轄区　134-135
資産管理会社　53
資産バブル　25, 189, 198-199, 207-208
市場（の）分断性　19, 101-102, 106, 108-110
市場保全型連邦主義　8, 35, 146-147
四川大地震　213
実質為替レート　83-84
失地農民　152, 171
質への逃避　197
シニョリッジ（通貨発行益）　3, 13-15, 18, 21
資本市場　20, 58, 84-85, 100, 112, 190, 193, 202, 208, 212
資本収支　95
資本逃避　95
資本分配率　202-204
社会主義改造　29
社会主義公有制　172
社会主義市場経済　50
社会的厚生関数　166
社会保障制度　90, 100, 210, 219
上海銀行間利率（SHIBOR）　54
収支区分，分級請負　33
周小川　86, 221
収支両税管理　154
重層集権体制　4, 11
「収」と「放」のサイクル　4, 28, 54-55
朱鎔基　2, 22-24, 40, 76, 84, 91, 97, 101, 186, 198-199
商業銀行法　51
証券取引委員会　54
条条　4
少数民族　41, 125-126, 129-130, 136, 141-142
消費券　21, 214
消費税　40, 103, 131
消費平準化　97, 111-113, 115, 118-120, 122
奨励基金　160
殖産興業　3, 14-15, 18

諸侯経済　35
所得税の分賦改革　42, 123
所得税返還　42, 123
辛亥革命　15
新古典派モデル　217-218
新制度派経済学　7-8, 147
信貸管理政策　49, 51, 54
新農村建設　43
新富裕層　188
清末　3, 13
人民元改革　24, 80-82, 84, 87, 212
信用決済　69
信用乗数　78
生産発展基金　160-161
税収返還　40, 42, 55, 103-104, 123-124, 131-132, 134-135
成長への飛躍　194, 203
制度外資金　38, 44, 153, 156, 158-159, 178
制度の経済学　7
税付加　11, 38, 153-154, 175
政府間財政移転　126-127, 134-135, 137
西部大開発　42, 97, 121, 126, 130, 134, 206
世界経済とのリンケージ　1-3, 9-10, 13, 18, 80, 101, 211-212
世界大恐慌　1, 18
世代重複モデル　200
積極果敢な楽観主義者　197, 199
総額配分請負　34, 36
増値税　40, 103, 122, 131
属地主義　30, 99
ソフトな予算制約　111, 147, 149-150

タ　行

大一統　3, 29, 31-32
大修理基金　160-161
大西部　134, 137
大躍進　4, 30, 32-33
短期金融市場　47-48, 51
攤派　11-12, 152-153
弾力性アプローチ　196, 217-218
地域間経済格差　24, 56, 70, 89, 101
地域間決済通貨　18
地域的要因　80, 94, 97, 100-101, 212, 222
地方固定収入　40
地方債　21, 44, 105, 117, 131, 214-215
地方財政請負制度　2, 33-38, 40, 102, 154
地方政府　2, 5, 7-8, 12, 22, 25, 29-31, 33,

35-40, 43-44, 50-52, 56, 77, 91, 98-100, 102, 109-110, 112, 120-122, 125-126, 131, 133, 142, 146-152, 156-158, 160, 164-168, 171-172, 174, 177, 179-180, 182-183, 186-187, 190, 196-197, 199, 206, 211-212, 214-215
地方政府コーポラティズム　35, 148, 157, 187
地方政府主導型（の）経済発展　148-149, 168, 186, 199
地方分権　3, 5-6, 30, 33, 150, 152-153, 211
地方保護主義　35
中央銀行　31-32, 44, 49-51, 54-55, 68, 72, 74-76, 78, 80, 88-89, 98, 107, 119-120, 159, 163, 187, 197, 199, 213
中央銀行債　54
中央銀行法　51
中央固定収入　40
中央集権　3, 5, 17, 29-30, 32, 91, 153, 198
中央政府　2-3, 7, 11-12, 14, 22-23, 25, 29, 31, 33-36, 38-39, 43, 55, 70, 94, 100, 102, 125, 130-133, 146-147, 152, 162, 168, 171-173, 197, 211, 214-215
中央−地方関係　2-3, 5-6, 10-11, 14, 16, 21, 25, 28, 33, 55, 102, 146, 188
中央・地方調節収入　34, 40
中華人民共和国　21, 56, 81
中華民国　12
中国共産党　56, 172
中国銀行　32, 44-45, 47, 53
中国（人民）建設銀行　32, 44, 53
中国工商銀行　45, 53
中国交通銀行　32
中国人民銀行　24, 32, 44, 49-50, 53-54, 70, 77, 85-86, 88, 94, 119, 213, 221
中国人民銀行法　51
中国農業銀行　32, 44, 53, 159
中国農業発展銀行　51
中国輸出入銀行　51
張之洞　13-14
趙紫陽　5, 23
調整政策　30-32
調節税　162
通貨主義　61
通貨のミスマッチ　86, 191
通貨バスケット　86
定額上納方式　34
ディマンド・プル要因　79
手形市場　45, 48

天安門事件　77, 164
伝統中国　3
田賦　12
統一指導・分級管理　29
動学的効率性　203-206, 209
動学的非効率性　25, 190, 199-203, 207
銅元　14-15, 18
投資飢餓症　198
投資収益率　192-193, 201
統収統支　29, 32
鄧小平　91, 169
東北振興策　42
特定補助金　104, 131-132, 135, 137, 141-142
都市維持建設税　175
都市家計預金　63-64, 66, 68
（都市）土地使用税　174-175
都市不動産税　174
土地囲い込み（圏地）　169
土地管理法　169-170, 177
土地市場　25, 153, 166-168, 174, 180, 183, 186-188, 212
土地収用　167-168, 170, 172, 179, 188, 199
土地使用権　21, 25, 44, 126, 169-172, 181, 185, 216
土地使用権譲渡収入　176-180
土地備蓄制度　170, 177, 182
土地備蓄センター　170
ドル・ペッグ制　2, 53, 83, 85-86, 91, 93-94, 189-190, 192, 196, 208

ナ 行

内需拡大政策　10, 97, 196, 210, 214
ナイトの不確実性　197
「七大経済圏」構想　42
南京国民政府　16
南巡講話　2, 169, 177, 211
『南方週末』　167
二重為替レート制　51, 81, 91
二重のミスマッチ　192
農業税　43
農業特産税　43
農村信用社　159
農村税費改革　43, 132, 134-135, 154
農村土地請負法　171
農村土地流転服務センター　172
農村預金　63-64
農地収用　170

農民負担問題　43, 122, 152

ハ 行

バーゲニング　3, 31, 33, 38, 162-163
バーナンキ　189
バスケット・ペッグ制　81, 86
撥改貸　46
バラッサ＝サミュエルソン効果　83-84
バランスシート　76-77, 85, 87
比較優位　108-109
東アジア共同体　86
非流通株　53
貧困県　128, 130, 136, 141, 143
ファンダメンタルズ　215
フーバー係数　110
福利基金　153, 160
不胎化　10, 84, 87-89
物権法　172
不動産市場　17, 167, 173-174, 180, 206-207, 211-212
不動産税　174-175
不動産バブル　17, 97
部門所有制　159-160
不良債権　52-53
ブレトン・ウッズ体制　190-191
文革期　29, 32
分税制　5, 8, 22, 24, 28, 34, 36, 40-41, 43, 55, 91, 103-106, 116, 118-119, 122-123, 126, 131, 152, 177
幣制改革　13-15, 17
ベースマネー　52, 61, 69-70, 76-78, 84, 87-89, 93-94, 96
変動係数　36, 103-104, 119, 154
変動相場制　85-86
貿易収支　84, 95
貿易不均衡　10, 81, 84, 89-90, 191, 218-219
法幣　17
ホーム・バイアス　106-107, 110
保護関税政策　16
ポリシー・ミックス　91, 213

マ 行

マーシャルのk　45, 56-58, 60-61
マクロ経済政策　2, 10, 22, 25, 62, 80, 84, 89, 100-101, 219
マクロコントロール　5, 8-9, 23-24, 28, 31, 40, 48-49, 51, 55, 79-80, 84, 99, 120, 149, 151, 211

窓口規制　100-101
マネーサプライ　24, 45, 49-50, 52, 56-58, 61, 63, 78-79, 93-94, 100, 151, 213-214
マンデル＝フレミングモデル　84, 96
民国期　3
民族自治区　42, 129-130, 136, 141
民族自治地方　128-130, 133, 142-143
無償譲渡　181
名目アンカー　85, 91, 94
メッツラー・ダイアグラム　192
毛沢東時代　56
モノ・バンクシステム　32, 44
モラル・ハザード　78

ヤ 行

融資プラットフォーム　212, 214, 216
有償譲渡　44, 169-171, 177, 179, 182, 185
徭役　11, 152
洋銀　15
要素市場　7-8, 22, 25, 33, 142, 146, 153, 155, 157, 174, 211-212
預金準備金　50, 61, 87, 119
預金準備率　54, 92, 212
預金通貨　62-64, 66, 68-69
抑圧インフレ　57-59
予算外（財政）資金　33, 38-39, 43-44, 102, 120, 126, 146, 151-156, 159-160, 211
預貸率　75-76

ラ・ワ行

乱収費　43, 154
リース＝ロス使節団　17
リーマン・ショック　212, 216
利改税　5, 162
厘金　12, 16, 18
利潤上納　29, 31, 38, 155, 160, 162-163
利潤逓増請負　38, 163
リスクシェアリング　24, 102-103, 111-113, 121
リスクプレミアム　20
李鵬　97
留保利潤　38, 153-155, 160, 162, 164
歴史的な制度形成　10
レバレッジ　216
聯省自治運動　12
レント　7-9, 19, 21-22, 25, 33, 151, 153, 155,

157-160, 163, 165-167, 174-176, 184, 187, 199, 211
レント獲得機会　9, 157-158, 164-165

レントシーキング　25, 36, 146, 149, 156, 163, 165-166, 168, 180, 188-189, 199, 211-212
ワルラスの法則　58

《著者紹介》

梶谷　懐（かじたに かい）

1970年　大阪府に生まれる
2001年　神戸大学大学院経済学研究科博士課程修了
　　　　神戸学院大学経済学部准教授などを経て，
現　在　神戸大学大学院経済学研究科准教授

現代中国の財政金融システム

2011年8月30日　初版第1刷発行

定価はカバーに
表示しています

著　者　梶　谷　　懐

発行者　石　井　三　記

発行所　財団法人　名古屋大学出版会
〒464-0814　名古屋市千種区不老町1 名古屋大学構内
電話(052)781-5027/FAX(052)781-0697

Ⓒ Kai KAJITANI, 2011　　　　　　　　Printed in Japan
印刷・製本　㈱太洋社　　　　　　　ISBN978-4-8158-0678-1
乱丁・落丁はお取替えいたします。

R〈日本複写権センター委託出版物〉
本書の全部または一部を無断で複写複製（コピー）することは、著作権法上
の例外を除き、禁じられています。本書からの複写を希望される場合は、
必ず事前に日本複写権センター（03-3401-2382）の許諾を受けてください。

加藤弘之著
中国の経済発展と市場化
―改革・開放時代の検証―
A5・338頁
本体5,500円

中兼和津次著
体制移行の政治経済学
―なぜ社会主義国は資本主義に向かって脱走するのか―
A5・354頁
本体3,200円

中兼和津次編
シリーズ 現代中国経済 1〜8
四六
本体各2,800円

城山智子著
大恐慌下の中国
―市場・国家・世界経済―
A5・358頁
本体5,800円

黒田明伸著
中華帝国の構造と世界経済
A5・360頁
本体6,000円

岡本隆司著
近代中国と海関
A5・700頁
本体9,500円

山本有造著
「満洲国」経済史研究
A5・332頁
本体5,500円